SHUKSHIN

SNOWBALL BERRY RE

C000084577

for my mother and Bernard

В.М. ШУКШИН
КАЛИНА КРАСНАЯ

V. M. SHUKSHIN
SNOWBALL BERRY RED

EDITED WITH INTRODUCTION,
NOTES AND VOCABULARY
BY DAVID M. HOLOHAN

RUSSIAN
STUDIES

PUBLISHED BY BRISTOL CLASSICAL PRESS
GENERAL EDITOR: JOHN H. BETTS
RUSSIAN TEXTS SERIES EDITOR: NEIL CORNWELL

This edition first published in 1996 by
Bristol Classical Press
an imprint of
Gerald Duckworth & Co. Ltd
The Old Piano Factory
48 Hoxton Square, London N1 6PB

© 1996 by David Holohan

All rights reserved. No part of this publication
may be reproduced, stored in a retrieval system, or
transmitted, in any form or by any means, electronic,
mechanical, photocopying, recording or otherwise,
without the prior permission of the publisher.

ISBN 1-85399-419-7

Available in USA and Canada from:
Focus Information Group
PO Box 369
Newburyport
MA 01950

Printed in Great Britain by
Booksprint, Bristol

CONTENTS

ACKNOWLEDGEMENTS

As a text, *Калина красная* poses considerable difficulties for the foreign reader: it is rich in dialect, non-standard forms of Russian, and literary references. Hopefully, the reader who chooses to read this work in this edition will find it easy to understand and appreciate its richness.

The annotations I have provided would not have been as full, or as enlightening, had it not been for the help of Russian friends and colleagues. Firstly, I must thank my colleague and friend Dr. Irina Tverdokhlebova for her help with stressing the text and for her insight into the linguistic difficulties it presented to me: her explanations were, as ever, lucid and invaluable. Likewise, I am deeply indebted to my colleague at the University of Surrey, Slava Muchnik, who spent much time reading and commenting on this manuscript, even though he is not in the Russian Section of the University. I am also grateful to Martin Dewhirst for his help and generous supply of references. I am also grateful to my colleagues Dunstan Brown and Andrew Hippisley for their helpful comments. Of course, any mistakes, errors or mis-apprehensions are all my own.

Lastly, but not in any way least, I thank my partner Bernard, whose support and genius, not least with the computer, have made life much easier, as always.

SYSTEM OF TRANSLITERATION

Where it has been necessary to transliterate the Russian, I have followed the Library of Congress system, with a minor alteration: I have used -*yo* for the Russian letter 'ё', since this will make it abundantly clear to students of Russian the difference between the letters 'e' and 'ё'. I have not used -*yo* in the bibliography.

I have retained accepted spellings of proper nouns, such as Mayakovsky and Gorbachev. Less well-known nouns I have altered, as outlined above.

INTRODUCTION

VASILII SHUKSHIN
Writer, Actor and Film Director

Vasilii Makarovich Shukshin was born on 25 July 1929 in the Siberian village of Srostki in the Altai region – a region known for its own particular traditions and dialect, its mountains, rivers and extensive forests. The area had long been associated with serfs who fled to this area to escape their masters and live a life of freedom and self-determination. The people who settled in this area were a heterogeneous group who were tolerant of others' ways of life, but who were all bound by a code of honest toil and mutual respect – features which are often evident in the rural characters who populate the pages of Shukshin's stories, film scripts and novels. Shukshin also drew on many of his own experiences and details from his own biography as the basis for his stories and film scripts.

Shukshin was born to young parents: his father was only 16 and his mother a mere 18 years old when he was born. His parents had a hard life, eking out their living from the soil with little or no help from mechanised farm machinery: they toiled with their own bare hands on a newly formed *kolkhoz* (collective farm). Three years after the birth of Vasilii Makarovich, a sister, Natasha, was born, but disaster struck the family when their father and provider was arrested in 1933 by the OGPU, the Russian secret police at that time.[1] Shukshin's mother, Maria Sergeevna, was fortunate in that she had help from her family and other members of the community to survive.[2] Little more is known of the fate of Shukshin's father, Makar Leont'evich, but, together with many others who had suffered a similar fate, he was post-humously rehabilitated in 1956 in a series of rehabilitations of Stalin's victims. Such rehabilitations occurred sporadically until the end of the Soviet regime. Shukshin had little recollection of his father and knew only what his mother told him.

Maria Sergeevna had to endure poverty a further nine years before she met and married Pavel Nikolaevich Kuksin, a kindly man to whom the young Vasilii did not take initially, despite the fact that he treated his two adopted children as if they were his own. Later, Shukshin and he were to enjoy a close relationship. Shukshin has a character in one of his stories, Ivan Popov, express his regret at not loving his stepfather and says: 'I hated my stepfather... now I know he was a man of rare compassion: he was kind and loving...'[3]

Just before the war, the whole family moved forty kilometres to the regional town of Biisk, where Pavel Nikolaevich had decided to earn his living as a worker: he was typical of many rural dwellers who migrated to the towns and cities, where life was less uncertain than working on the *kolkhozy* with their poor system of remuneration for the workers. He also was a man of little learning and education and had a great desire to receive a specialist training. However, the family found it difficult to settle down in the town, which seemed impersonal and hostile after their life in the countryside. Shukshin was later to comment: 'It's not easy to say what role this town played in my life. I repeat, it frightened me. There were so many people! And all of them were hurrying. And no one knows anyone else. In our village everyone knew everybody. But this place was a big, new world.'[4] Again, Shukshin used his impressions and experiences of his first encounter with the city in his story *Первое знакомство с городом* (*First Time in the City*) from the cycle *Из детских лет Ивана Попова* (*The Early Years of Ivan Popov*, 1968). Also, in another story entitled *Выбираю деревню на жительство* (*Moving to the Country*, 1973), Shukshin described the force which attracted rural folk into the towns and cities as: '...the powerful force that was transplanting millions of people [that] had swept [them] out of [their] villages and deposited [them] in the city.' The principle character of this story is Nikolai Grigorievich Kuzovnikov, who is described as 'miserable' when he first moved to the city, but Shukshin writes: 'then he got the feel of it and realized that if you kept your wits about you, used a spot of cunning and, most important, made sure you weren't caught napping, then there was an easier life to be had than digging trenches.'[5]

As soon as Shukshin's stepfather went to the front during the Second World War, the family moved back to their village where they could grow their own food and where they were once again in familiar surroundings. However, misfortune came upon Shukshin's family a second time when, in 1942, news arrived that his stepfather had been killed in battle. Hence, his mother was a widow for the second time in her life at the early age of 31, having also lost other near relatives in the war. A second misfortune also struck the family during that same year, which was to burn itself into young Vasilii's memory: some neighbours killed the family cow, Raika. Even though the country folk could grow their own food, it was still scarce and people went hungry. Due to a shortage of feed, the family allowed the cow to graze beyond the bounds of their own property. It was about to give birth to a calf and had a voracious appetite for hay and grass, and it is thought that Raika found her way to a neighbour's supply of hay and helped herself. That evening she returned home with a fatal fork wound in her side with her internal organs hanging out. This awful event was included by Shukshin in some of his early stories and in *Калина красная*. Raika the cow features in the stories *Первое знакомство с городом* and *Гоголь и Райка*, both of which come from the cycle *Из детских лет*. The incident described above is also narrated by Egor to Liuba in *Калина красная*.

Shukshin, typical amongst his peers, worked on the *kolkhoz* during the spring and summer and studied at the local school during the autumn and winter months. He was not a brilliant pupil and his mother was also of very limited education. However, he developed a great passion for reading. He would read anything and everything he could procure (sometimes not always by honest means!), and he also enjoyed reading aloud to his mother and sister during their evenings together, when work was over for the day. He even read under his blanket during the night by the light of a paraffin lamp instead of sleeping and he eventually burnt a hole through the blanket. Of his reading habits he later remarked: 'I really read God knows what, even to the point of reading the works of Academician Lysenko, which were amongst the things I stole.[6] I used to adore all kinds of brochures: I used to like the fact that they were so thin and neat. I whipped through them in one sitting and then put them aside.'[7] Conscious of his indiscriminate passion for the written word, an evacuee teacher, Anna Palnovna Pisarevskaia from Leningrad, who taught literature at his local school, guided Shukshin towards the books he should read. She recommended many of the great Russian classics and also some foreign literature in translation. One of the works of foreign literature which left a particularly strong and lasting impression on Shukshin was Jack London's *Martin Eden*.[8] Just as Vasilii was about to start his seventh grade (седьмой класс) at his village school, his mother sent him off to his uncle's to study bookkeeping and accountancy to enable him to acquire a profession, but Vasilii simply did not take to this subject which he found both difficult and boring. Much later he was to remark: 'bookkeeping would not sink into my head.'[9] He returned to his native Srostki and finished off the seventh grade. Shukshin has drawn on his experiences and has included them in a number of stories: bookkeepers feature in both an early story entitled *Племянник Главбуха* (*The Chief Accountant's Nephew*, 1962), and a much later story *Рыжий* (*Red-Head*, 1974). Egor, the ex-convict in *Калина красная* poses as a former bookkeeper to lend an air of respectability to his past when he first meets Liuba's parents, who are not taken in by this dissimulation.

A second attempt was made at acquiring a profession: Shukshin went off to Biisk and enrolled on a course to become a mechanic, which he followed for one year before returning to his native village, where he continued to work on the *kolkhoz*. His feelings of fear and isolation in that same big city had not changed from his first impressions and he also found it difficult to follow the theoretical aspects of the course. The antipathy of his fellow urban students towards rural folk was also a factor which made him unhappy (and was to do so again when he eventually left for Moscow). He has said: 'The city kids didn't like us rural kids: they laughed at us, despised us. They used to call us 'devils'. [...] At fourteen this contempt really cuts deep and you sense a kind of force in you which makes you want revenge. Then, when we'd settled down, we didn't put up with being insulted.'[10] Life was hard on the *kolkhoz*, where there was little agricultural machinery and much of the work had to be done by hand. However, there was also much merriment and entertainment to be made among the young people of the village. Some could play the balalaika and the accordion, and Shukshin was particularly fond of chasing after the local girls on Friday and Saturday evenings – the traditional time in rural communities when young people gathered together to make their own fun.

After the war, the rural exodus continued as young people left their villages to seek work in the towns and cities of Russia. Vasilii was no exception: he bid farewell to his mother to whom he was very close and who was tremendously upset to see him leave his native village, but who, at the same time, understood his need to see more of the world and broaden his outlook and experience of life. Few details of Shukshin's life are known between his leaving his village in 1946 and his national service in 1949. He headed for the Moscow region and worked in various institutions as a odd-job-man, a painter and decorator, a stevedore at a foundry in Kaluga (SW of Moscow), a fitter at a tractor factory in Vladimir (NE of Moscow), and spent some time working in Podol'sk (S of Moscow).

In August 1949, Shukshin was called to military service which he did in the navy, training as a radio operator. He took part in amateur shows and organised entertainment for his fellow sailors and some of these were favourably reviewed in naval publications at the time. Shukshin recited monologues, danced and played the main character in a one-act play, and it is said that a warrant officer advised him at this time to take up professional work in the entertainment business. This was the first time of many occasions that Shukshin was to play a leading role in both acting and directing productions: he took over the direction of amateur shows and entertainment for his crew mates. Whilst serving in the navy, Shukshin fell ill with a stomach ulcer. He was drafted out and sent home to recuperate, which he did quickly, thanks, it is said, to the care and herbal remedies that his mother had to offer.

During the period immediately following his illness and recovery, he completed his secondary education whilst working at Srostki as a teacher, and subsequently became the director of evening courses for the young. He was also elected secretary of the local *komsomol* section (young communist league). In his spare time he continued to read Russian classics and foreign literature in translation, as well as books about the cinema.

Shukshin decided he wanted to continue his education and, with the support of his mother, he left for the capital – Moscow. He had plans to enter the Gorky Institute of Literature, but learned that aspiring students had to submit their own works as part of the selection procedure. Since Shukshin had no such writings of his own, he turned his attention to VGIK (Всесоюзный государственный институт кинематографии – The All-Union State Institute of Cinematography). Shukshin's replies to the questions put to him by the selection board struck one of the selectors, the famous film director Mikhail Il'ich Romm, as being honest but, to a certain extent, naive. Romm was a shrewd man and recognised in Shukshin a certain potential and originality. At the end of the interview with the selection panel, Romm concluded: 'He was without doubt a gifted person. Now I know that for sure. He is a free spirit – that's a mark of talent.'[11]

At VGIK Shukshin's relations with his fellow students were not always easy: he still retained painful memories of humiliation and condescension received at the hands of urban fellow students he had met previously. He felt cowed by the sophistication and learning of his fellow Muscovite students, many of whom came from privileged backgrounds in Soviet society. Being twenty-five, Shukshin was also considerably older than they, a factor which also set him apart from them. Shukshin threw himself into his studies and applied himself night and day to the tasks set him and he received much encouragement from Romm himself. Shukshin also availed himself of the rich cultural life which Moscow had to offer, visiting cinemas, galleries, theatres and exhibitions, which never before had he had the opportunity to experience. He also continued his *komsomol* activities and was admitted to the Communist Party as a member (an honour and by no means an easy task).[12] Shukshin continued his reading according to a list which Romm composed for his students: he believed in bringing up his students on Pushkin, Tolstoy and Dostoevsky, among others.

Shukshin tried to spend his summer holidays as often as possible back with his family in his native village. He fished, helped on the *kolkhoz*, read a great deal and particularly enjoyed listening to the stories the old folk told round camp fires in the evening. (There is a similar scene in *Калина красная*.) He enjoyed not only the content of their stories and discussions, but also their intonation and dialect. This kind of experience undoubtedly helped him to develop his own particular style and ear for language, which comes through in his prose, lending a freshness and originality of tone.

Back in Moscow at his studies, Shukshin wrote and composed poetry which was strongly reminiscent of Esenin's poetry in content and style. He was a great admirer of Esenin, who was his favourite poet. He finished his theoretical studies in 1958, a year which was to be highly significant for two reasons. Firstly, he had the good fortune to be selected to play a major role in Khutsev's film Два Фёдора (*The Two Fyodors*, 1959), which is generally considered as Shukshin's début as an actor in the cinema. It appears that the famous film director Tarkovsky recommended Shukshin for the role. After auditioning Shukshin personally, Khutsev commented that he chose Shukshin because he showed an originality in his facial expressions, mannerisms and gestures. The film was about a soldier (played by Shukshin) who, having fought at the front and lost all his own family by the end of the war, befriends a young orphan boy. The film was released in January 1959, it was a success and it launched Shukshin's career as a film actor. The second significant event for Shukshin in 1958 was that he had his first short story published in the magazine *Smena* (a publication aimed at a young audience).[13] Hence, 1958 saw the launch of his dual career – in literature and in the cinema.

In 1960 Shukshin completed his own film, for which he wrote the scenario, directed, and also played a small role. It was called Из Лебяжьего сообщают (*News from Lebiazhii*), which portrays the everyday life of a division of the local Party and its trials and tribulations over a lack of agricultural machinery to cope with the ensuing harvest. It also tackles the personal problems and pressures of rural folk. The film was the final hurdle for the successful completion of his studies at VGIK, and his degree was awarded on the strength of this work. This film was also significant in that one of the actors who played in it – Leonid Kuravlyov – was to play the leading role in a future film directed by Shukshin, entitled Живёт такой парень (*There is Such a Lad*, 1964).

However, even with his degree, Shukshin's status as a film director was neither established nor guaranteed. As a director he would remain unknown until 1964, but in the early sixties he played a number of roles in films, and he was later to regard these as his apprentice years. As yet, he was 31 with no Moscow residence permit, no permanent work and nowhere to call his own home.[14] This precarious position gave Shukshin time to devote to his literary activities: in March 1961, the 'thick' journal *Oktiabr'* published three of his stories, and the newspaper *Trud* published another story in the same month. More publications were to follow the next year: *Oktiabr'* published one other story in January (Экзамен) (*The Exam*) and a further three stories in May (*Сельские жители, Коленчатые валы*, and *Леля Селезнева с факультета журналистики*) (*Rural Folk, Crankshafts, Lelia Selezneva from the Faculty of Journalism*). At the same time he continued to work on his novel *Любавины* (*The Liubavin Family*), which he had started whilst a student at VGIK. By the end of 1963, Shukshin had stories published in all the major (and many minor) literary journals and his reputation as a writer of short stories was firmly established. Reviews and articles published on his work were both positive and encouraging. Critics were impressed by the naturalness of his characters, the simplicity of his style and the vivacity of his language, all of which comprise a totally individual voice in Soviet Russian *belles lettres*.

In 1963 the Gorky Moscow film studio, which had produced six films in which Shukshin had starred, granted him permission to direct his own film; it was finished in mid-1964 and entitled Живёт такой парень. This film firmly established his reputation as a film director, not least since it won the first prize at the Moscow film festival and a 'lion d'or' award at the Venice film festival. The film was shot in the Altai mountains, on the Chuiskii highway which cuts through the mountains, and it opens with a hymn of praise to the road, the river Katun′ and the landscape he knew so well from childhood. The Katun′ river also features in an early cycle of stories published in *Novy mir* in 1963, entitled *Они с Катуни* (*They are from Katun′*).

In 1964 Shukshin married the film actress Lidia Fedoseeva, opposite whom he was to play in a number of films: most notably she played the leading female role in his late films *Печки-лавочки* (*Stoves and Benches*, 1972) and *Калина красная* (*Snowball Berry Red*, 1974), in which she played the part of Liuba.

Shukshin started working on the scenario of his second film *Ваш сын и брат* (*Your Son and Brother*) in 1965, which was based on three stories already published.[16] The film explores the fundamental theme in both Shukshin's films and written works – that of the rootless individual, the person who leaves his native village to find work or adventure in the city, but who cannot settle and on returning home feels equally alienated from their roots. The loss of one's roots often engenders a moral and spiritual degeneration and leads the reader or film-goer to conclude that in Shukshin's work, as in that of many other village prose writers, the city and countryside are not only juxtaposed but stand for opposite moral values. The city is impersonal and dehumanising, whereas the countryside is wholesome and devoid of the pseudo-sophistication characteristic of urban dwellers. The characters who remain true to their roots and are not ashamed of their rural origins are to be seen as the true 'heroes' of Shukshin's works. The chief protagonist of the story *Стёнка* (*Styopka*) is a typical case in point and has much in common with the 'hero' Egor of *Калина красная*. Styopka, like Egor, is a convict, and even though he has only three months of his sentence to complete, he escapes from prison and returns to his native village where he lives for a short time until caught. He surrenders without a fight or putting up any resistance. He escapes in the spring, just as Egor is officially let out of prison in the spring: he quotes the Russian rural poet of the first quarter of this century Esenin, as does Egor. When re-arrested and escorted back to prison, Styopka leaves a bitterly weeping sister, just as Egor leaves a distraught mother, and as Shukshin had left his own mother weeping bitterly as he left his native village for the city. It is in the figure of Styopka that the criminal character and the other Shukshinian ubiquitous character, the '*chudik*' or 'fool', unite. The local police have much sympathy with Styopka for wanting to return to his roots, but he does so quite contrary to logic and reason. The policeman can hardly believe that such idiots exist, as he admits to Styopka: 'To tell you the truth, I didn't believe it when they phoned me. I thought: it must be some sort of mistake – I can't believe that such idiots exist on this earth. But it turns out to be true.'[17] Styopka returns to prison refreshed by his escapade and quite happy with his lot: he has communed with nature, renewed old friendships and acquaintances, and has no regrets even though it means a longer stretch in prison.

The '*chudik*' (*чудик*) is a fool, usually of peasant origin, in whom there is no malice and who frequently acts against his own best interests, often out of naivety, but he is equally capable of saying something quite profound and perceptive. He is a type of 'holy fool' so common in Russian literature, who feature in the works of Pushkin, Tolstoy, Dostoevsky and Bunin, to mention only a few. Many were venerated, some were even canonised as saints by the Russian Orthodox Church, even though their origins seem to be more akin to shamanism than to a truly Christian tradition. Although Shukshin's '*chudiki*' are not overtly religious, nevertheless they do have spiritual qualities in the widest sense: they appreciate beauty and evince a simple approach to life, which so often alludes the urban sophisticate, who frequently despises and scorns what is deemed to be rustic vulgarity. The association of wisdom and the 'holy fool' comes from a widespread prophetic tradition established in the middle ages in Russia, when such '*bozhie liudi*' (*божие люди*) were known for their prophecies and soothsaying, uttered as they wandered around villages of rural Russia. Their simple lifestyle and lack of material things added to their charm and mystery. Shukshin made a film featuring such 'fools' entitled *Странные люди* (*Strange People*, 1969), which was based on three stories already published – *Чудик* (*The Fool*, 1967), *Думы* (*Thoughts*, 1967), and *Миль пардон, мадам!* (*A Thousand Pardons, Madame!*, 1968). In a late story *До третьих петухов* – (*Until the Cock Crows*

Thrice), published posthumously in 1975, the main protagonist of the story is an undisguised Ivan-the-Fool, taken straight from Russian folklore.

Shukshin's film *Ваш сын и брат* (*Your Son and Brother*) was screened at the beginning of 1966, but along with the accolades came criticism: a number of critics reproached him for idealising the rural community and showing the urban community in a very poor light. Shukshin wrote an article in reply to such criticism, claiming that this simplistic juxtaposition was never intended and that the issues at stake were much more complex than a crude comparison of two different lifestyles.[18] However Shukshin intended his urban and rural characters to appear, there is no doubt that many of the urban dwellers come across as much less endearing than their rural counterparts. Shukshin himself admitted that there was a difference in the spiritual values between the rural and urban dweller in an interview for the journal *Sovietskii ekran*: 'There is openness among people in the city also, but when you are close to the soil it's more noticeable. In the countryside the whole person is on view. That's why my heroes live in the countryside.'[19]

Shukshin continued publishing regularly and producing films. His first novel *Любавины* (*The Liubavins*) was published in 1965 in the Siberian journal *Sibirskie ogni* in serialised form, as was the usual literary practice in Soviet Russia. He had begun work on it while still a student. His aim was to recount the story of a close-knit Siberian family and its reaction to the establishment of Soviet power in Siberia. He also planned to make a film of the novel, but these plans were never realised by himself: however, the director Leonid Golovnia made it into a film, which was released under the title *Конец Любавиных* (*The End of the Liubavins*). It was also adapted for radio. Shukshin planned a sequel to the novel but it remained incomplete, although some material from the sequel became the subject for other works, most notable of these being his *povest'* *Там, вдали* (*There, Over Yonder*, 1966), which explores the theme of the young person leaving his/her roots and heading for the town.[20] The general theme of the sequel novel also has a bearing on *Калина красная*. In an interview with a correspondent of the newspaper *Molodyozh' Altaia* in January 1967, Shukshin outlined his plan for the novel:

> 'The main idea behind the novel is to show the state to which a strong man can be reduced when outlawed from society. Egor Liubavin finds himself in the enemy camp, with the remainder of Baron Ungern's army which has settled on the border of the Altai District, where it held out until the early thirties. He loves his mother country and cannot think of leaving her forever; nor can he return – for he would be treated as a criminal. It is this tragedy of a Russian ·

caught on the very borderline of two different eras that will be the basis of the next novel.'[21]

It is probably no coincidence that the chief character of *Калина красная* is called Egor and that he finds himself 'outlawed' from society as a criminal, yet he deeply wants to find acceptance within the community in which he settles. Egor Prokudin also shows a great love for his country and feels a similar type of alienation to Egor of the novel Shukshin was planning. The novel also represents an interest in historical themes which can be seen in his novel about Sten'ka Razin, as discussed below. In 1965 Shukshin was also admitted to the Writers' Union, an event which in itself was a recognition of his worth and importance as a writer.

Shukshin's stories and cinematographic work from 1967 to his death took on a different tone from his early works: they became much more confrontational. Shukshinian 'fools' appeared with increasing regularity and were subjected to more and more spite, chiefly from urban dwellers, who simply did not understand their naivety, and the 'fools' themselves could not comprehend why or how they had become the object of such spite. Even the once happy 'fools' of Shukshin's earlier canon undergo a subtle transformation and feel a sense of yearning and pining for something else in life. Often that thing which is missing is a spiritual dimension, which even some rural dwellers lack. The sense of such a spiritual vacuum in life is only given to the most sensitive characters. For many of Shukshin's protagonists, there are no easy answers to their existential questions, which remained increasingly unanswered as his writing progressed. This can be vividly observed in *Калина красная*: Egor is denied a chance to live an honest and upright life – an ending over which Shukshin agonized long and hard and which both critics and the cinema-going public much debated. Egor looks for his niche in life, vacillating between the local town and the village in which Liuba lives; between his criminal past and his new-found interest in agricultural work; and between former emotional attachments, firstly to his mother, to the gangsters' 'moll', Lius'en, and finally to his current attraction to Liuba. He seems to be in a constant state of flux until the end of the work when it appears that he has found the courage and conviction to break away from his criminal past and start a new life. Tragically, this is denied him.

Towards the end of his short life, Shukshin was gradually coming to the conclusion that his true creative path lay not in the cinema, but in literature. He spent a great deal of time researching material for a film scenario and novel on the popular seventeenth-century hero Sten'ka Razin, which was finally published under the title *Я пришёл дать вам волю* (*I Have Come to*

Give You Freedom).[22] Sten'ka Razin was a figure who had interested Shukshin since his childhood: in 1960 he had offered a number of stories to the journal *Oktiabr'*, one of which was entitled Стенька Разин, but it was rejected by the editorial staff on the grounds that the plot of the story was considered to be highly improbable. This same story was accepted for publication in the journal *Moskva* two years later. Shukshin published the film scenario entitled *Я пришёл дать вам волю* in 1968 and planned to make a film about Razin. In his younger years he had also written verses about this Cossack rebel, but unfortunately they have not survived, nor have they ever been published.[23] When he submitted his novel on Sten'ka Razin to *Novyi mir* in 1969 it was rejected: it had a mixed reception among the editorial board and it was not until early in 1971 that the novel was finally published in the journal *Sibirskie ogni* in an edited form. He held negotiations with the Gorkii film studio to shoot his scenario, but these were unsuccessful, as a number of members of the committee were unhappy with the portrayal of Razin: they considered him to be too cruel. Shukshin tried to re-work the material and considered omitting the episodes which the committee had recommended should be left out, but he realised that a third of the film script would have to be deleted and he was not happy with such radical editing. New negotiations over a film about Razin were initiated in the spring of 1974, the year of Shukshin's death. This time, the atmosphere in the Mosfil'm studio was more positive and a timetable for filming and finishing the film was actually drawn up. Egor Prokudin of *Калина красная* is associated with Razin when he first arrives at Liuba's house.

In the meantime Shukshin worked on *Калина красная*, which was generally received with great acclaim by critics and the cinema-going public alike. However, not all reactions were positive, particularly those regarding the ending of the film. After its completion Shukshin turned to acting again in a war film being produced by the famous director Sergei Bondarchuk, entitled *Они сражались за родину* (*They Fought for their Motherland*), based on a novel of that name by the Soviet writer Mikhail Sholokhov. It was while filming that Shukshin met his death during the night of the 24 October 1974 from a massive heart attack. Thus his prodigious talent was brought to an abrupt end at the early age of 45, and his plans for a film on Sten'ka Razin never came to fruition.

Shukshin and Russian Literature

Shukshin is generally regarded as a member of a school of writing in Russian literature known as 'village prose' (деревенская проза), that is, prose which has its setting in the countryside and deals with rural dwellers – their lifestyle, toils, tribulations and their customs. To call this movement a 'school' is perhaps slightly misleading, since it imposes a homogeneity upon a group of writers whose narrative styles and aesthetic aims varied enormously from each other. However, their works all share a rural setting and many of these writers were born in the countryside themselves. Like Shukshin, village prose writers used a great number of personal memories and experiences as the basis for their fictional works.

In a vast country like Russia where, until the beginning of this century, the majority of people lived in the countryside, it is hardly surprising that its literature should feature numerous rural characters and themes. From Pushkin to Chekhov, Russian literature of the nineteenth century is teeming with portrayals of rural folk, some of which are depicted in a very negative light, others of which are idealised. As industry developed and the trappings of technological advancement such as railways and mechanisation impinged upon the rural community, the peasantry was viewed by some as the repository of a disappearing folk wisdom, national culture and traditions. The poet Esenin (1895-1925) painted an increasingly gloomy picture of devastation in the Russian peasant community brought about by Bolshevism, the Civil War and encroaching technological advances. These themes became politically too sensitive to explore with any real degree of truth during the years of the cultural revolution, which started around 1928-9 and continued throughout the 1930s. Rural dwellers were viewed as backward, politically ignorant and resistant to change. Rapid industrialisation was regarded as an absolute necessity for the very survival of the Soviet Union and people flooded into the rapidly expanding cities. The urban setting, and hence urban dwellers, were associated with progress, and the rural community was viewed as the very antithesis of progress and modernity. However, the theme of a ruined, almost moribund rural community returned to the fore and became a powerful image in literature during the 1960s and 1970s – the heyday of Russian village prose.

Most Russian prose of the 1920s until the 1950s pays little heed to the plight of the peasantry.[24] Generally, Russian literature of the 1920s and 1930s is taken up with themes such as the Revolution of 1917, the Civil War and the struggle to establish Soviet power, the need to rebuild Soviet industry after the Civil War, the campaign for rapid industrialisation, the rooting out of class enemies and saboteurs. During and after the Second World War, many writers and film makers portrayed the indefatigable bravery and courage of the Red Army and how the War had had a devastating effect on the personal lives of Soviet citizens, but depicted their resilience in adversity and showed their resolve to overcome.

In was in the mid to late 1950s when the writer Efim Yakovlevich Dorosh (né Gol'berg, 1908-72) published his *Деревенский дневник* (*Village Diary*, 1958-63) and Valentin Vladimirovich Ovechkin (1904-68) published a series of sketches called *Районные будни* (*District Routine*, 1952-56). Ovechkin had managed a collective farm himself from 1925-31 and had worked as a reporter on rural issues before taking up writing full time. Both these writers painted a picture of the mismanagement of human and material resources on a huge scale in situations where the individual counted for little. They showed rural folk in a positive light in a climate in which they were generally regarded with no small amount of condescension, particularly by the urban proletariat. Dorosh's written style conveyed well the charm and individuality of rural speakers, which contrasted with the drab standard language of Socialist Realist heroes forever pouring forth Soviet cant and the set phrases of communist ideology.[25]

Initially village prose was not written in a spirit of protest against the government of the Soviet Union: writers made pleas for a revitalisation of the rural community and expressed the desperate need to improve social conditions – education, medical services and the infrastructure. These were all areas in which it was officially admitted that there were problems. Yet, as time wore on and writers were encouraged by the publication of literature which they previously thought would be blocked, they became emboldened by their successes and those of their fellow writers: village prose writers became increasingly subjected to criticism as they broached taboo subjects in their writing. Many village prose writers used their works to offer severe criticism of the Soviet Union's industrial policy and, in particular, of its careless disregard for the environment and conservation. The writer Valentin Rasputin (b. 1937) found support among many prominent figures in the arts world and campaigned for a moratorium on the pollution of Lake Baikal in his native Siberia. In the 1970s many village prose writers portrayed environmental damage to rivers and forests on a vast scale. In this way, village prose became a platform for protest.

One of the most contentious issues in Russian history (and hence an unmentionable topic for discussion) was that of the forced collectivisation of agriculture, which was started in late 1929 and was complete by about 1936. This policy, engineered by Stalin, was brutally implemented by urban activists, many of whom were over-zealous, and had as its aim the creation of giant farms by amalgamating individual peasant farms. The peasants were unwilling to surrender their independence and be subsumed into a huge, faceless, bureaucratic organisation – the *kolkhoz* (collective farm) and the *sovkhoz* (state farm). Riots were widespread in certain areas and many peasants killed their own livestock rather than hand it over to the new collective farms. This rashly implemented policy, which was ideologically and not economically driven, put Soviet agriculture back at least ten years in terms of lost production. Socially it was devastating: millions of people died of starvation and whole communities were irreparably damaged in the upheaval. Churches were desecrated, their religious relics burned and destroyed, their great bells melted down and used in industry, and the buildings themselves were turned into social clubs, grain stores or centres for propaganda. The damage to indigenous traditions cannot be estimated. The sagacity of this policy went unquestioned until the *glasnost'* era; even in 1987 Gorbachev kept to the party line that collectivisation had been an essentially correct policy, but had been implemented with undue harshness and a lack of regard for the individual.

There were, however, a few writers who did criticise collectivisation and its excesses – most notably, Sergei Zalygin (b. 1913), whose long short-story (*povest'*) called *На Иртыше* (*On the Irtysh*, 1964) exposed the cruelty and injustice inflicted on a productive Siberian farmer during collectivisation. The peasant, Chausov, was loyal to the regime and was an energetic, hard-working farmer, but he is dubbed a *kulak* or rich peasant and is deprived of his farm and sent into exile. During collectivisation, those peasants who were deemed to be *kulaks* – often quite arbitrarily – were stripped of their possessions and sent into exile, a process called 'dispossession' (раскулачивание). This was often carried out quite cruelly and provided an opportunity to exercise spiteful revenge for old grievances, while at the same time promising the peasants a new and fairer life. Shukshin also mentions these momentous events in some of his works: the old peasants who sit around and talk one evening in *Калина красная* refer to the dispossession of their neighbours and in a story entitled *Заревой дождь* (*Dawn Rain*, 1966), a party activist Efim, who is dying in hospital, is brought face to face with a victim whom he dekulakized. The victim now has the upper hand, though he does not want revenge – he once did, but has now overcome those feelings. He says to him:

'I have no more malice for you now. But it's not that I never had none: there was a time when if I'd have come across you in the taiga,

I'd have shot you. [...] Once, I remember, I kept watch outside your house almost 'til it got light. You were sitting with some papers at the window. I took aim about ten times, but I just couldn't. You probably don't believe me.'[26]

He reproaches his former enemy, saying: 'You are the fool. You windbag! A 'new life'!.. You didn't make good use of your life and didn't let anyone else live theirs. You messed your life up, Efim.'[27]

Life on the collective farm was hard and the pay very poor: sometimes peasants went unpaid if the harvest failed or the management was at fault. Many understood that the average peasant had been reduced to a serf by the state, though few had the courage to state this openly. Boris Mozhaev's (b. 1923) *Из жизни Фёдора Кузькина (From the Life of Fyodor Kuz′kin*, 1966) showed to what extent an enterprising farmer, Fyodor Kuz′kin, had become a serf owned not by a private landlord, as was the case before the emancipation in 1861, but by the Soviet state. Kuz′kin tries to leave the collective farm because he cannot feed his family on the poor remuneration he receives, but he is subjected to vicious reprisals from spiteful officials for his temerity to try to 'go it alone'. Mozhaev depicts a greedy state taking all it can out of the collective farm system and leaving precious little for the workers. This story earned him and the editor of *Novy mir* both praise from liberals and reformers, and condemnation from hard-liners. It was clear that village prose writers were beginning to touch on subjects which were too sensitive. Shukshin also broaches this same theme in his short story *Ноль-ноль целых* (1971) and, like Mozhaev, shows how spiteful the bureaucrat can be when confronted with the truth.[28]

Another taboo subject in Soviet Russian literature was the positive portrayal of religion and religious faith. A number of village prose writers portrayed the peasant as a naturally religious person, having a spiritual dimension lacking in urban dwellers, whom they saw as having been brutalised and rendered insensitive by the drabness of Soviet urban living and official atheist propaganda. For urban people portrayed in village prose, a trip into the countryside is often a voyage of self-discovery, a returning to that spiritual quality which had been virtually eradicated by urban life. This spiritual dimension was not confined to purely religious issues, but encompassed an appreciation of beauty and a sensitivity towards one's fellow man.

Shukshin's work takes up the themes outlined above. Like Dorosh, his early stories show rural folk in a positive light: they are hard-working, fun-loving and express themselves in spontaneous, lively language, full of local charm, vivacity and wit. Shukshin uses the speech of his peasants as a means of characterising them, each protagonist speaking in his own style which seems entirely natural to him or her. Most of his texts are taken up with speech, rather than narrative passages of detailed description, and the author himself is barely perceptible in the work – Shukshin shows his readers a situation through the eyes of the protagonists. Often the story line involves a simple event, a singular, brief incident in the life of the character, narrated with such economy that the reader feels that he/she has been party to much more than this brief moment. Shukshin's early stories explore the basic differences between urban and rural inhabitants both in their ways of life and in their outlook on life. The rural folk have a touching naivety, a freshness of expression and speech and take pride in their work. The community in which they live is generally harmonious, apart from petty squabbles, which frequently take place between man and wife: the wife is often portrayed as a harridan, who sometimes has to have recourse to violence to make the husband do what she wants or to punish him for what she sees as a misdemeanour. This, however, is often a source of comedy in the stories and no malice is intended. By contrast, urban dwellers are spiteful and brusque with one another, and they are particularly so to the hapless rural visitor to the city or town. Urban dwellers also have a certain sophistication which is not understood by rural folk, who feel cowed and inferior when confronted by self-assured city folk.

However, as Shukshin developed as a writer, his characters underwent a change: they long for something which they do not have in life, and work *per se* does not provide the gratification it once did. His characters are rural drivers of lorries or taxis, odd job men, people without a profession who sometimes have a criminal record. They are people who have tried their luck in the towns and cities but feel a need to return home to their roots, only to find that the village has changed out of all recognition or that it is in a state of decay. They no longer fit in with the local community as they once did. Their general disillusionment with life leads them to search for a solution which is often not found, but they end up causing a *skandal* which exposes yet further human failings in the character and those around him. Often during the *skandal*, characters evince spite and unkindness which is gratuitous and causes the main protagonist to become even more disillusioned. One story which illustrates this perfectly and is typical of this almost uniquely Shukshinian situation is the story *Чудик* (*The Crank*, 1967). The main character is introduced at the beginning of the story in an economic, bald statement so typical of the beginning of many of Shukshin's short stories: 'His wife would call him 'Cranky'. Sometimes she meant it affectionately.'[29] Shukshin goes on to explain that whatever Chudik does or wherever he goes, something always happens to him: indeed, most of his misfortunes are of his own making, brought about through his lack of circumspection. He decides to go to visit his brother who lives in the Urals, whom he has not seen for twelve years. He buys presents for his brother's family in the regional main town and listens to fragments of conversations held between the urban inhabitants while standing in a queue, but he understands little of what they say. We are told that: 'Cranky respected townspeople. Not all, that's true: he didn't respect louts and shop assistants. He was wary of them.'[30] Shop assistants, receptionists, bookkeepers, and even pharmacists[31] – in short, all those who serve the public – are frequently full of spite and are humourless towards the naive peasants on a visit to the city, to which they venture with a considerable degree of foreboding. Chudik manages to lose a fifty-rouble note which he saw had been found in the shop, but only later realises it was his. Despite the fact that he knew he would have to work half a month to make good the loss, he is too intimidated by the shop assistant to go back and claim the money. On the train a fellow passenger is described as an *интеллигентный товарищ* ('a cultured comrade'), one of several telling stories about people and events they have witnessed. Chudik tries to join in and tells of a drunken lad in a nearby village who chased his mother with a smouldering log: the mother runs away from him, but shouts that he should take care not to burn his fingers. The travellers are not impressed by the story and regard it as preposterous. To compensate for what he feels is his inferiority in the presence of his urban collocutors, he repeats a refined phrase which he heard while standing in the queue, but Chudik is accused of making the story up and the *интеллигентный товарищ* turns his head away and speaks to him no more: the so-called comrades have little in common. In a plane on the last leg of his journey, his fellow passenger makes a witty comment about children (which Egor repeats, in part, in *Калина красная*). He says: 'Children are the flowers of life: they should be planted with their heads downwards.'[32] On arrival at his brother's, he finds his sister-in-law coolly welcoming at first, but Chudik's and his brother's constant reminiscing irritate her so much that they are forced outside the flat to talk and drink. His brother Dmitrii, after an outburst by his wife, cries one night to Chudik, saying: 'How much spite there is in people.'[33] He claims that his wife hates him for his irresponsibility, which is associated in her mind directly with his rural roots. They conclude that country people are better than town dwellers – the former are not haughty. It emerges that Dmitrii's wife is also from the countryside, but she does all she can to break away from her rural origins and makes every effort to see that their children acquire all the trappings and education of sophisticated urban life, epitomised by music lessons. In order to make the peace, Chudik decides to buy a toy boat for his nephew and improve it by painting it in the manner of peasant folk art. For his sister-in-law this is the last straw, and she insists that the 'idiot' leave the next day or she promises to throw him out. Chudik thinks that the explanation is that she does not understand her native artwork and he feels a crushing sense of rejection. He returns to his native village where he works as a projectionist and indulges in his passion for detective films.

This story illustrates well features of Shukshin's later stories: the differences between city and country dweller are more marked than his early stories. In interviews with journalists and critics, Shukshin rejected the claim that he idealises the village and makes the city out to be impersonal and hostile, yet this was clearly his own personal experience and there is much evidence in his writing to appear at least that this was the case. He might not have done this consciously, but the fact that much of his writing is based on his own experiences, and that he certainly had an inferiority complex when he first visited the city are freely admitted.[34]

It is the peasant who has a keen sense of beauty and in particular a sense of the beauty of Russia's indigenous culture. Chudik's sophisticated sister-in-law rejects Russian folk art,[35] just as the Orthodox Church is unable to perceive the beauty in a church which a simple craftsman appreciates in the story *Мастер* (*The Craftsman*, 1971). He wants permission to restore the church, not because of any religious feelings but because it is an object of beauty. He never gets this and encounters indifference on the part of the Orthodox Church. The beautiful little church is doomed to decay further. At the end of *Мастер* one is left in some doubt as to whether the craftsman is yet another of Shukshin's 'cranks', or whether he has perceived something to which even the Church itself is blind. The story ends on a note of sadness and rejection, just as in *Chudik*. It is this sense of disillusionment which one finds increasingly as Shukshin's writing progressed.

The desire for a spiritual dimension in life is strong in many characters of Shukshin's later works. They search for the meaning of life but they never find it. Sometimes, they manage to find something which approximates to it or seems to come close to it, but the reader is left in doubt as to whether their discovery will serve as a satisfactory answer. Maksim Iarikov asks his wife why he feels such yearning for something and states that his '*душа болит*' ('[my] soul aches').[36] At a neighbour's house there is a visiting priest, and Maksim turns to him for advice. The priest sees the world in simple terms, as a battle ground for good and evil and ambiguously accepts both God and Communism, but his concept of God is unconventional, as he says: 'Now I tell you there is a god. His name is Life. It's in this god I believe.'[37] He shows an exuberance towards life (and the vodka on the table which they all drink) and the story ends in an almost bacchanalian dance, accompanied by shouts, but it is difficult to tell if they are shouts of joy or fury, and whether they are dancing for pleasure or out of frustration. As they dance round in a circle, they shout that they believe not in God, but in incoherently selected elements of modern Soviet society and ideology, i.e. the space programme, the mechanisation of agriculture, the scientific revolution, followed by a statement that people will run from the cities into the countryside, into the fresh air. This culminates in an affirmation that they believe in 'man'. There is thus an exuberance for life, a desire to live it to the full and experience it in all its forms, but the question 'Why do we exist?' is left unanswered. In *Калина красная* Egor Prokudin feels this desire to live when he gets out of prison and the atmosphere of hope and anticipation are heightened by the season itself – spring, but he is denied a chance to experience life to the full.

Sometimes, the principle protagonist realises that he (or she, but it is usually a male) has missed the chance to live a full and happy life or has allowed an opportunity to pass by: that moment cannot be regained. In the late story *Осенью* (*In Autumn*, 1973), set in the season which traditionally is viewed as a time of decay, Filipp Tiurin, a ferryman and a former activist during the period of collectivisation who played an active part in spreading propaganda but refrained from dispossessing *kulak* families, is a politically minded person with a certain grudge to bear. The sight of a wedding party which he has to convey across the river on his boat makes him think of his own falling in love with a certain Mar'ia, a beauty of the village. Being a member of the *komsomol*, he refused to get married in church and persuaded the less politically aware Mar'ia to oppose her parents wishes for a church wedding. However, this caused the couple to separate under pressure from her parents and the wedding never took place. His marriage to his present wife is viewed by him as very much a second best, resulting in his thinking every day about his former true love and bitterly regretting his obstinacy and insistence on a non-religious service. Later that day after the wedding party, a group of people arrive on their way to a funeral and he learns that in the coffin is the body of his former true love, Mar'ia. Filipp suppresses his emotions as he takes the funeral party across the river and thinks about paying his last respects to Mar'ia. He watches the coffin go past in the hearse and has an overwhelming desire to bid her a final farewell. Unable to suppress his emotions any longer, he insists that the coffin be opened, but the husband, Pavel, is furious with the scandal he is causing at the funeral. He has missed his chance and that chance cannot be taken in retrospect. All Filipp can do is wait for his own death to come when, perhaps, he feels that they will unite once again.

In a sense, Egor of *Калина красная* is luckier than Filipp: he at least manages to visit his mother before he dies, although he does not confess his identity to her or what he has become, and he visits her on a false premise due to the shame he feels for his criminal past. One feels that he dies having missed his chance to prove that he could make something of his life, when he was just standing on the threshold of a reformed existence. Liuba, like Mar′ia, is deprived of her love and is left with the uncertainty of what might have been.

Egor in *Калина красная* is just one of a number of characters who have had a criminal past, and even when that past has been connected with violent behaviour, Shukshin often makes these characters sympathetic and even entertaining. However, the most sinister of these characters is the young man (unnamed) from *Охота жить* (*A Desire to Live*, 1966) who is an escapee from prison. Significantly, it is spring time and the young man has been wandering around in the dangerous taiga without a weapon. He comes across a hut in which an old man called Nikitich lives, who is experienced in surviving in the perilous taiga. The old man is rather scornful of city folk who blunder around in the taiga, indiscriminately killing animals for their own pleasure and not for food, but he is charmed by this young man's character and good looks. They discuss the differences between life in the city and that in the taiga. The old man's own family live in the city and have lost the art of enjoying themselves when they come to visit him: they have acquired all the trappings of urban sophistication and are bored in the countryside. When other hunters arrive, the young lad becomes agitated and escapes during the night, stealing Nikitich's gun. Angered and hurt by such deception, Nikitich sets off to find him and when he does, the young man shoots him to cover his tracks. Nikitich attributes the young man's aberrant behaviour to the influence of the city, saying: 'The city will eat you all up, bones and all.'[38] Like Egor Prokudin, the young man cannot find his niche in life, as the old man Nikitich says to the young escapee: 'You young people should have a good life, but you wander around like madmen and can't find a place for yourself to settle in.'[39]

The criminal characters in *Калина красная* reflect well the two types of criminals from Shukshin's stories: Egor has much of the charm and eccentricity of the escapee Styopka, but urban spite combined with the criminal character produces a particularly vicious character – Guboshlyop: he shows all the scorn of the Shukshinian urbanite towards Egor's new-found rural job as a tractor driver.

The release of the film version of *Калина красная* was controversial and it was sanctioned by Brezhnev himself to be passed by the censor – a rare event, since Brezhnev was reputed to have been rather uninterested in literature and the arts.[40] The ending of *Калина красная* caused something of an outcry among critics and the public, as already mentioned above. The death of the sympathetic character Egor brought about by the highly unsympathetic Guboshlyop leads one to conclude that evil has triumphed over good. Generally Soviet audiences were unaccustomed to such an ending, having been fed on a diet of Soviet Socialist Realism since 1934, which demanded that literature ended on a positive, uplifting note. Shukshin's stories end increasingly on a note of sadness or disappointment, which reflect the realities of life, instead of presenting a sanitised picture of contented rural folk – for which he (along with other village writers) had been criticised earlier in his career.[41] The unexpectedly passionate reaction to the ending of *Калина красная* was probably fuelled by the fact that the much-loved actor, Shukshin, played the part of Egor in the film version, and the sight of Shukshin dying at the end of the film proved to be both emotionally disturbing and prophetic: Shukshin died just a few months after the film was released and after it was awarded the first prize at the All-Union Film Festival in Baku in 1974.

NOTES TO INTRODUCTION

1. The OGPU was one of the numerous acronyms for the State Political Police under the Soviet regime, during which time the organisation was reorganised and the name (hence the acronyms) altered. The earliest organisation created by the Communists was the Cheka (Чека — Чрезвычайная комиссия по борьбе с контрреволюцией и саботажем). The Cheka existed from 1917-22 to check the spread of anti-Soviet activities, and was changed in 1922, first to the GPU (State Political Administration — Государственное политическое управление) to the OGPU (Unified GPU — Объединённое государственное политическое управление), which existed until 1934, when it was changed yet again to form the infamous NKVD (People's Commissariat for Internal Affairs — Народный комиссариат внутренних дел). Other reorganisational changes took place and the body changed to NKGB (People's Commissariat for State Security — Народный комиссариат государственной безопасности) in 1934-43, to MGB (Ministry for State Security — Министерство государственной безопасности) 1946-53, and finally to the notorious KGB (Committee for State Security — Комитет государственной безопасности), which existed virtually unchanged from 1954 to the fall of the communist regime.

2. His mother's maiden name was Popova, a name which Shukshin used in the title of a cycle of stories called 'Из детских лет Ивана Попова', published in *Novy mir* 11 (1968), 98-115. These stories were later included in his collection entitled *Земляки* (Moscow: Sovetskii pisatel', 1970).

3. 'Я невзлюбил отчима... теперь я знаю: это был человек редкого сердца — добрый, любящий...' This quotation comes at the beginning of the first story in the cycle *Из детских лет Ивана Попова*, entitled 'Первое знакомство с городом'.

4. 'Нелегко сразу сказать, какую роль сыграл в моей жизни этот город. Повторяю, он напугал меня. Очень уж много людей! И все куда-то спешат. И никто друг друга не знает. У нас в селе все друг друга знали. А это был большой, новый мир.' Quoted in V.I. Korobov, *Василий Шукшин: творчество, личность* (Moscow, 1977), p.16.

5. A translation of this story appears in the collection *Roubles in words, Kopeks in Figures and Other Stories*. See bibliography for details.

6. Trofim Lysenko (1898-1976) was a geneticist, whose theories on low-temperature seeds were promoted by Stalin as ideologically correct. Lysenko was made president of the Academy of Agricultural Studies in 1938 and those who opposed his theories were forced into silence: one famous opponent, the geneticist Vavilov, who had an international reputation as a scholar, was arrested and died in detention in 1942. It was also widely known that Lysenko awarded academic qualifications to those he favoured. He was dismissed from his post in 1956, after Stalin's death, for falsifying statistics in his research to support his own theories. He was reinstated as the president of the academy in 1961, where he remained until his final dismissal

in 1963. It is generally agreed that Lysenko set back sound, scientific work on genetics for many years in Russia.

7. 'Читал я действительно чёрт знает что, вплоть до трудов академика Лысенко — это из ворованных. Обожал всякие брошюры: нравилось, что они такие тоненькие, опрятные; отчесал за один присест — и в сторону.' Quoted in Korobov, p.23.

8. The hero of the novel convinced Shukshin that if a person has faith in himself and has the capacity and will to work hard, then he is capable of achieving anything he wishes. This attitude was to become part of Shukshin's own outlook on life.

9. '...бухгалтерия не полезла в голову.' Quoted in Korobov, p.27.

10. 'Городские ребята не любили нас, деревенских, смеялись над нами, презирали. Называли «чертями». [...] В четырнадцать лет презрение очень больно и ясно сознаешь и уже чувствуешь в себе кое-какую силенку — она порожает желание мстить. Потом, когда освоились, мы обижать себя не давали.' Quoted in Korobov, p.30.

11. 'Это несомненно одарённый человек. Теперь я убедился окончательно. Он независим — это черта таланта.' Quoted in Korobov, p.50.

12. Selection to the Communist Party of the Soviet Union involved a complex procedure and although in theory membership was open to all, in practice admittance to the Party was often regarded as a privilege and a necessary precursor to a high-flying career. Party membership could lead to top jobs at a high administrative level, which in turn opened up various 'perks', such as access to better consumer goods in shops not open to the general public, better education and health facilities, and other privileges such as foreign travel. In 1989 membership of the Party was only 10 per cent of the total population. Ordinary membership, however, did not attract any real 'perks' and Shukshin would not have been eligible for them.

13. The story was called 'Двое на телеге' and appeared in *Смена*, 15 (1958). In retrospect, Shukshin does not seem to have rated this early work very highly, since he did not include it in any anthology published subsequently.

14. Soviet citizens were not allowed to live wherever they wished. The government operated a system of residence permits (прописка), administered through the device of an internal passport, which was a type of identification document which held personal details such as name, date and place of birth, nationality and marital status. Such documents could not be used for foreign travel, for which a special passport was issued. The *propiska* system was introduced in 1932, but these internal passports were not issued to the rural population until 1974—1980, when they were phased in during Brezhnev's tenure of office. In essence, the whole system was designed to control the movement of the entire population within the Soviet Union, and in effect it

tied the rural population to the countryside, making it very difficult for them to change from agricultural to factory work.

15. The term 'thick' journal refers to the numerous literary journals of the former USSR. These journals appeared monthly and contained a selection of writing — both prose and poetry — by young and established writers. They also contained literary criticism and articles on socio-political issues. The normal practice was for writers to publish their works in these journals initially, rather than publishing in book form, which often happened subsequently.

16. The stories in question were: 'Стёпка', 'Змеиный яд' and 'Игнаха приехал'.

17. 'А я, честно говоря, не поверил, когда мне позвонили. Думаю: ошибка какая-нибудь — не может быть, что на свете были такие придурки. Оказывается, правда.'

18. 'Вопросы самому себе' in *Sel'skaia molodyozh*', 11 (1966). Reprinted in a collection of essays under that title (Moscow: Molodaia gvardiia, 1981), pp.10—21.

19. 'Душевная открытость есть и в городе, но рядом с землёй она просто заметнее. Ведь в деревне весь человек на виду. Вот почему все мои герои живут в деревне.' Quoted in Korobov, p.122.

20. 'Там, вдали' was published in the journal *Molodaia gvardiia*, 11 (1966), 98-127; 12 (1966), 226-54. It was reprinted in a collection of stories under that title (Moscow: Sovetskii pisatel', 1968).

21. Quoted in E. Yefimov, *Vasily Shukshin* (Moscow: Raduga, 1986), p.71.

22. The film scenario was published in *Iskusstvo kino*, 5 (1968), 143-87; 6 (1968), 131-85. The novel of the same title was published later, in *Sibirskie ogni*, 1 (1971), 3-95; 2 (1971), 3-122. Numerous book editions of the novel and film scenario have been published subsequently, namely in a Moscow: Sovetskii pisatel', 1974 edition and in a collected edition in 2 vols (Moscow: Molodaia gvardiia, 1975).

23. There is a graphic account of how Shukshin read these verses to the editor of the journal *Oktiabr'*, in January 1961, in Yefimov, pp.154-5.

24. There was a group of writers in the early twentieth century in Russia who were fascinated by rural folk — their traditions, folklore and language. The most famous of their group was Nikolai Kliuev (1887-1937): Esenin was also associated with the group for a time. Most of these writers were poets, and just as futurist poets like Mayakovsky and other urban poets were praising the wonders of the machine age and industrialisation, the peasant writers and poets were repulsed by all things mechanical. When the campaign for the full collectivisation of agriculture was initiated in late 1929, such enthusiasts of rural *byt* were branded '*kulak* sympathizers' which effectively silenced them.

Some were even arrested and perished in the camps in the later campaign of terror in the second half of the 1930s. This group of peasant writers should not be confused with the village prose movement of the mid-1950s onwards, though they have many points of contact.

25. Soviet Socialist Realism is the name of the official methodology adopted by and imposed on writers during the Soviet era, from the early 1930s onwards. It comprised a set of tenets to which writers had to adhere in order to have their works published officially. Basically it sought to ensure that literature (and even the performing and fine arts) was accessible to the masses: hence, in language and form the work had to be transparent, its content had to be recognisable to and reflect the life of the working classes. The work's conclusion had to be uplifting and positive, and show society's progress towards the ultimate goal — Communism. Such works of literature also had to reflect the party line and the ideology of the time, elements which were called 'партийность' and 'идейность'. During Stalin's time of office, when this methodology was most strictly enforced, all forms of experimentation with form and language were severely censured. In essence, it was a device to control the influence of literature on the reading public and use it for the purposes of propaganda. In practice, it tended to produce formulaic works of literature, with rather predictable plots, expressed in a tawdry style. However, many writers of true creative talent learned to circumvent some of these strictures, while paying lip-service to the state and still get their works officially published. Other writers of less note accepted and wrote within the confines of socialist realism.

26. 'А зла у меня на тебя нету большого. Не то что совсем нету: подвернись тогда в тайге, я бы, конечно, хлопнул. [...] Один раз, помню, караулил у твоей избы чуть не до света. Сидел ты с бумажками прямо наспроть окна. Раз десять прицеливался — и не мог. Не поверишь, наверно?'

27. 'Сам ты дурак. Трепач. Новая жись!.. Сам не жил как следует и другим не давал. Ошибся ты в жизни, Ефим.'

28. This story is translated as *Roubles in Words, Kopeks in Figures* in a collection of stories published under that title. See bibliography.

29. 'Жена называла его «Чудик». Иногда ласково.'

30. 'Чудик уважал городских людей. Не всех, правда: хулиганов и продавцов не уважал. Побаивался.'

31. See the story *Змеиный яд* (*Snake Venom*, 1964).

32. 'Дети — цветы жизни, их надо сажать головками вниз.'

33. 'Сколько злости в человеке!'

34. A long article appeared in 1969 in which the author severely criticised a number of village writers, Shukshin among them, for idealising the countryside to the detriment of the city. See A. Marchenko, 'Из книжного рая...', *Вопросы литературы*, 4 (1969), 48-71.

35. In a late story entitled *До третьих петухов* (*Before the Cock Crows Thrice*) (1975), published after Shukshin's death, there is a character from Russian literature called Poor Liza (from a novel of that name by Karamzin {1766-1826}). Poor Liza is of peasant origin and has an affair with a nobleman. In Shukshin's story *До третьих петухов* characters from Russian literature jump down from the shelves of a library after opening hours and discuss the possibility of excluding from their number the folk character 'Ivan the Fool'. The character who is most vociferous in her opposition to Ivan the Fool is Poor Lisa: the implication in Shukshin's story is that she has now risen in the world (due to her affair), she has repudiated her past and her own folk culture. Thus, she is reminiscent of Chudik's sister-in-law.

36. Liuba in *Kalina krasnaia* says the same phrase.

37. 'Теперь я скажу, что бог есть. Имя ему — Жизнь. — В этого бога я верую.'

38. 'Сожрёт он вас, город, с костями вместе.'

39. 'Жить бы да жить вам, молодым... а вас... как этих... как угорелых по свету носит, места себе не можете найти.'

40. Rosalind Marsh, *Soviet Fiction Since Stalin: Science, Politics and Literature* (London: Croom Helm, 1986), p.284.

41. When Egor Prokudin gets into a taxi, he asks the driver, 'How's life?'. The driver answers in a non-committal fashion and strongly hints that what is written in the media is not always the truth. Such comments also appear in other stories by Shukshin: the story *Точка зрения* (*Point of View*, 1974) features two writers, an Optimist and a Pessimist, who see a situation in two different lights and have to appeal to the judgement of a higher, independent authority, a certain 'Непонятно Кто' ('It's Not Clear Who'). Geoffrey Hosking (see bibliography) comments on this story: 'As an indictment of the distortions which writers have imposed on society this could hardly be clearer.' There are also clear sentiments expressed condemning the literary establishment in the late story *До третьих петухов*, about which Hosking comments: 'Everything speaks here of the corruption of inherited customs and culture by literary administrators and commentators, by the incursion of 'diabolical' ideology and cheap mass culture, and by the natural pliability of man.' (*Beyond Socialist Realism*, pp.177-178.)

SELECT BIBLIOGRAPHY

Works in Translation

I Want to Live: Short Stories by Vasilii Shukshin, translated by Robert Daglish (Moscow: Progress, 1978)

This edition contains the following stories:
The Classy Driver; Country Dwellers; Stepan in Love; The Examination; Men of One Soil; I Want to Live; Cuckoo's Tears; See the Horse Gallop; Wolves; Outer Space, the Nervous system and a Slab of Bacon Fat; Depth of Character; Thoughts; A Matchmaking; An Accidental Shot; Quirky; Boots.

Roubles in Words, Kopeks in Figures and Other Stories by V. Shukshin, translated by Natasha Ward and David Iliffe, with an introduction by Y. Yevtushenko (London: Marion Boyars, 1985).

This edition contains the following stories:
The Microscope; Stefan; The Outsider; The Postscript; The Sufferings of Young Vaganov; Roubles in Words, Kopeks in Figures; Moving to the Country; The Old Man's Dying; Shiva Dancing; The Court Case; Before the Cock Crows Thrice; Energetic People (A Play for Radio).

Vassily Shukshin: Short Stories, numerous translators (Moscow: Raduga, 1990).

This edition contains the following stories:
Country Dwellers; Stepan in Love; All Alone; Outer Space, the Nervous System and a Slab of Fatback; I Want to Live; Thoughts; How the Old Man Died; A Sad Tail; Quirky; I Beg Your Pardon, Madame!; Men of One Soil; The Fatback; The Bastard; The Stray; A Master Craftsman; A Matchmaking; The Tough Guy; I Believe!; Cutting Them Down to Size; Step Out, Maestro!; Boots; The Big Boss; The Sorrows of Young Vaganov; How the Bunny Went for a Balloon Ride; Vanka Terlyashin; The Stubborn Fellow; A Village to Call Home.

Vasily Shukshin: Snowball Berry Red and Other Stories, ed by Donald Fiene, several translators (Ann Arbor, Michigan: Ardis, 1979).

This edition contains an excellent essay by Geoffrey A. Hosking, a chronology of the life of Shukshin, a very full bibliography compiled by Geoffrey Hosking and a Filmography compiled by Boris N. Peskin.
It also contains the following stories:
In Profile and Full Face; How the Old Man Died; 'A Storey'; 'Mille pardons, madame!'; The Brother-in-Law; The Bastard; A Bird of Passage; 'I Believe!'; 'Oh, a Wife Saw her Husband off to Paris'; The Master; General Malafeikin; Snowball Berry Red.

Snowball Berry Red is also reprinted in the Fiene translation in *Contemporary Russian Prose*, ed by Carl & Ellendea Proffer (Ann Arbor, Michigan: Ardis 1982).

Collections of Stories and Other Works

Брат мой: рассказы, повести (Moscow: Sovremennik, 1975)

До третьих петухов: повести, рассказы (Moscow: Izvestia, 1976)

Рассказы (Moscow: Mosk. rabochii, 1980)

Вопросы самому себе (Moscow: Molodaia gvardiia, 1981)

Рассказы (Moscow: Khudozhestvennaia literatura, 1984)

Я пришёл дать вам волю: роман (Moscow: Sovietskii pisatel', 1984)

Киноповести (Moscow: Iskusstvo, 1988)

Critical Works in English

D.M. Fiene and B.N. Peskin, 'The Remarkable Art of Vasily Shukshin', *Russian Literature Triquarterly*, 11 (1975), 174-178
Geoffrey A. Hosking, 'The Fiction of Vasily Shukshin', in *Vasily Shukshin: Snowball Berry Red and Other Stories*, ed by Donald M. Fiene (*see above*).
——*Beyond Socialist Realism: Soviet Fiction Since Ivan Denisovich* (London: Elek/Granada, 1980) [contains a chapter on Shukshin].

Ivanova, Natal'ia, 'Trial by Truth', *Studies in Soviet Literature*, 3, vol.24 (1988), 5-57

Eduard Yefimov, *Vasily Shukshin: Articles*, translated by Avril Pyman (Moscow: Raduga, 1986)

Critical Works in Russian in Books

Binova, Galina Pavlovna, *Творческая эволюция Василия Шукшина* (Brno, Czech.: Vydala Univerzita J.E. Purkyn, 1988)

Gorn, Viktor, *Характеры Василия Шукшина* (Barnaul: Altaiskoe knizhnoe izdatel'stvo, 1981).

Valentina Karpova, *Талантливая жизнь* (Moscow: Sovetskii pisatel', 1986).

Korobov, Vladimir, *Василий Шукшин* (Moscow: Sovremennik, 1988).

Tolchenova, Nina, *Слово о Шукшине* (Moscow: Sovremennik, 1982).

Critical Works in Russian in Journals

Annenskii, L., Путь Василия Шукшина', *Север*, 11 (1976), 117-128.

Belova, L., 'Три русла одного пути', *Вопросы киноискусства*, 17 (1976), 136-62.

Chalmaev, V., 'Порыв ветра: молодые герои и новеллистическое искусство Вас. Шукшина', *Север*, 5 (1972), 116-126.

Chudakova, M., 'Заметки о языке современной прозы', *Новий мир*, 1 (1972), 212-245.

Elel'ianov, L., 'Единица измерения: заметки о прозе Василия Шукшина', *Наш современник*, 10 (1973), 176187

Gorn, V.F., 'Живой язык Василия Шукшина', *Русская речь*, 2 (1977), 24-31.

Kantorovich, V., 'Новые типы, новый словарь, новые отношения: о рассказах В. Шукшина', *Сибирские огни*, 9 (1971), 176-80.

Kapralov, G., 'Борьба за человека никогда не кончается: Шукшин в жизни, книгах, театре, кино', *Сибирские огни*, 2 (1979), 194-206.

Korobov, V., 'Шукшин писатель, актер, режиссер', *Смена*, 1 (1977), 5-8.

Lanshchikov, A., 'Размышляя о "Калине красной"', *Волга*, 3 (1976), 145-158.

Leiderman, N., 'Трудная дорога возвышенья: о новых произведениях Василия Шукшина', *Сибирские огни*, 8 (1974), 163-69.

Marchenko, A., 'Из книжного рая', *Вопросы литературы*, 4 (1969), 48-70.

Pankov, A., 'Характеры и резкая картина нравов' *Сибирские огни*, 4 (1978), 177-185.

Solov'ev, V., 'Василий Шукшин: мания правдоискательства', *Время и мы*, 1 (1978), 142-159.

Solov'eva, I, V. Shitova, 'Свои люди – сочетемся', *Новый мир*, 3 (1974), 245-50.

Tiurin, Iu., '"Калина красная" – киноповесть и фильм', *Москва*, 4 (1976), 193-199.

КАЛИНА КРАСНАЯ

История эта началась в исправительно-трудовом лагере, севернее города «Н», в местах прекрасных и строгих.

...Был вечер после трудового дня.

Люди собрались в клубе.

На сцену вышел широкоплечий мужчина с обветренным лицом и объявил:

— А сейчас хор бывших рецидивистов споёт нам задумчивую песню «Вечерний звон»![1]

На сцену из-за кулисы стали выходить участники хора — один за одним. Они стали так, что образовали две группы — большую и малую. Хористы все были далеко не «певучего» облика.

— В группе «Бом-бом», — возвестил дальше широкоплечий и показал на большую группу, — участвуют те, у кого завтра оканчивается срок заключения. Это наша традиция, и мы её храним.

Хор запел. То есть завели в малой группе, а в большой нагнули головы и в нужный момент «ударили» с чувством:

— Бом-м, бом-м...[2]

В группе «Бом-бом» мы видим и нашего героя — Егора Прокудина, сорокалетнего, стриженого. Он старался всерьёз и, когда «звонили», морщил лоб и качал круглой крестьянской головой — чтобы похоже было, что звук «колокола» плывёт в вечернем воздухе.

Так закончился последний срок Егора Прокудина. Впереди — воля.[3]

Утром в кабинете у одного из начальников произошёл следующий разговор:

— Ну, расскажи, как думаешь жить, Прокудин? — спросил начальник. — Он, видно, много-много раз спрашивал это — больно уж слова его вышли какие-то готовые.[4]

— Честно! — поторопился с ответом Егор, тоже, надо полагать, готовым, потому что ответ выскочил поразительно легко.[5]

— Да это-то я понимаю...[6] А как? Как ты это себе представляешь?

— Думаю заняться сельским хозяйством, гражданин начальник.

— Товарищ.[7]

— А? — не понял Егор.

— Теперь для тебя все — товарищи, — напомнил начальник.

— А-а! — с удовольствием вспомнил Прокудин. И даже посмеялся своей забывчивости. — Да-да... Много будет товарищей!

— А что это тебя в сельское хозяйство-то потянуло? — искренне поинтересовался начальник.[8]

— Так я же ведь крестьянин! Родом-то. Вообще, люблю, знаете, природу. Куплю корову.

— Корову? — удивился начальник.

— Корову. Вот с таким выменем. — Егор показал руками.

— Коро́ву на́до не по вы́мю выбира́ть. Е́сли она́ ещё молода́я, како́е же у неё — вот тако́е! — вы́мя? А то вы́берешь ста́рую, у неё действи́тельно вот тако́е вы́мя... То́лку-то что? Коро́ва должна́ быть... стро́йная.

— Так э́то что же тогда́ — по нога́м? — сугодничал Его́р с вопро́сом.

— Что?

— Выбира́ть-то. По нога́м, что ли?

— Да почему́ «по нога́м»? По поро́де. Существу́ют поро́ды — така́я-то поро́да... Наприме́р, холмого́рская. — Бо́льше нача́льник не знал.

— Обожа́ю коро́в, — ещё раз с си́лой сказа́л Его́р. — Приведу́ её в сто́йло... поста́влю...

Нача́льник и Его́р помолча́ли, гля́дя друг на дру́га.

— Коро́ва — э́то хорошо́, — согласи́лся нача́льник. — То́лько... что ж ты, одно́й коро́вой и бу́дешь занима́ться? У тебя́ профе́ссия-то есть кака́я-нибудь?

— У меня́ мно́го профе́ссий...

— Наприме́р?

Его́р поду́мал, как е́сли бы выбира́л из мно́жества свои́х профе́ссий наиме́нее... как бы э́то сказа́ть — ме́ньше всего́ приго́дную для воро́вских це́лей.[10]

— Сле́сарь...

Зазвони́л телефо́н. Нача́льник взял тру́бку.

— Да. Да... А како́й уро́к-то был? Те́ма-то кака́я? «Евге́ний Оне́гин»?[11] Так, а насчёт кого́ они́ вопро́сы-то ста́ли задава́ть? Татья́ны? А что им там непоня́тно в Татья́не? Что, говорю́, им там... — Нача́льник не́которое вре́мя слу́шал то́нкий крикли́вый го́лос в тру́бке, укори́зненно смотре́л при э́том на Его́ра и чуть кива́л голово́й — что всё я́сно. — Пусть... Слу́шай сюда́: пусть они́ там демаго́гией не занима́ются![12] Что зна́чит — бу́дут де́ти, не бу́дут де́ти?!.. Про э́то, что ли, поэ́ма напи́сана! А то я им приду́ объясню́! Ты им... Ла́дно, счас Никола́ев придёт к вам.[13] — Нача́льник положи́л тру́бку и взял другу́ю. Пока́ набира́л но́мер, недово́льно сказа́л: — Доце́нты мне... Никола́ев? Там у учи́тельницы литерату́ры уро́к сорва́ли: на́чали вопро́сы задава́ть. А? «Евге́ний Оне́гин». Да не насчёт Оне́гина, а насчёт Татья́ны: бу́дут у неё де́ти от старика́ или не бу́дут? Иди́ разбери́сь. Дава́й. Во, доце́нты, понима́ешь! — сказа́л ещё нача́льник, кладя́ тру́бку. — Вопро́сы на́чали задава́ть.[14]

Его́р посмея́лся, предста́вив э́тот уро́к литерату́ры.

— Хотя́т знать...

— У тебя́ жена́-то есть? — спроси́л нача́льник стро́го.

Его́р вы́нул из нагру́дного карма́на фотогра́фию и по́дал нача́льнику. Тот взял фотогра́фию, посмотре́л.

— Э́то твоя́ жена́? — спроси́л он, не скрыва́я удивле́ния.

На фотогра́фии была́ дово́льно краси́вая молода́я же́нщина, до́брая и я́сная.

2

— Бу́дущая, — сказа́л Его́р. Ему́ не понра́вилось, что нача́льник удиви́лся. — Ждёт меня́. Но живу́ю я её ни ра́зу не ви́дел.

— Как э́то?

— Зао́чница.[15] — Его́р потяну́лся, взял фотогра́фию. — Позво́льте. — И сам засмотре́лся на ми́лое ру́сское просто́е лицо́. — Байка́лова Лю́бовь Фёдоровна. Кака́я дове́рчивость на лице́, а! Э́то удиви́тельно. Да? На рабо́тницу сберка́ссы похо́жа.[16]

— И что она́ пи́шет?

— Пи́шет, что беду́ мою́ всю понима́ет... Но, говори́т, не понима́ю: как ты доду́мался в тюрьму́ угоди́ть? Хоро́шие пи́сьма. Поко́й како́й-то от них... Муж был пьянчу́га — вы́гнала. А на люде́й всё равно́ не обози́лась.

— А ты понима́ешь, на что ты идёшь? — негро́мко и серьёзно спроси́л нача́льник.

— Понима́ю, — то́же негро́мко сказа́л Его́р. И спря́тал фотогра́фию.

— Во-пе́рвых, оде́нься как сле́дует. Куда́ ты тако́й... Ва́нька с Пре́сни зая́вишься.[17] — Нача́льник недово́льно огляде́л Его́ра. — Что э́то за... Почему́ так оде́т-то?

Его́р был в сапога́х, в руба́хе-косоворо́тке...[18] Фуфа́йка и како́й-то фо́рменный карту́з должны́ бы́ли во́все снять вся́кое подозре́ние с Его́ра — не то э́то се́льский шофёр, не то сле́сарь-санте́хник, с лёгким намёком на уча́стие в худо́жественной самоде́ятельности.[19]

Его́р ме́льком огляде́л себя́, усмехну́лся.

— Так на́до бы́ло по ро́ли. А пото́м уже́ не́когда бы́ло переодева́ться. Не успе́л.

— Арти́сты... — то́лько и сказа́л нача́льник. И засмея́лся. Он был не злой челове́к, и его́ так и не переста́ли изумля́ть лю́ди, изобрета́тельность кото́рых не зна́ет преде́лов.

И вот она́ — во́ля!

Э́то зна́чит — захло́пнулась за Его́ром дверь, и он очути́лся на у́лице небольшо́го посёлка. Он вздохну́л всей гру́дью весе́ннего во́здуха, зажму́рился и покрути́л голово́й... Прошёл немно́го и прислони́лся к забо́ру. Ми́мо шла кака́я-то стару́шка с су́мочкой, останови́лась...

— Вам пло́хо?

— Мне хорошо́, мать, — сказа́л Его́р.[20] — Хорошо́, что я весно́й сел. На́до всегда́ весно́й сади́ться.

— Куда́ сади́ться? — не поняла́ стару́шка.

— В тюрьму́.[21]

Стару́шка то́лько тепе́рь сообрази́ла, с кем говори́т. Опа́сливо отстрани́лась и посемени́ла да́льше. Гля́нула ещё на забо́р, ми́мо кото́рого шла... Опя́ть огляну́лась на Его́ра.

А Его́р по́днял ру́ку навстре́чу «Во́лге». «Во́лга» останови́лась. Его́р стал догова́риваться с шофёром куда́-то е́хать. Шофёр спе́рва не соглаша́лся, Его́р доста́л из карма́на па́чку де́нег, показа́л... и пошёл сади́ться.

Он сел ря́дом с шофёром.

3

В это время к ним подошла та старушка, которая проявила участие к Егору. Не поленилась перейти улицу.

— Я прошу извинить меня, — заговорила она, склоняясь к Егору. — А почему именно весной?

— Садиться-то? Так весной сядешь — весной и выйдешь.[22] Воля и весна! Чего ещё человеку надо? — Егор засмеялся старушке и продекламировал: — «Май мой синий! Июнь голубой!»

— Вон как!.. — Старушка изумилась. Выпрямилась и глядела на Егора, как глядят в городе на коня — туда же, по улице идёт, где машины.[23] У старушки было свежее печёное личико и ясные глаза. Она, сама того не ведая, доставила Егору приятнейшую минуту, дорогую минуту.[24]

«Волга» поехала.

Старушка ещё некоторое время смотрела вслед ей. И сказала:

— Скажите... Поэт нашёлся. Фет.[25]

А Егор весь отдался движению...

Кончился посёлок, выехала на простор.

— Нет ли у тебя какой музыки? — спросил Егор.

Шофёр, молодой парень, достал одной рукой из-за себя транзисторный магнитофон.

— Включи. Крайняя клавиша...

Егор включил какую-то славную музыку... Откинулся головой на сиденье, закрыл глаза. Долго он ждал такого часа.[26] Заждался...

— Рад? — спросил шофёр.

— Рад? — очнулся Егор. — Рад... — Он точно на вкус попробовал это словцо. — Видишь ли, малыш, если бы я жил три жизни, я бы одну просидел в тюрьме, другую — отдал тебе, а третью прожил бы сам — как хочу. Но так как она у меня всего одна, то сейчас я, конечно, рад. А ты радоваться умеешь? — Егор, от полноты чувства, мог иногда взбежать повыше — где обитают слова красивые и пустые. — Умеешь, нет?

Шофёр пожал плечами. Ничего не сказал.

— Э-э, тухлое твоё дело, сынок, — не умеешь: кислую фигуру изобразил.[27]

— А чего радоваться-то?

Егор вдруг стал серьёзным. Задумался. У него это тоже было — вдруг ни с того ни с сего задумается.[28]

— А? — спросил Егор машинально.

— Чего, мол, шибко радоваться-то? — Шофёр был парень трезвый и занудливый.[29]

— Ну, это я, брат, не знаю — чего радоваться, — заговорил Егор, с неохотой возвращаясь из своего далёкого далека — из своих каких-то мыслей. — Умеешь — радуйся, не умеешь — сиди так. Тут не спрашивают. Стихи, например, любишь?

Тусклый парень опять неопределённо пожал плечами.

— Вот видишь, — с сожалением сказал Егор, — а ты радоваться собрался.

— Я и не собирался радоваться.

— Стихи́ на́до люби́ть, — реши́тельно закругли́л Его́р э́тот вя́лый разгово́р. — Слу́шай, каки́е стихи́ быва́ют. — И Его́р прочита́л — с про́пуском, пра́вда, потому́ что подзабы́л, — стихи́:

> «...В сне́жную вы́бель
> Замеша́лась звеня́щая жуть.
> Здра́вствуй ты, моя́ чёрная ги́бель,
> Я навстре́чу тебе́ выхожу́.
>
> Го́род, го́род! Ты в схва́тке жесто́кой
> Окрести́л нас как па́даль и мразь.
> Сты́нет по́ле в тоске́...» — како́й-то...

Тут подзабы́л ма́лость...

> «...Телегра́фными столба́ми давя́сь...»

Тут опя́ть забы́л, да́льше:

> «...Ну, как что ж? Ведь нам не впервы́е
> И расша́тываться и пропада́ть.
> Пусть для се́рдца тягу́че ко́лко,
> ...Это пе́сня звери́ных прав!..
> ...Так охо́тники тра́вят во́лка,
> Зажима́я в тиски́ обла́в.
>
> Зверь припа́л... и из па́смурных недр
> Кто́-то спу́стит сейча́с курки́...
> Вдруг прыжо́к... и двуно́гого не́друга
> Раздира́ют на ча́сти клыки́.
>
> О, приве́т тебе́, зверь мой люби́мый!
> Ты не да́ром даёшься ножу́.
> Как и ты — я, отовсю́ду гони́мый,
> Средь желе́зных враго́в прохожу́.
>
> Как и ты — я всегда́ нагото́ве,
> И хоть слы́шу побе́дный рожо́к,
> Но отпро́бует вра́жеской кро́ви
> Мой после́дний, смерте́льный прыжо́к.
>
> И пуска́й я не ры́хлую вы́бель
> Упаду́ и заро́юсь в снегу́...
> Всё же пе́сню отмще́нья за ги́бель
> Пропою́т мне на том берегу́».[30]

Его́р, сам оглушённый си́лой слов, не́которое вре́мя сиде́л, сти́снув зу́бы, гляде́л вперёд... И была́ в его́ сосредото́ченном далёком взгля́де решимость, точно и сам он давно бросил прямой вызов тем каким-то — «на том берегу» — и не страшился. И сам Егор в эту отрешённую минуту являл собой силу нешуточную, дерзкую. Жизнь, как видно, нелёгкая, не сломала его, а только отковала фигуру крепкую, угловатую.

— Как стихи? — спросил Егор.

— Хорошие стихи.

— Хорошие. Как стакан спирту дёрнул, — сказал Егор.[31] — А ты говоришь: не люблю стихи. Молодой ещё, надо всем интересоваться. Останови-ка... я своих подружек встретил.

Шофёр не понял, каких он подружек встретил, но остановился. Егор вышел из машины... А был вокруг сплошной берёзовый лес. И такой это был чистый белый мир на чёрной ещё земле, такое свечение!.. Егор прислонился к одной берёзке, огляделся кругом.

— Вот же, курва, что делается! — сказал он с тихим восторгом. Повернулся к берёзке, погладил её ладонью. — Здорово! Ишь ты какая...[32] Невеста какая. Жениха ждёшь? Скоро уж, скоро. — Егор быстро вернулся к машине. Всё теперь понятно. Нужен выход какой-нибудь. И скорее. Немедленно.[33]

— Жми, Лёша, на весь костыль.[34] А то у меня сердце счас из груди выпрыгнет: надо что-то сделать. Ты спиртного с собой не возишь?

— Откуда![35]

— Ну, тогда рули. Сколько стоит твой музыкальный ящичек?

— Двести.

— Беру за триста. Он мне понравился.

В областном городе, на окраине, Егор остановил машину, не доезжая того дома, где должны были находиться свои люди.[36]

Щедро расплатился с шофёром, взял свой музыкальный ящичек и дворами — сложно — пошёл «на хату».[37]

«Малина» была в сборе.[38]

Сидела приятная молодая женщина с гитарой... Сидел около телефона некий здоровый лоб, похожий на бульдога, упорно смотрел на телефон... Сидели ещё четыре девицы с голыми почти ногами... Ходил по комнате рослый молодой парень, временами поглядывал на телефон... Сидел в кресле Губошлёп с тёмными зубами, потягивал из фужера шампанское...[39] Ещё человек пять-шесть молодых парней сидели кто где — курили или просто так.[40]

Комната была драная, гадкая. Синенькие какие-то обои, захватанные и тоже драные, совсем уж некстати напоминали цветом своим весеннее небо, и от этого вовсе нехорошо было в этом вонючем сокровенном мирке, тяжко. Про такие обиталища говорят, обижая зверей, — логово.[41]

Все сидели в странном каком-то оцепенении. Время от времени поглядывали на телефон. Напряжение было во всём. Только скуластенькая молодая женщина чуть перебирала струны и негромко, странно-красиво пела (хриплавато, но очень душевно):

«Калина красная,
Калина вызрела,

6

Я у залёточки
Характер вы́знала.

Характер вы́знала,
Характер, ой какой,
Я не ува́жила,
А он пошёл к другой.

А я...»[42]

Во входну́ю дверь негро́мко постуча́ли усло́вным сту́ком.[43] Все сидя́щие дёрнулись, как от вскри́ка.

— Цыть![44] — сказа́л Губошлёп. И ве́село посмотре́л на всех. — Не́рвы, — ещё сказа́л Губошлёп. И взгля́дом посла́л одного́ откры́ть дверь.

Пошёл ро́слый па́рень.

— Чепо́чка, — сказа́л Губошлёп. И су́нул ру́ку в карма́н. И ждал.

Ро́слый па́рень, не ски́дывая дверно́й цепо́чки, приоткры́л дверь... И поспе́шно ски́нул цепо́чку. И огляну́лся на всех... Дверь закры́лась...

И вдруг там гря́нул марш. Его́р пинко́м откры́л дверь и вошёл под марш. На него́ заши́кали и повскака́ли с мест.

Его́р убра́л марш, удивлённо огляде́лся.

К нему́ подходи́ли, здоро́вались... Но стара́лись не шуме́ть.

— Приве́т, Го́ре. (Такова́ была́ кли́чка Его́ра — Го́ре.)[45]

— Здоро́во.

— Отпыхте́л?[46]

Его́р подава́л ру́ку, но всё не мог поня́ть, что здесь тако́е. Мно́го бы́ло знако́мых, а бы́ли не про́сто знако́мые — была́ тут Люсье́н (скула́стенькая), был, наконе́ц, Губошлёп — их Его́р рад был ви́деть. Но что они́?

— А чего́ вы таки́е все?[47]

— Ларёк беру́т на́ши, — поясни́л оди́н, здоро́ваясь.[48] — Должны́ звони́ть... Ждём.

Очень обра́довалась Его́ру скула́стенькая же́нщина с гита́рой. Она́ пови́сла у него́ на ше́е. И всего́ исцелова́ла. И глаза́ её, чуть вла́жные, пря́мо сия́ли от ра́дости неподде́льной.

— Го́ре ты моё!.. Я тебя́ сего́дня во сне ви́дела...[49]

— Ну, ну, — говори́л счастли́вый Его́р. — И что я во сне де́лал?

— Обнима́л меня́. Кре́пко-кре́пко.

— А ты ни с кем меня́ не спу́тала?

— Го́ре!..

— А ну, повернри́сь-ка, сы́нку! — сказа́л Губошлёп в кре́сле. — Эќий ты како́й стал![50]

Его́р подошёл к Губошлёпу, они сде́ржанно обняли́сь. Губошлёп так и не встал. Ве́село смотре́л на Его́ра.

— Я вспомина́ю оди́н весе́нний ве́чер... — заговори́л Губошлёп. И все сти́хли. — В во́здухе бы́ло немно́жко сы́ро, на вокза́ле — со́тни люде́й. От чемода́нов ряби́т в глаза́х.[51] Все лю́ди взволно́ваны — все

7

хотят уехать. И среди этих взволнованных, нервных сидел один... Сидел он на своём деревенском сундуке и думал горькую думу. К нему подошёл некий изящный молодой человек и спросил: «Что пригорюнился, добрый молодец?»[52] — «Да вот... горе у меня! Один на земле остался, не знаю, куда деваться». Тогда молодой человек...»

В это время зазвонил телефон. Всех опять как током дёрнуло.[53]

— Да? — вроде как безразлично спросил парень, похожий на бульдога. И долго слушал. И кивал. — Все сидим здесь. Я не отхожу от телефона. Все здесь, Горе пришёл... Да. Только что. Ждём. Ждём. — Похожий на бульдога положил трубку и повернулся ко всем.[54]

— Начали.

Все пришли в нервное движение.

— Шампанзе! — велел Губошлёп.[55]

Бутылки с шампанским пошли по рукам.

— Что за ларёк? — спросил Егор Губошлёпа.

— Кусков на восемь, — сказал тот.[56] — Твоё здоровье!

Выпили.

— Люсьен... Что-нибудь — снять напряжение, — попросил Губошлёп.[57] Он был худой, спокойный и чрезвычайно наглый, глаза очень наглые.

— Я буду петь про любовь, — сказала приятная Люсьен. И тряхнула крашеной головой, и смаху положила ладонь на струны. И все стихли.

«Тары-бары-растабары,
Чары-чары...
Очи-ночь.
Кто не весел,
Кто в печали,
Уходите прочь.

Во лугах, под кровом ночи,
Счастье даром раздают
Очи, очи...
Сердце хочет:
Поманите — я пойду!

Тары-бары-растабары...
Всхлип гармони...
Тихий бред.

Разбазарил — тары-бары,
Чары были,
Счастья — нет.

Разбазарил — тары-бары...».[58]

Люсьен почти допела песню, как зазвонил телефон.[59] Вмиг повисла гробовая тишина.

— Да — изо всех сил спокойно сказал Бульдог в трубку. — Нет, вы ошиблись номером. Ничего, пожалуйста. Бывает — бывает. — Бульдог положил трубку. — В прачечную звонит, сука.

Все опять пришли в движение.

— Шампанзе! — опять велел Губошлёп. — Горе, от кого поклоны принёс?

— Потом, — сказал Егор. — Дай я сперва нагляжусь на вас. Вот, вишь, тут молодые люди незнакомые... Ну-ка, я познакомлюсь.

Молодые люди по второму разу с почтением подавали руки. Егор внимательно, с усмешкой заглядывал им в глаза. И кивал головой и говорил:[60] «Так, так...»

— Хочу плясать! — заявила Люсьен. И трахнула фужер об пол.

— Ша, Люсьен, — сказал Губошлёп. — Не заводись.

— Иди ты к дьяволу, — сказала подпившая Люсьен. — Горе, наш коронный номер![61]

И Егор тоже с силой звякнул свой фужер.

И у него тоже заблестели глаза.[62]

— Ну-ка, молодые люди, дайте круг. Брысь!

— Ша, Горе! — повысил голос Губошлёп. — Выбрали время![63]

—Да мы же услышим звонок! — заговорили со всех сторон Губошлёпу. — Пусть сбацают.

— Чего ты?

— Пусть выйдут!

— Бульдя же сидит на телефоне.

Губошлёп вынул платочек и, хоть запоздало, но важно, как Пугачёв, махнул им.[64] Две гитары дёрнули «барыню».

Пошла Люсьен... Ах, как она плясала![65] Она умела. Не размашисто, нет, а чётко, легко, с большим тактом.[66] Вроде вколачивала каблучками в гроб свою калеку-жизнь, а сама, как птица, била крыльями — чтоб отлететь.[67] Много она вкладывала в пляску. Она даже опрятной вдруг сделалась, сделалась родной и умной...

Егор, когда Люсьен подступала к нему, начинал тоже и работал только ногами. Руки заложены за спину, ничего, вроде особенного, не прыгал козлом — а больно тоже и хорошо.[68] Хорошо у них выходило. Таилось что-то за этой пляской — неизжитое, незабытое.

— Вот какой минуты ждала моя многострадальная душа![69] — сказал Егор вполне серьёзно. Вот, видно, тот выход, какой хотел. Такой ждалась и понималась желанная воля.

— Подожди, Егорушка, я не так успокою твою душу, — откликнулась Люсьен. — Ах, как я её успокою! И сама успокоюсь.

— Успокой, Люсьен. А то она плачет.

— Успокою. Я прижму её к сердцу, голубку, скажу ей: «Устала? Милая, милая... добрая... Устала».

— Смотри, не клюнула бы эта голубка, — встрял в этот деланный разговор Губошлёп. — А то клюнет.

— Нет, она не злая! — строго сказал Егор, не глядя на Губошлёпа. И жёсткость легла тенью на его доброе лицо.[70] Но плясать они не перестали, они плясали. На них хотелось без конца смотреть, и молодые люди смотрели, с какой-то тревогой смотрели, жадно, как будто тут заколачивалась некая отвратительная часть и их жизни тоже — можно потом выйти на белый свет, а там — весна.[71]

— Она устала в клетке, — сказала Люсьен нежно.

— Она плачет, — сказал Егор. — Нужен праздник.

— По темечку её... Прутиком, — сказал Губошлёп.[72] — Она успокоится.

— Какие люди, Егорушка! А? — воскликнула Люсьен. — Какие злые!

— Ну, на злых, Люсьен, мы сами — волки. Но душа-то, душа-то... Плачет.

— Успокоим, Егорушка, успокоим. Я же волшебница, я все чары свои пущу в ход...

— Из голубей похлёбка хорошая, — сказал ехидный Губошлёп. Весь он, худой, как нож, собранный, страшный своей молодой ненужностью, весь ушёл в свои глаза. Глаза горели злобой!

— Нет, она плачет! — остервенело сказал Егор. — Плачет! Тесно ей там — плачет! — Он рванул рубаху... И стал против Губошлёпа. Гитары смолкли. И смолк перепляс волшебницы Люсьен.[73]

Губошлёп держал уже руку в кармане.

— Опять ты за старое, Горе? — спросил он, удовлетворённый.[74]

— Я тебе, наверно, последний раз говорю, — спокойно тоже и устало сказал Егор, застёгивая рубаху. — Не тронь меня за болячку...[75] Когда-нибудь ты не успеешь сунуть руку в карман. Я тебе сказал.

— Я слышал.

— Эхх!.. — огорчилась Люсьен. — Проза...[76] Опять покойники, кровь... Брр... Налей-ка мне шампанского, дружок.

Зазвонил телефон. Про него как-то забыли все.

Бульдог кинулся к аппарату, схватил трубку... Поднёс к уху, и она обожгла его. Он бросил её на рычажки.

Первым вскочил с места Губошлёп. Он был стремительный человек, но всё же он был спокоен.

— Сгорели, — коротко и ужасно сказал Бульдог.[77]

— По одному — кто куда, — скомандовал Губошлёп. — Веером. На две недели все умерли![78] Время!

Стали исчезать по одному.[79] Исчезать они, как видно, умели. Никто ничего не спрашивал.

— Ни одной пары! — ещё сказал Губошлёп. — Сбор у Ивана. Не раньше десяти дней.[80]

Егор сел к столу, налил фужер шампанского, выпил.

— Ты что, Горе? — спросил Губошлёп.

— Я?.. — Егор помедлил в задумчивости. — Я, кажется, действительно займусь сельским хозяйством.

Люсьен и Губошлёп остановились над ним в недоумении.

— Каким «сельским хозяйством»?

— Уходи́ть на́до, чего́ ты сел?! — встряхну́ла его́ Люсье́н.

Его́р очну́лся. Встал.

— Уходи́ть? Опя́ть уходи́ть... Когда́ же я бу́ду приходи́ть, гра́ждане? А где мой сла́вный я́щичек?.. А, вот он. Обяза́тельно на́до уходи́ть? Мо́жет...

— Что ты! Че́рез де́сять мину́т здесь бу́дут.[81] Наве́рно, вы́следили.

Люсье́н пошла́ к вы́ходу.

Его́р дви́нулся бы́ло за ней, но Губошлёп мя́гко останови́л его́ за плечо́.[82] И мя́гко сказа́л:

— Не на́до. Поговори́м. Мы ско́ро все уви́димся...

— А ты с ней пойдёшь? — пря́мо спроси́л Его́р.

— Нет, — твёрдо и, похо́же, че́стно сказа́л Губошлёп. — Иди́! — ре́зко кри́кнул он на Люсье́н, кото́рая задержа́лась в дверя́х.[83]

Люсье́н недо́бро гля́нула на Губошлёпа и вы́шла.

— Отдохни́ где-нибудь, — сказа́л Губошлёп, налива́я в два фуже́ра. — Отдохни́, дружо́к, — хоть к Ко́льке Королю́, хоть к Ва́ньке Самы́кину, у него́ уголо́к хоро́ший. А меня́ прости́ за... сего́дняшнее[84]. Но... Го́ре ты моё, Го́ре, ты же мне то́же на боля́чку жмёшь, то́лько не замеча́ешь.[85] Дава́й. Со встре́чей. И до свида́нья пока́. Не горю́й. Гроши́ есть?[86]

— Есть. Мне там собра́ли...[87]

— А то могу́ подки́нуть.

— Дава́й, — переду́мал Его́р.

Губошлёп вы́тащил из карма́на и дал ско́лько-то Его́ру. Па́чку.[88]

— Где бу́дешь?

— Не зна́ю. Найду́ кого́-нибудь. Как же вы так — завали́лись-то?..[89]

В э́то вре́мя в ко́мнату вскользну́л оди́н из молоды́х. Бе́лый от испу́га.

— Кварта́л окружи́ли, — сказа́л он.

— А ты что?

— Я не зна́ю куда́... Я вам сказа́ть.

— Сам прёт на рога́ То́лстому, — засмея́лся Губошлёп.[90] — Чего́ ж ты опя́ть сюда́-то? Ах, ми́лый ты мой, телёночек мой... За мной, бра́тики!

Они́ вы́шли каки́м-то чёрным хо́дом и напра́вились бы́ло вдоль стены́ в сто́рону у́лицы, но отту́да, с той стороны́, послы́шались кре́пкие шаги́ патруля́.[91] Они́ — в другу́ю сто́рону, но и отту́да разда́лись то́же шаги́...

— Так, — .сказа́л Губошлёп, не утра́чивая свое́й зага́дочной весёлости.[92] — Что-то палёным па́хнет.[93] А, Его́р? Чу́ешь?[94]

— Ну-ка, сюда́![95] — Его́р втолкну́л свои́х спу́тников в каку́ю-то ни́шу.

Шаги́ с обе́их сторо́н приближа́лись...

И в одно́м ме́сте, спра́ва, по стене́ пры́гнул лу́чик си́льного карма́нного фонаря́.

Губошлёп вы́нул из карма́на нага́н...

11

— Брось, дура![96] — резко и зло сказал Егор. — Психопат. Может, те не расколются...[97] А ты тут стрельбу откроешь.

— Та знаю я их![98] — нервно воскликнул Губошлёп. Вот сейчас, вот тут он, пожалуй, утратил своё спокойствие.[99]

— Вот: я счас рвану — уведу их. У меня справка об освобождении, — заговорил Егор быстро, негромко и уже выискивал глазами — в какую сторону рвануть. — Справка помечена сегодняшним числом...[100] Я прикрытый. Догонят — скажу испугался.[101] Скажу: бабёнку искал, услышал свистки — испугался сдуру... Всё. Не поминайте лихом![102]

И Егор ринулся от них... И побежал напропалую. Тотчас со всех сторон раздались свистки и топот ног.

Егор бежал с каким-то азартом, молодо... Бежал да ещё и приговаривал себе, подпевал первые попавшие слова. Увидел просвет, кинулся туда, полез через какие-то трубы и победно спел:

— Оп, тирдарпупия![103] Ничего я не видал, ох, никого не знаю!..[104]

Он уже перебрался через эти трубы... Сзади в темноте совсем близко бежали. Егор юркнул в широкую трубу и замер.[105]

Над ним загрохотали железные шаги...

Егор сидел, скрючившись, и довольно улыбался. И шептал:

— Да ничего я не видал, да никого не знаю.

Он затеял какую-то опасную игру. Когда гул железный прекратился и можно было пересидеть тут и вовсе, он вдруг опять снялся с места и опять побежал.[106]

За ним опять устремились.

— Эх, ничего я не видал, эх, никого не знаю! Да никого не знаю! — подбадривал себя Егор. Маханул через какую-то высокую изгородь, побежал по кустам — похоже, попал в какой-то сад. Близко взлаяла собака. Егор кинулся вбок... Опять изгородь, он перепрыгнул и очутился на кладбище.[107]

— Привет! — сказал Егор. И пошёл тихо.

А шум погони устремился дальше, — в сторону.

— Ну надо же — сбежал![108] — изумился Егор. — Всегда бы так, ёлки зелёные![109] А то ведь, когда хочешь подорвать, попадаешься, как ребёнок.[110]

И опять охватила Егора радость воли, радость жизни. Странное это чувство — редкое, сильное, наверное, глупое.

— Ох, да ничего ж я не видал, да никого не знаю, — ещё разок спел Егор. И включил свой славный ящичек на малую громкость.[111] И пошёл читать надписи на надгробиях. Кладбище огибала улица, и свет фар надолго освещал кресты, пока машина огибала угол. И тени от крестов, длинные, уродливые, плыли по земле, по холмикам, по оградкам... Жутковатая, в общем-то, картина.[112] А тут ещё музычка Егорова — вовсе как-то нелепо.[113] Егор выключил музыку.

— «Спи спокойно до светлого утра», — успевал прочитывать Егор.

— «Купец первой гильдии Неверов...» А ты-то как здесь?! — удивился Егор. —Тыща восемьсот девяносто... А-а, ты уже давно. Ну,

ну, купе́ц пе́рвой ги́льдии...[114]   «Е́дут с това́рами в путь из Каси́мова...»
— запе́л бы́ло негро́мко Его́р, но спохвати́лся.

—«Дорого́му, незабве́нному му́жу — от неуте́шной вдовы́», —
прочита́л он опя́ть. Присе́л на скаме́ечку, посиде́л не́которое вре́мя...
Встал.

— Ну, ла́дно, ребя́та, вы лежи́те, а я пойду́ да́льше. Ничего́ не
сде́лаешь... Пойду́ себе́, как че́стный фра́ер: где́-то же на́до, в конце́
концо́в, приткну́ть го́лову. На́до же? На́до. — И всё же ещё он спел
разо́к. — Да ничего́ ж я не вида́л, да никого́ ж не зна́-ю.

И стал он иска́ть, куда́ бы приткну́ться.

У одно́й две́ри деревя́нного до́мика из сене́й ему́ суро́во сказа́ли:

— Иди́ отсю́да! А то я те вы́йду, покажу́ го́ре...[115] Го́ре покажу́ и
страда́ние.

Его́р помолча́л немно́го.

— Ну, вы́йди.

— Вы́йду!

— Вы́йдешь... Ты мне скажи́: Ни́нка здесь и́ли нет? — по-до́брому
спроси́л Его́р мужика́ за две́рью. — То́лько пра́вду! А то ведь я узна́ю...
И стро́го накажу́, е́сли обма́нешь.

Мужи́к то́же помолча́л. И то́же смени́л тон, сказа́л де́рзко, но хоть
не так зло:

— Никако́й здесь Ни́нки нет, тебе́ говоря́т![116] Неуже́ли нельзя́
сообрази́ть? Шля́ются тут по ноча́м-то.

— Поджечь, что ли, вас? — вслух поду́мал Его́р.[117] — И бря́кнул
спи́чками в карма́не.[118] — А?

За две́рью до́лго молча́ли.

— Попро́буй, — сказа́л наконе́ц го́лос. Но уже́ во́все не гро́зно.
— Попро́буй подожги́. Нет Ни́нки, я те серьёзно говорю́. Уе́хала она́.

— Куда́?

— На се́вер куда́-то.

— А чего́ ты сра́зу ла́яться ки́нулся?[119] Неуже́ли тру́дно бы́ло
сра́зу объясни́ть?..

— А потому́ что меня́ зло берёт на вас! Из-за таки́х вот и
уе́хала...[120] С таки́ми же вот.

— Ну, счита́й, что она́ в надёжных рука́х — не пропадёт.[121] Будь
здоро́в!

...В телефо́нной бу́дке Его́р то́же рассерди́лся.

— Почему́ нельзя́-то?! Почему́? — ора́л он в тру́бку.

Ему́ что́-то до́лго объясня́ли.[122]

— Зара́зы вы все, — с дро́жью в го́лосе сказа́л Его́р. — Я из вас
буке́т сде́лаю, су́ки: голо́вками вниз посажу́ в клу́мбу... Ну тва́ри![123] —
Его́р бро́сил тру́бку... И заду́мался. — Лю́ба, — сказа́л он с дура́шливой
не́жностью. — Всё. Е́ду к Лю́бе. — И он зло сада́нул две́рью бу́дки и
пошага́л к вокза́лу. И говори́л доро́гой:

— Ах ты, ла́пушка ты моя́! Лю́бушка-голу́бушка... Ола́душек ты
мой сиби́рский! Я хоть отъе́мся о́коло тебя́... Хоть во́лосы отрасту́т.
Дорогу́ша ты моя́ сдо́бная! — Его́р всё набира́л и набира́л како́го-то

остервенения. — Съем я тебя поеду! — закричал он в тишину, в ночь. И даже не оглянулся посмотреть — не потревожил ли кого своим криком. Шаги его громко отдавались в пустой улице; подморозило на ночь, асфальт звенел. — Задушу в объятиях!.. Разорву и схаваю! И запью самогонкой. Всё![124]

И вот районный автобус привёз Егора в село Ясное.

А Егора на взгорке стояла и ждала Люба. Егор сразу увидел и узнал её... В сердце толкнуло — она!

И пошёл к ней.

— Е-моё, — говорил он себе негромко, изумлённый, — да она просто красавица! Просто зоренька ясная. Колобок просто... Красная шапочка...

— Здравствуйте! — сказал он вежливо и найгранно застенчиво. И подал руку. — Георгий. — И пожал с чувством крепкую крестьянскую руку. И на всякий случай тряхнул её, тоже с чувством.

— Люба. — Женщина просто и как-то задумчиво глядела на Егора. Молчала. Тому — от её взгляда — сделалось беспокойно.[125]

— Это я, — сказал он. И почувствовал себя очень глупо.

— А это — я, — сказала Люба. И всё смотрела на него спокойно и задумчиво.[126]

— Я некрасивый — зачем-то сказал Егор.

Люба засмеялась.

— Пойдём-ка посидим пока в чайной, — сказала она. — Расскажи про себя, что ли...

— Я непьющий, — поспешил Егор.

— Ой ли? — искренне удивилась Люба. И очень как-то просто у неё это получалось, естественно. Егора простота эта сбила с толку.[127]

— Нет, я, конечно, могу поддержать компанию, но... это... не так чтоб засандалить там... Я очень умеренный.

— Да мы чайку выпьем, и всё. Расскажешь про себя маленько, — Люба всё смотрела на своего заочника... И так странно смотрела, точно над собой же подсмеивалась в душе, точно говорила себе, изумлённая своим поступком: «Ну, не дура ли я? Что затеяла-то?» Но женщина она, видно, самостоятельная: и смеётся над собой, а делает, что хочет. — Пойдём... Расскажи. А то у меня мать с отцом строгие, говорят: и не заявляйся сюда со своим арестантом. — Люба шла несколько впереди и, рассказывая это, оглядывалась, и вид у неё был спокойный и весёлый. — А я им говорю: да он арестант-то по случайности. По несчастью. Верно же?

Егор при известии, что у неё родители, да ещё строгие, заскучал. Но вида не подал.[128]

— Да-да, — сказал он «интеллигентно». — Стечение обстоятельств, громадная невезуха...

— Вот и я говорю.

— У вас родители — кержаки?[129]

— Нет. Почему ты так решил?

— Строгие-то... Попрут ещё.[130] Я, например, курю.

— Господи, у меня отец сам курит. Брат, правда, не курит...

— И брат есть?

— Есть. У нас семья большая. У брата двое детей — большие уже: один в институте учится, другая десятилетку заканчивает.[131]

— Все учатся... Это хорошо, — похвалил Егор. — Молодцы. Но, однако, ему кисло сделалось от такой родни.[132]

Зашли в чайную. Сели в углу за столик. В чайной было людно, беспрестанно входили... И все с интересом разглядывали Егора. От этого тоже было неловко, неуютно.

— Может, мы возьмём бутылочку да пойдём куда-нибудь? — предложил Егор.

— Зачем? Здесь вон как славно... Нюра, Нюр! — позвала Люба девушку. — Принеси нам, голубушка... Чего принести-то? — повернулась к Егору.

— Красненького, — сказал Егор, снисходительно поморщившись. — У меня от водки изжога.[133]

— Красненького, Нюр! — Загадочное производила впечатление Люба: она точно играла какую-то умную игру, играла спокойно, весело и с любопытством всматривалась в Егора, разгадал тот или нет, что это за игра?

— Ну, Георгий?.. — начала она. — Расскажи, значит, про себя.

— Прямо как на допросе, — сказал Егор и мелко посмеялся. Но Люба его не поддержала с этим смешком, и Егор посерьёзнел.[134]

— Ну, что рассказывать? Я — бухгалтер, работал в ОРСе, начальство, конечно, воровало...[135] Тут — бах! — ревизия. И мне намотали...[136] Мне, естественно, пришлось отдуваться. Слушай, — тоже перешёл он на «ты». — Давай уйдём отсюда: они смотрят, как эти...

— Да пусть смотрят! Чего они тебе? Ты же не сбежал.

— Вот справка! — воскликнул Егор. И полез было за справкой в карман.

— Я верю, верю, господи! Я так — к слову.[137] Ну, ну? И сколько же ты сидел?[138]

— Пять.

— Ну?

— Всё... А что ещё?

— Это с такими ручищами ты — бухгалтер?[139] Даже не верится!

— Что? Руки?.. А-а. Так это я их уже там натренировал... — Егор потянул руки со стола к себе.

— Такими руками только замки ломать, а не на счётах... — Люба засмеялась.[140]

И Егор, несколько встревоженный, фальшиво посмеялся тоже.

— Ну а здесь чем думаешь заниматься? Тоже бухгалтером?

— Нет! — поспешно сказал Егор. — Бухгалтером я больше не буду.[141]

— А кем же?

— Надо осмотреться... А можно малость попридержать коней, Люба?[142] — Егор тоже прямо глянул в глаза женщины. — Ты как-то сразу погнала вмах:[143] работа, работа... Работа — не Алитет.[144] Подожди с этим.

— А зачем ты меня обманывать-то стал? — тоже прямо спросила Люба. — Я же писала вашему начальнику, и он мне ответил...[145]

— А-а, — протянул Егор, поражённый. — Вот оно что... — И ему стало легко и даже весело. — Ну, тогда гоню всю тройку под гору.[146] Наливай.

И включил Егор музыку.

— А такие письма писал хорошие, — с сожалением сказала Люба. — Это же не письма, а целые... поэмы прямо целые.

— Да? — оживился Егор. — Тебе нравятся? Может, талант пропадает...[147] — Он пропел: «Пропала молодость, талант в стенах тюрьмы. Давай, Любовь, наливай. Централка, все ночи полные огня —... Давай, давай!»[148]

— А чего ты-то погнал? Подожди... Поговорим.[149]

— Ну, начальничек, мля! — воскликнул Егор.[150] — И ничего не сказал мне. А тихим фраером я подъехал.[151] Да? Бухгалтером... — Егор сам хохотнул. — Бухгалтер... по учёту товаров широкого потребления.[152]

— Так чего же ты хотел, Георгий? — спросила Люба. — Обманывал-то... Обокрасть, что ли, меня?[153]

— Ну, мать!..[154] Ты даёшь: поехал в далёкие края — две пары валенок брать.[155] Ты меня оскорбляешь, Люба.

— А чего же?

— Что?

— Чего хочешь-то?

— Не знаю. Может, отдых душе устроить...[156] Но это тоже не то: для меня отдых — это... Да. Не знаю, не знаю, Любовь.

— Эх, Егорушка...

Егор даже вздрогнул и даже испуганно глянул на Любу: так похоже она это сказала: так говорила далёкая преступная Люсьен.

— Что?

— Ведь и правда, пристал ты, как конь в гору... только ещё боками не проваливаешь. Да пена изо рта не идёт. Упадёшь ведь. Запалишься и упадёшь.[157] У тебя правда, что ли, никого нету? Родных-то?..

— Нет, я сиротинушка горькая. Я же писал. Кличка моя знаешь какая? Горе. Вот мой псевдоним. Но всё же ты мне на мозоль, пожалуйста, не наступай. Не надо. Я ещё побирушка. Чего-чего, а магазинчик-то подломить я ещё смогу. Иногда я бываю фантастически богат, Люба. Жаль, что ты мне не в эту пору встретилась...[158] Ты бы увидела, что я эти деньги вонючие... вполне презираю.

— Презираешь, а идёшь из-за них на такую страсть.[159]

— Я не из-за денег иду.

— Из-за чего же?

— Никем больше не могу быть на этой земле — только вором. Это Егор сказал с гордостью. Ему было очень легко с Любой. Хотелось, например, чем-нибудь её удивить.

— Ое-ей! Ну, допивай да пойдём! — сказала Люба.

— Куда? — сам удивился Егор.

— Ко мне. Ты же ко мне приехал. Или у тебя ещё где-нибудь заочница есть? — Люба засмеялась. Ей тоже было легко с Егором, очень легко.

— Погоди... — не понимал Егор. — Но мы же теперь выяснили, что я не бухгалтер...

— Ну уж, ты тоже выбрал профессию... — Люба качнула головой. — Хотя бы уж свиновод, что ли, и то лучше. Выдумал бы какой-нибудь падёж свиней — ну, осудили, мол.[160] А ты, и правда-то не похож на жулика. Нормальный мужик... даже вроде наш, деревенский. Ну, свиновод, пошли, что ли?

— Между прочим, — не без фанаберии заговорил Егор, — к нашему сведению:[161] я шофёр второго класса.

— И права есть? — с недоверием спросила Люба.

— Права в Магадане. Я правду говорю.

— Ну, видишь, тебе же цены нет, а ты, — Горе![162] Бича хорошего нет на это горе.[163] Пошли.

— Типичная крестьянская психология. Ломовая.[164] Я — рецидивист, дурочка! Я ворюга несусветный. Я...

— Тише! Что, опьянел, что ли?

— Так. А в чём дело? — опомнился Егор. — Не понимаю, объясни, пожалуйста. Ну, мы пойдём... Что дальше?

— Пошли ко мне. Отдохни хоть с недельку... Украсть у меня всё равно нечего. Отдышись... Потом уж поедешь магазины ломать. Пойдём. А то люди скажут: встретила — от ворот поворот.[165] Зачем же тогда звала? Знаешь мы тут какие!..[166] Сразу друг друга осудим. Да и потом... не боюсь я тебя чего-то, не знаю.

— Так... А папаша твой не приголубит меня... колуном по лбу. Мало ли какая ему мысль придёт в голову.[167]

— Нет, ничего. Теперь уж надейся на меня.

Дом у Байкаловых большой, крестовый.[168] В одной половине дома жила Люба со стариками, через стенку — брат с семьёй.

Дом стоял на высоком берегу реки, за рекой открывались необозримые дали. Хозяйство у Байкаловых налаженное, широкий двор с постройками, баня на самой крутизне.[169]

Старики Байкаловы как раз стряпали пельмени, когда хозяйка, Михайловна, увидела в окно Любу и Егора.[170]

— Гли-ка, ведёт ведь! — всполошилась она. — Любка-то!.. Рестанта-то!..[171]

Старик тоже приник к окошку...

— Вот теперь заживём! — в сердцах сказал он. — По внутреннему распорядку. Язви тя в душу! Вот это отчебучила дочь![172]

Видно было, как Люба что-то рассказывает Егору: показывала рукой за реку, оглядывалась и показывала назад, на село. Егор послушно крутил головой... Но больше взглядывал на дом Любы, на окна.

А тут переполо́х по́лный. Не ве́рили старики́, что кто́-то пра́вда, прие́дет к ним из тюрьмы́. И хоть Лю́ба и телегра́мму им пока́зывала от Его́ра, всё равно́ не ве́рилось. А оберну́лось всё чи́стой пра́вдой.[173]

— Ну, окая́нная, ну, ха́лда! — сокруша́лась стару́ха. — Ну, чо я могла́ с ха́лдой поде́лать? Ничо́ же я не могла́...[174]

— Ты ви́да не пока́зывай, что мы напужа́лись или ишо́ чего́... — учи́л её дед.[175] — Вида́ли мы таки́х... Разбо́йников! Сте́нька Ра́зин нашёлся.[176]

— Одна́ко и приве́тить ведь на́до? — пе́рвая же и сообрази́ла стару́ха. — Или как? У меня́ голова́ кру́гом пошла́ — не сообажу́...

— На́до. Всё бу́дем по-лю́дски де́лать, а там уж погляди́м: мо́жет, жи́зни свои́ покладём... че́рез дочь родну́ю.[177] Ну, Лю́бка, Лю́бка...

Вошли́ Лю́ба с Его́ром.

— Здра́вствуйте! — приве́тливо сказа́л Его́р.

Старики́ в отве́т то́лько кивну́ли... И откры́то, пря́мо разгля́дывали Его́ра.

— Ну, вот и бухга́лтер наш, — как ни в чём не быва́ло заговори́ла Лю́ба.[178] — И никако́й он во́все не разбо́йник с большо́й доро́ги, а попа́л по... э́тому, по...

— По недоразуме́нию, — подсказа́л Его́р.

— И ско́лько же счас даю́т за недоразуме́ние? — спроси́л стари́к.

— Пять, — ко́ротко отве́тил Его́р.

— Ма́ло. Ра́ньше бо́льше дава́ли.[179]

— По како́му же тако́му недоразуме́нию загуде́л-то? — пря́мо спроси́ла стару́ха.[180]

— Нача́льство ворова́ло, а он спи́сывал, — поясни́ла Лю́ба. — Ну, допроси́ли? А тепе́рь покорми́ть на́до — челове́к с доро́ги.[181] Сади́сь пока́, Гео́ргий.

Его́р обнажи́л свою́ стри́женую го́лову и скро́мненько присе́л на кра́ешек сту́ла.

— Посиди́ пока́, — веле́ла Лю́ба. — Я пойду́ ба́ню затоплю́.[182] И бу́дем обе́дать.

Лю́ба ушла́. Наро́чно, похо́же, ушла́ — что́бы они́ тут до чего́-нибудь хоть договори́лись.[183] Са́ми. Наве́рно, наде́ялась на свои́х незлоби́вых роди́телей.

— Закури́ть мо́жно? — спроси́л Его́р.

Не то что тяжело́ ему́ бы́ло — ну и вы́гонят, дело́в-то![184] — но е́сли бы, наприме́р, всё обошло́сь ми́ром, то оно́ бы и лу́чше. Интере́снее. Коне́чно, не ра́ди одного́ го́лого интере́са хоте́лось бы здесь прижи́ться хоть на ма́лое вре́мя, а ещё и на́до бы́ло. Где́-то на́до бы́ло и пересиде́ть и осмотре́ться.

— Кури́, — разреши́л дед. — Каки́е ку́ришь?

— «Памир».

— Сигаре́тки, что ли?[185]

— Сигаре́тки.

— Ну-ка дай я спро́бую.

Дед подсе́л к Его́ру... И всё пригля́дывался к нему́, пригля́дывался.[186]

Закури́ли.

— Да како́е, говори́шь, недоразуме́ние-то вы́шло? Ме́тил кому́-нибудь по́ лбу, а угоди́л в лоб?![187] — как бы ме́жду де́лом спроси́л дед.

Его́р посмотре́л на смека́листого старика́.

— Да... — неопределённо сказа́л он. — Семеры́х в одно́м ме́сте заре́зали, а восьмо́го не угляде́ли — ушёл.[188] Вот и попа́лись...

Стару́ха вы́ронила из рук поле́но. И се́ла на ла́вку.

Стари́к оказа́лся умне́е, не испуга́лся.

— Семеры́х?

— Семеры́х. На́прочь: го́ловы в мешо́к покла́ли и ушли́.

— Свят-свят-свят... — закрести́лась стару́ха. — Фе́дя...

— Ти́хо! — скома́ндовал стари́к. — Оди́н дура́к городи́т чего́ ни попа́дя, а друга́я...[189] А ты, кобе́ль, аккура́тней с языко́м-то: тут пожилы́е лю́ди.

— Так что же вы, пожилы́е лю́ди, са́ми меня́ с хо́ду в разбо́йники записа́ли? Вам говоря́т — бухга́лтер, а вы, мо́жно сказа́ть, хихи́каете. Ну — из тюрьмы́... Что же, в тюрьме́ одни́ то́лько уби́йцы сидя́т?[190]

— Кто тебя́ в уби́йцы зачисля́ет! Но то́лько ты то́же... того́, что ты бухга́лтер, э́то ты то́же... не залива́й тут. Бухга́лтер! Я бухга́лтеро́в-то ви́дел-переви́дел!..[191] Бухгалтера́ ти́хие все, мале́нько вро́де пришиблённые.[192] У бухга́лтера го́лос сла́бенький, очки́... и, пото́м, я заме́тил: они́ все курно́сые. Како́й же ты бухга́лтер — об твой лоб-то мо́жно порося́т шестиме́сячных бить.[193] Э́то ты Лю́бке вон говори́ про бухга́лтера — она́ пове́рит. А я, как ты зашёл, сра́зу определи́л: э́тот и́ли за дра́ку каку́ю, и́ли маши́ну ле́су укра́л. Так?[194]

— Тебе́ пря́мо оперуполномо́ченным рабо́тать, оте́ц, — сказа́л Его́р. — Цены́ бы не́ было.[195] Колчаку́ не служи́л в молоды́е го́ды? В контрразве́дке белогварде́йской?[196]

Стари́к ча́сто-ча́сто заморга́л. Тут он чего́-то растеря́лся. Чего́, он и сам не знал. Слова́ о́чень уж злове́щие.

— Ты чего́ э́то? — спроси́л он. — Чего́ ме́лешь-то?

— Ты чего́ так сра́зу смути́лся? Я про́сто спра́шиваю... Хорошо́, друго́й вопро́с: колоски́ в тру́дные го́ды ворова́л с колхо́зных поле́й?[197]

Стари́к изумлённый таки́м неожи́данным оборо́том, молча́л. Он во́все сби́лся с нала́женного бы́ло снисходи́тельного то́на и не находи́л, что отвеча́ть э́тому оборму́ту. Впро́чем, Его́р так и поста́вил свой «допро́с», что́бы сбива́ть и не дава́ть опо́мниться. Он ви́дел в свое́й жи́зни мастеро́в э́того де́ла.

— Затрудня́етесь, — продолжа́л Его́р. — Ну, хорошо́... Ну, поста́вим вопро́с не́сколько ина́че, по-дома́шнему, что ли: на собра́ниях ча́сто выступа́ем?[198]

— Ты чего́ тут Мики́ту-то из себя́ стро́ишь? — спроси́л наконе́ц стари́к.[199] И гото́в был о́чень обозли́ться. Гото́в был наговори́ть мно́го и серди́то, но вдруг Его́р пружи́нисто сня́лся с ме́ста, наде́л фо́рменную свою́ фура́жку и заходи́л по ко́мнате.

— Ви́дите, как мы сла́вно пристро́ились жить! — заговори́л Его́р, изредка о́стро взгля́дывая на сидя́щего старика́. — Страна́ произво́дит электри́чество, парово́зы, миллио́ны тонн чугуна́... Лю́ди напряга́ют все си́лы... Лю́ди буква́льно па́дают от напряже́ния, ликвиди́руют все оста́тки разгильдя́йства и слабоу́мия, лю́ди, мо́жно сказа́ть, заика́ются от напряже́ния.

Его́р наскочи́л на сло́во «напряже́ние» и с удово́льствием смакова́л его́.

— Лю́ди покрыва́ются морщи́нами на Кра́йнем Се́вере и вы́нуждены вставля́ть себе́ золоты́е зу́бы... А в э́то са́мое вре́мя нахо́дятся други́е лю́ди, кото́рые из всех достиже́ний челове́чества облюбова́ли себе́ пе́чку! Вот так! Сла́вно, сла́вно... Бу́дем лу́чше чува́л подпира́ть нога́ми, чем дру́жно напряга́ться вме́сте со все́ми...[200]

— Да он с десяти́ годо́в рабо́тает! — встря́ла стару́ха.[201] — Он с малоле́тства на па́шне...

— Ре́плики — пото́м! — резкова́то осади́л её Его́р. — А то мы все до́бренькие — когда́ э́то не каса́ется на́ших интере́сов, на́шего, так сказа́ть, карма́на...

— Я — стаха́новец ве́чный! — чуть не закрича́л стари́к. — У меня́ восемна́дцать похва́льных гра́мот.[202]

Его́р останови́лся, о́чень удивлённый.

— Так чего́ же ты сиди́шь, молчи́шь? — спроси́л он други́м то́ном.

— «Молчи́шь»... Ты же мне сло́ва не даёшь воткну́ть!

— Где похва́льные гра́моты?

— Там, — сказа́ла стару́ха, вконе́ц то́же сби́тая с то́лку.

— Где «там»?

— Вот, в шка́пчике... все при́браны.

— Им ме́сто не в шка́пчике, а на сте́нке! В «шка́пчике». Привы́кли все по шка́пчикам пря́тать, понима́ешь...

В э́то вре́мя вошла́ Лю́ба.

— Ну, как вы тут? — спроси́ла она́ ве́село.

Она́ разрумя́нилась в ба́не, во́лосы вы́бились из-под платка́... Така́я она́ была́ хоро́шая! Его́р нево́льно загляде́лся на неё.

— Всё тут у вас хорошо́? Ми́рно?

— Ну и у́харя ты себе́ нашла́! — с неподде́льным восто́ргом сказа́л стари́к. — Ты гляди́, как он тут попёр!.. Чи́сто комисса́р како́й![203] Стари́к засмея́лся.

Стару́ха то́лько голово́й покача́ла... И серди́то поджа́ла гу́бы.

Так познако́мился Его́р с роди́телями Лю́бы.

С бра́том её, Петро́, и его́ семьёй знако́мство произошло́ по́зже.

Петро́ въе́хал во двор на самосва́ле... До́лго рыча́л самосва́л, сотряса́я стёкла о́кон. Наконе́ц стал на ме́сто, мото́р загло́х, и Петро́ вы́лез из каби́ны. К нему́ подошла́ жена́ Зо́я, продавщи́ца сельпо́, членоразде́льная ба́бочка, бы́страя и суетна́я.

— К Лю́бке-то прие́хал... Э́тот-то зао́чник-то, — сра́зу сообщи́ла она́.

— Да? — нехотя полюбопытствовал Петро, здоровый мужчина, угрюмоватый, весь в каких-то своих думах. — Ну и что? — Пнул баллон-другой.[204] — Мм?

— Говорит, был бухгалтером, ну, мол, ревизия, то-се... А по роже видать — бандит.[205]

— Да? — опять нехотя и лениво сказал Петро. — Ну и что?

— Да ничего. Надо осторожней первое время... Ты иди глянь на этого бухгалтера! Иди глянь! Нож воткнёт и не задумается этот бухгалтер.[206]

— Да? — опять сказал Петро, продолжая пинать баллоны. — Ну и что?

— Ты иди глянь на него! Иди глянь! Вот так нашла себе!..[207] Иди глянь на него — нам же под одной крышей жить теперь.[208]

— Ну и что?

— Ничего! — завысила голос Зоя. — У нас дочь-школьница, вот что! Заладил своё: «Ну и что? Ну и что?»[209] Мы то и дело одни на ночь остаёмся, вот что! «Ну и что». Чтокала чёртова, пень![210] Жену с дочерью зарежут, он шагу не прибавит...[211]

Петро пошёл в дом, вытирая на ходу руки ветошью. Насчёт того, что он «шагу не прибавит» — это как-то на него похоже: на редкость спокойный мужик, медлительный, но весь налит свинцовой разящей силой.[212] Сила эта чувствовалась в каждом движении Петра, в том, как он медленно ворочал головой и смотрел маленькими своими глазами — прямо и с каким-то стылым, немигающим бесстрашием. Спокойно.

— Вот счас с Петром вместе пойдёте, — говорила Люба, собирая Егора в баню. — Чего же тебе переодеть-то дать? Как же ты так: едешь свататься и даже лишней пары белья нету? Ну? Кто же так заявляется?

— На то она и тюрьма! — воскликнул старик. — А не курорт. С курорта и то, бывает, приезжают прозрачные. Илюха вон Лопатин радикулит ездил лечить:[213] корову целую ухнул, а приехал без копья.

— Ну-ка вот, мужнины бывшие...[214] Нашла. Небось годится. — Люба извлекла из сундучка длинную белую рубаху и кальсоны.

— То есть? — не понял Егор.

— Моего мужика бывшего... — Люба стояла с кальсонами в руках. — А чего?

— Да я что?! обиделся Егор. — Совсем, что ли, подзаборник — чужое бельё напялю. У меня есть деньги — надо сходить и купить в магазине.

— Где ты теперь купишь? Закрыто уж всё. А чего тут такого? Оно стираное...

— Бери, чего?! — сказал старик. — Оно же чистое.

Егор подумал и взял.

— Опускаюсь всё ниже и ниже, — проворчал он при этом. — Даже самому интересно... Я потом вам спою песню: «Во саду ли, в огороде».[215]

— Иди, иди, — провожала его к выходу Люба. — Петро у нас не шибко ласковый, так что не удивляйся: он со всеми такой.[216]

Петро уже раздевался в предбаннике, когда сунулся Егор.

— Бри́тых принима́ют?[217] — постара́лся он заговори́ть как мо́жно веселе́е, да́же рот растяну́л в улы́бке.

— Вся́ких принима́ют, — всё тем же ро́вным го́лосом, каки́м он говори́л «ну и что», сказа́л Петро́.

— Бу́дем знако́мы, Гео́ргий.

Его́р протяну́л ру́ку. И всё улыба́лся и загля́дывал в су́мрачные глаза́ Петра́. Всё же хоте́лось ему́ осво́иться среди́ э́тих люде́й, почему́-то тепе́рь уж хоте́лось.[218]

— Лю́ба, что ли?.. Ви́дно, Лю́ба — ми́лая же́нщина, просте́цкая, не ду́ра, кака́я-то родна́я сра́зу. Я говорю́, я — Гео́ргий.

— Ну, ну, — сказа́л Петро́, — Дава́й ещё целова́ться. Гео́ргий — зна́чит, Гео́ргий. Зна́чит, Жо́ра...[219]

— Джордж. — Его́р оста́лся с протя́нутой руко́й. Переста́л улыба́ться.

— А? — не по́нял Петро́.

— На! — с се́рдцем сказа́л Его́р. — Ку́рва, сую́сь сего́дня, как побиру́шка!..[220] — Его́р бро́сил бельё на ла́вку. — Оста́лось то́лько хвосто́м повиля́ть. Что я тебе́, доро́гу перешёл, что ты мне ру́ку не соизво́лил пода́ть?[221]

Его́р и впра́вду заволнова́лся и поле́з в карма́н за сигаре́той. Закури́л. Сел на ла́вочку. Ру́ки у него́ чуть дрожа́ли.

— Чего́ ты? — спроси́л Петро́. — Рассе́лся-то?

Иди́ мо́йся, — сказа́л Его́р. — Я — пото́м. Я же из заключе́ния... Мы по́сле вас. Не беспоко́йтесь.

— Во!.. — сказа́л Петро́. И, не снима́я трусо́в, вошёл в ба́ню. Слы́шно бы́ло, как он загреме́л таза́ми, ковшо́м...[222]

Его́р приле́г на широ́кую ла́вку, кури́л.

— Ну, на́до же!.. — сказа́л он. — Как бе́дный ро́дственник, мля.[223]

В э́тот моме́нт откры́лась дверь ба́ни, из парно́го о́блака вы́глянул Петро́.

— Чего́ ты? — спроси́л он.

— Чего́?

— Чего́ лежи́шь-то?

— Я подки́дыш.

— Во!.. — сказа́л Петро́. И усу́нулся опя́ть в ба́ню. До́лго там налива́л во́ду в тазы́, дви́гал ла́вки... Не вы́держал и опя́ть откры́л дверь.

— Ты пойдёшь и́ли нет?! — спроси́л он.

— У меня́ спра́вка об освобожде́нии! — чуть не заора́л ему́ в лицо́ Его́р. — Я за́втра пойду́ и получу́ тако́й же па́спорт, как у тебя́! То́чно тако́й, за исключе́нием ма́ленькой поме́тки, кото́рую никто́ не чита́ет. По́нял?[224]

— Счас возьму́ и силко́м су́ну в та́зик, — сказа́л Петро́ невырази́тельно. — И посажу́ на ка́менку. Без па́спорта.

Петру́ самому́ понра́вилось, как он состри́л. Ещё доба́вил:

— Со спра́вкой.

Он хохотну́л ко́ротко.

— Вот э́то уже́ друго́й разгово́р! — Его́р сел на ла́вке. И стал раздева́ться. — А то начина́ет тут... Дипло́м ему́ покажи́![225]

А в это вре́мя мать Лю́бина и Зо́я, жена́ Петра́, загна́ли в у́гол Лю́бу и наперебо́й допра́шивали её и внуша́ли.[226]

— На кой ты его́ в ча́йную-то повела́?[227] — визгли́во спра́шивала членоразде́льная Зо́я, же́нщина вполне́ истери́чная. — Ведь вся уж дере́вня зна́ет: к Лю́бке тюре́мщик прие́хал! Мне на рабо́те пря́мо сказа́ли...

— Лю́бка, Лю́бка!.. — наси́лу дозвала́сь мать. — Ты скажи́ так: е́сли ты, скажи́, про́сто так прие́хал — жир накопи́ть да пото́м опя́ть зауси́ться по све́ту, — то, скажи́, уезжа́й се́дни же, не позо́рь меня́ пе́ред людьми́.[228] Е́сли, скажи́, у тебя́...

— Как э́то мо́жет так быть, что́бы у него́ семьи́ не́ было? Как? Что он, па́рень семна́дцати годо́в?[229] Ты ду́маешь свое́й голово́й-то?

— Ты скажи́ так: е́сли, скажи́, у тебя́ чего́ худо́е на уме́, то собира́й мона́тки и...[230]

— Ему́ собра́ться — то́лько подпоя́саться![231] — встрял в разгово́р молча́вший до э́того стари́к. — Чего́ вы навали́лись на де́вку? Чего́ счас с неё спра́шивать? Тут уж — как вы́йдет, како́й челове́к ока́жется. Как она́ за него́ мо́жет счас заручи́ться?

— Не пуга́йте вы меня́, ра́ди Христа́, — то́лько и сказа́ла Лю́ба. — Я сама́ бою́сь. Что, вы ду́маете, про́сто мне?

— Вот!.. Я тебе́ чего́ и говорю́-то — воскли́кнула Зо́я.

— Ты вот чего́, де́вка... Лю́бка, слы́шь? — опя́ть затормоши́ла Лю́бу мать. — Ты скажи́ так: вот чего́, до́брый челове́к, иди́ се́дни ночу́й где́-нибудь.

— Э́то где же? — обалде́ла Лю́ба.

— В сельсове́те...[232]

— Тьфу![233] — разозли́лся стари́к. — Да вы что, совсе́м одуре́ли?! Гляди́-ка: вы́звали мужика́ да отпра́вили его́ в сельсове́т ночева́ть! Вот так да!.. Совсе́м уж не́христи каки́е-то.

— Пусть его́ за́втра милиционе́р обсле́дует, — не сдава́лась мать.

— Чего́ его́ обсле́довать-то? Он весь налицо́.

— Не зна́ю... — заговори́ла Лю́ба. — А вот ка́жется мне, что он хоро́ший челове́к. Я как-то по глаза́м ви́жу...[234] Ещё на ка́рточке заме́тила: глаза́ каки́е-то... гру́стные. Вот хоть убе́йте вы меня́ тут — мне его́ жа́лко.[235] Мо́жет, я и...

В э́то вре́мя из ба́ни с ди́ким рёвом вы́скочил Петро́ и покати́лся с ве́ником по сыро́й земле́.

— Свари́-ил! — крича́л Петро́. — Живьём свари́л!..[236]

Сле́дом вы́скочил Его́р с ковшо́м в руке́.

К Петру́ уже́ бежа́ли из до́ма. Стари́к бежа́л с топоро́м.

— Уби́ли! Уби́ли! — заполо́шно крича́ла Зо́я, жена́ Петра́. — Лю́ди, до́брые, уби́ли!..

— Не ори́! — страда́льческим го́лосом попроси́л Петро́, садя́сь и погла́живая ошпа́ренный бок. — Чего́ ты?

— Чего́, Пе́тька? — спроси́л запыха́вшийся стари́к.

— Попроси́л э́того полуду́рка плесну́ть ко́вшик горя́чей воды́ — подда́ть, а он взял да меня́ окати́л.[237]

— А я ещё удиви́лся, — расте́рянно говори́л Его́р, — как же, ду́маю, он сте́рпит?.. Вода́-то ведь горя́чая. Я ещё па́льцем попро́бовал — пря́мо кипято́к! Как же, ду́маю, он вы́терпит? Ну, ду́маю, закалённый, наве́рно. Наве́рно, ду́маю, ко́жа, как у быка́, — то́лстая. Я же не знал, что на́до на ка́менку...

— Па́льцем, потро́гал, — передразни́л его́ Петро́. — Что, совсе́м уж?.. Ребёнок, что ли, ма́лый?

— Я же ду́мал, тебе́ окупну́ться на́до...[238]

— Да я ещё не па́рился![239] — заора́л всегда́ споко́йный Петро́. — Я ещё не мы́лся да́же!.. Чего́ мне ополаскиваться-то?

— Жи́ром на́до каки́м-нибудь сма́зать, — сказа́л оте́ц, иссле́довав ожо́г. — Ничего́ тут стра́шного не́ту. На́до то́лько жи́ру како́го-нибудь... Ну-ка, кто?

— У меня́ са́ло бара́нье есть, — сказа́ла Зо́я. И побежа́ла в дом.

— Ла́дно, расходи́тесь, — веле́л стари́к. — А то уж вон лю́ди́шки сбега́ются.

— Да как же э́то ты, Его́р? — спроси́ла Лю́ба.[240]

Его́р поддёрнул трусы́ и опя́ть стал опра́вдываться:

— Понима́ешь, как вы́шло: он уже́ наподдава́л дыша́ть не́чем — и про́сит:[241] «Дай ко́вшик горя́чей». Ну, ду́маю, хо́чет мужи́к температу́рный бала́нс навести́...

— «Бала́-анс», — опя́ть передразни́л его́ Петро́. — Навёл бы я те счас бала́нс — ковшо́м по́ лбу![242] Вот же полуду́рок-то, весь бок ошпа́рил. А е́сли б там живо́й кипято́к был?

— Я же па́льцем попро́бовал.

— «Па́льцем»!.. Чем тебя́ то́лько де́лали, тако́го.[243]

— Ну, дай мне по́ лбу, пра́вда, — взмоли́лся Его́р. — Мне ле́гче бу́дет. — Он протяну́л Петру́ ковш. — Дай, умоля́ю...

— Петро́... — заговори́ла Лю́ба. — Он же неча́янно. Ну, что тепе́рь?

— Да иди́те вы в дом, ей-бо́гу! — рассерди́лся на всех Петро́. — Вон и пра́вда лю́ди собира́ться на́чали.

У и́згороди Байка́ловых действи́тельно останови́лось челове́к шесть-семь любопы́тных.

— Чо там у них? — спроси́л вновь подоше́дший мужи́к у стоя́вших.

— Петро́ и́хний... пья́ный на ка́менку свали́лся, — поясни́ла кака́я-то стару́шка.[244]

— Ох, е!.. — сказа́л мужи́к. — Так, а живо́й ли?

— Живо́й... Вишь, сиди́т. Чу́хается.

— Вот заора́л-то, наве́рно!

— Так заора́л, так заора́л!.. У меня́ а́жник стёкла задребезжа́ли.[245]

— Заорёшь...

— Чо же, за́дом, что ли, приспосо́бился?[246]

— Как же за́дом? Он же сиди́т.

— Да сиди́т же... Бо́ком, наве́рно, угоди́л. А эт кто же у их?[247] Что за мужи́к-то?

— Это ж на́до так пить! — всё удивля́лась стару́шка.

Засиделись далеко за полночь.

Старые люди, слегка захмелев, заговорили и заспорили о каки-то своих делах. Их, старых, набралось за столом изрядно, человек двенадцать. Говорили, перебивая друг друга, а то и сразу по двое, по трое.

— Ты кого говоришь-то? Кого говоришь-то? Она замуж-то вон куда выходила — в Краюшкино, ну![248]

— Правильно. За этого, как его? За этого...

— За Митьку Хромова она выходила!

— Ну, за Митьку.

— А Хромовых раскулачили...

— Кого раскулачили? Громовых? Здорово живёшь?..[249]

— Да не Громовых, а Хромовых!

— А-а. А то я слушаю — Громовых. Мы с Михайлой-то Громовым шишковать в чернь ездили.[250]

— А когда, значит, самого-то Хромова раскулачили... Правильно, он маслобойку держал.

— Кто маслобойку держал? Хромов? Это маслобойку-то Воиновы держали, ты чо! А Хромов, сам-то, гурты вон перегонял из Монголии. Шерстобитку они держали, верно, а маслобойку Воиновы держали. Их тоже раскулачили. А самого Хромова прямо из гурта взяли. Я ишо помню: амбар у них стали ломать — пимы искали, они пимы катали, вся деревня, помню, сбежалась глядеть.

— Нашли?

— Девять пар.

— Дак, а Митьку-то не тронули?

— А Митьку-то успел уже, отделился. Вот как раз на Кланьке-то женился, его отец и отделил. Их не тронули. Но, всё равно, когда отца увезли, Митька сам уехал из Краюшкиной: чижало ему показалось после этого жить там.[251]

— Погоди-ка, а кто же тада у их в Карасук выходил?[252]

— Это Манька! Манька-то тоже ишо живая, в городе у дочери живёт. Да тоже плохо живёт![253] Этто как-то стрела её на базаре; жалеет, что дом продала в деревне.[254] Пока, говорит, ребятишки, внучатки-то маленькие были, была, говорит, нужна, а ребятишки выросли — в тягость стала.

— Оно — так, — сказали враз несколько старух. — Пока водися — нужна, как маленько ребятишки подросли — не нужна.[255]

— Ишо какой зять попадёт. Попадёт обмылок какой-нибудь — он тебе...[256]

— Какие они нынче зятья-то! Известное дело...

Несколько в сторонке от пожилых сидели Егор с Любой. Люба показывала семейный альбом с фотографиями, который сама она собрала и бережно хранила.

— А это Михаил, — показывала Люба братьев. — А это Павел и Ваня... вместе. Они сперва вместе воевали, потом Пашу ранило, но он поправился и опять пошёл.[257] И тогда уж его убило. А Ваню последним убило, в Берлине. Нам командир письмо присылал... Мне Ваню больше всех жа́лко, он тако́й весёлый был.[258] Везде́ меня́ с собо́й таска́л, я ма́ленькая была́. А по́мню его́ хорошо́... во сне ви́жу — смеётся. Вишь, а здесь смеётся. А вот Петро́ наш... Во, стро́гий како́й, а самому́ всего́ то́лько... ско́лько же? Восемна́дцать ему́ бы́ло? Да, восемна́дцать. Он в плен попада́л, пото́м на́ши освободи́ли их.[259] Его́ там изби́ли си́льно... А бо́льше нигде́ да́же не цара́пнуло.[260]

Его́р по́днял го́лову, посмотре́л на Петра́... Петро́ сиде́л оди́н, кури́л. Вы́питое на нём не отрази́лось ника́к, он сиде́л, как всегда́, заду́мчивый и споко́йный.[261]

— Зато́ я его́ сего́дня... ополосну́л. Как чёрт под ру́ку подтолкну́л.[262]

Лю́ба склони́лась к Его́ру и спроси́ла негро́мко и хи́тро:

— А ты не наро́чно его́? Пря́мо не ве́рится, что ты...

— Да что ты! — и́скренне воскли́кнул Его́р. — Я, пра́вда, ду́мал, он на себя́ про́сит, как говори́тся — вызыва́ю ого́нь на себя́.

— Да ты же из дере́вни, говори́шь, как же ты так поду́мал?

— Ну... везде́ свои́ обы́чаи.

— А я уж, гре́шным де́лом, поду́мала: сказа́л ему́ что́-нибудь Петро́ не так, тот прики́нулся дурачко́м да и плескану́л.[263]

— Ну!.. Что ж я?..

Петро́, почу́вствовав, что на него́ смо́трят и говоря́т о нём, посмотре́л в их сто́рону... Встре́тились взгля́дом с Его́ром. Петро́ по-до́брому усмехну́лся.

— Что, Жо́ржик?.. Свари́л бы́ло?[264]

— Ты прости́, Петро́.

— Да бу́дет![265] Заведи́-ка ещё разо́к свою́ му́зыку, хоро́шая му́зыка.

Его́р включи́л магнитофо́н. И гря́нул тот са́мый марш, под кото́рый Его́р входи́л в «мали́ну». Жизнера́достный марш, жизнеутвержда́ющий. Он не́сколько стра́нно звуча́л здесь, в крестья́нской избе́, — каки́м-то потусторо́нним я́рким движе́нием вломи́лся в ми́рную бесе́ду. Но движе́ние есть движе́ние: постепе́нно разгово́р за столо́м стих... И все сиде́ли и слу́шали марш-движе́ние.[266]

А но́чью бы́ло ти́хо-ти́хо. Свети́ла в о́кна луна́.

Его́ру постели́ли в одно́й ко́мнате со старика́ми, за цвета́стой занаве́ской, кото́рую наскво́зь всю прошива́л лу́нный свет.[267]

Лю́ба спала́ в го́рнице. Дверь в го́рницу была́ откры́та. И там то́же бы́ло ти́хо.

Его́ру не спало́сь. Э́та тишина́ беси́ла.

Он приподня́л го́лову, прислу́шался... Ти́хо. То́лько стари́к похра́пывает да ти́кают ходи́ки.

Его́р ужо́м вы́скользнул из-под одея́ла и, ослепи́тельно бе́лый, в кальсо́нах и дли́нной руба́хе, неслы́шно прокра́лся в го́рницу. Ничто́ не сту́кнуло, не скри́пнуло... То́лько хру́стнула кака́я-то ко́сточка в ноге́ Его́ра, в ла́пе где-то.

Он дошёл уже́ до две́ри го́рницы... И ступи́л уже́ шаг-друго́й по го́рнице, когда́ в тишине́ прозвуча́л отчётливый, никако́й не за́спанный го́лос Лю́бы:

— Ну-ка, марш на место!

Егор остановился. Малость помолчал...

— А в чём дело-то? — спросил он обиженно, шёпотом.[268]

— Ни в чём. Иди спать.

— Мне не спится.

— Ну, так лежи... думай о будущем.

— Но я хотел поговорить! — стал злиться Егор. — Хотел задать пару вопросов...

— Завтра поговорим. Какие вопросы ночью?

— Один вопрос, — вконец обозлился Егор. — Больше на задам...

— Любка, возьми чего-нибудь в руки... Возьми сковородник, — сказал вдруг голос старухи сзади, тоже никакой не заспанный.[269]

— У меня пестик под подушкой, — сказала Люба.

Егор пошёл на место.

— Пошё-ол... На цыпочках. Котяра, — сказала ещё старуха. — Думает, его не слышут. Я всё слышу. И вижу.

— Фраер!.. — залился шёпотом Егор за цветастой занавеской. — Отдохнуть душой, телом. Фраер со справкой!

Он полежал тихо... Перевернулся на другой бок.

— Луна ещё, сука!.. Как сдурела. — Он опять перевернулся. — Круговую оборону заняли, понял! Кого охранять, спрашивается?[270]

— Не ворчи, не ворчи там, — миролюбиво уже сказала старуха. — Разворчался.

И вдруг Егор громко, отчётливо, остервенело процитировал: «Её нижняя юбка была в широкую красную и синюю полоску и казалась сделанной из театрального занавеса. Я бы много дал, чтобы занять первое место, но спектакль не состоялся». (Пауза.) — И потом в белую тишину из-за занавески полетело ещё, последнее, учёное: — Лихтенберг![271]

И пялилась в окошки луна.

Старик перестал храпеть и спросил встревоженно:

— Кто? Чего вы?

— Да вон... ругается лежит, — сказала старуха недовольно. — Первое место не занял, вишь.[272]

— Это не я ругаюсь, — пояснил Егор, — а Лихтенберг.

— Я вот поругаюсь, — проворчал старик. — Чего ты там?

— Это не я! — раздражённо воскликнул Егор. — Так сказал Лихтенберг! И он вовсе не ругается, а острит.

— Тоже, наверно, бухгалтер? — спросил старик не без издёвки.

— Француз, — откликнулся Егор.

— А?

— Француз![273]

— Спите! — сердито сказала старуха. — Разговорились.[274]

И стало тихо. Только тикали ходики.

И пялилась в окошки луна.

Наутро, когда отзавтракали и Люба с Егором остались одни за столом, Егор сказал:

— Так, Лю́бовь... Е́ду в го́род занима́ться эки... ров... экипиро́вкой. Оде́нусь.

Лю́ба споко́йно, чуть усме́шливо, но с едва́ улови́мой гру́стью смотре́ла на него́. Молча́ла, как бу́дто понима́ла не́что бо́льшее, чем то, что ей сказа́л Его́р.

— Е́хай, — сказа́ла она́ ти́хо.[275]

— А чего́ ты так смо́тришь? — Его́р и сам засмотре́лся на неё, на у́треннюю хоро́шую. И почу́вствовал трево́гу от возмо́жной разлу́ки с ней. И ему́ то́же ста́ло гру́стно, но он грусти́ть не уме́л — он не́рвничал.

— Как?

— Не ве́ришь мне?

Лю́ба до́лго опя́ть молча́ла.

— Де́лай как тебе́ душа́ вели́т, Его́р. Что ты спра́шиваешь — ве́рю, не ве́рю?.. Ве́рю я и́ли не ве́рю — тебя́ же э́то не остано́вит.

Его́р нагну́л свою́ стри́женую го́лову.

— Я бы хоте́л не врать, Лю́ба, — заговори́л он реши́тельно. — Мне всю жизнь проти́вно вра́ть. Я вру, коне́чно, но от э́того... то́лько тяжеле́й жить. Я вру и презира́ю себя́. И охо́та уж доби́ть свою́ жизнь совсе́м, вдре́безги. То́лько бы веселе́й и жела́тельно с во́дкой. Поэ́тому счас не бу́ду врать: я не зна́ю. Мо́жет, верну́сь. Мо́жет, нет.

— Спаси́бо за пра́вду, Его́р.

— Ты хоро́шая, — вы́рвалось у Его́ра. И он засуети́лся, ху́же того́, зане́рвничал. — Повело́!..[276] Ско́лько же я разговори́л э́то сло́во! Я же его́ замусо́лил. Ничего́ же слова́ не сто́ят! Что за лю́ди!.. Дай, я сде́лаю так. — Его́р положи́л свою́ ру́ку на ру́ку Лю́бы. — Оста́нусь оди́н и спрошу́ сво д шу. Дом й мне н до, Л ба.

— Д лай как н жно. Я теб ничег не говор . Уйдёшь — мне б дет ж лко. Ж лко-ж лко! Я, нав рно, запл чу... — У Л бы и теп рь на глаз х в ступи́ли слёзы. — Но худ го сл ва не скаж ...

Его́ру во́все ста́ло невмоготу́: он не переноси́л слёз.

— Так... Всё, Любо́вь. Бо́льше не могу́ — тяжело́. Прошу́ пардо́на.

И вот шага́ет он раздо́льным молоды́м по́лем... По́ле непа́ханое, и на нём то́лько-то́лько проклю́нулась пе́рвая о́стренькая тра́вка.[277] Его́р шага́ет ши́бко. Реши́тельно. Упря́мо. Так он и по жи́зни свое́й шага́л, как по э́тому по́лю, — реши́тельно и упря́мо.[278] Па́дал, поднима́лся и опя́ть шёл. Па́дал и шёл, па́дал, поднима́лся и шёл, как бу́дто в э́том одно́м всё исступле́ние — что́бы идти́ и идти́, не остана́вливаясь, не огля́дываясь, как бу́дто так мо́жно уйти́ от себя́ самого́.

И вдруг за ним — неве́сть отку́да, оди́н за одни́м — ста́ли появля́ться лю́ди. Появля́ются и иду́т за ним, едва́ поспева́ют. Это все — его́ дружки́, подру́жки, потёртые, помя́тые, с не́ким бессо́вестным открове́нием в глаза́х. Все молча́т. Молчи́т и Его́р — ше́пчет. Шага́ет и ша́гает. А за ним толпа́ всё прибыва́ет... И до́лго шли так. Пото́м Его́р вдруг ре́зко останови́лся и не огля́дываясь с си́лой отмахну́лся от всех и сказа́л зло, сквозь зу́бы:

— Ну, бу́дет уж! Бу́дет!

Оглянулся... Ему навстречу шагает один только Губошлёп. Идёт и улыбается. И держит руку в кармане. Егор стиснул крепче зубы и тоже сунул руки в карманы... И Губошлёп пропал.[279]

...А стоял Егор на дороге и поджидал: не поедет ли автобус или какая-нибудь попутная машина — до города.

Одна грузовая показалась вдали...

Работалось и не работалось Любе в тот день...[280] Перемогалась душой. Призналась нежданно подруге своей, когда отдоились и молоко увезли и они выходили со скотного двора:

— Гляди-ка, Верка, присохла ведь я к мужику-то.

Сказала и сама подивилась такому.

— Ну, надо же! Болит и болит душа — весь день.

— Так совсем уехал-то? Чего сказал-то?

— Сам, говорит, не знаю.

— Да пошли ты его к чёрту! Плюнь.[281] Какой! «Сам не знаю»! У него жена где-нибудь есть. Что говорит-то?

— Не знаю. Никого, говорит, нету.

— Врёт! Любка, не дури: прими опять Кольку да живите. Все они пьют нынче! Кто не пьёт-то? Мой вон позавчера пришёл...[282] Ну, паразит!..

И Верка, коротконогая живая бабочка, по секрету, негромко рассказала:

— Пришёл, кэ-эк я его скалкой огрела![283] Даже сама напугалась. А утром встал — голова, говорит, болит, ударился где-то. Я говорю: пить надо меньше.

И Верка мелко-мелко засмеялась.

— И когда успела-то?[284] — удивилась опять Люба своим мыслям.

— А? — спросила Верка.

— Да когда, мол, успела-то? Видела-то... всего сутки. Как же так? Неужели так бывает?

— Он за что сидел-то?[285]

— За кражу... — И Люба беспомощно посмотрела на подругу.

— Шило на мыло, — сказала та. — Пьяницу на вора...[286] Ну и судьбина тебе выпала![287] Живи одна, Любка. Может, потом путный какой подвернётся. А ну-ка, да его опять воровать потянет?[288] Что тогда?

— Что? — не поняла Люба.

— Да воровать-то кинется?.. Что тогда?

— Что тогда? Посадют.[289]

— Ну, язви тебя-то![290] Ты что, полоумная, что ли?

— А я сама не знаю, чего я. Как сдурела! Самой противно... Вот болит и болит душа, как скажи, век я его знала. А знала — сутки. Правда, он целый год письма слал...

— Да им там делать-то нечего, они и пишут.[291]

— Но ты бы знала, какие письма!..

— Про любовь?

29

— Да нет... все про жизнь. Он, правда, наверно, повидал много, чёрт стриженый.[292] Так напишет — прямо сердце заболит, читаешь.[293] И я уж и не знаю: то ли я его люблю, то ли мне его жалко. А вот болит душа — и всё.

А Егор в это самое время делал свои дела в райгороде.

Перво-наперво он шикарно оделся...

Шёл по улице небольшого деревянного городка, по деревянному тротуару, в новеньком костюме, при галстуке, в шляпе — руки в карманах.

Зашёл на почту. Написал на телеграфном бланке адрес, сумму прописью и несколько слов привета. Подал бланк, облокотился возле окошечка и стал считать деньги.

— Деньги передать Губошлёпу, — прочитала девушка за окошечком. — Губошлёп — это фамилия, что ли?

Егор секунду-две думал... И сказал:

— Совершенно верно, фамилия.

— А чего же вы пишите с маленькой буквы? Ну и фамилия![294]

— Бывают похуже, — сказал Егор.[295] — У нас в тресте один был — Пистонов.

Девушка подняла голову. Она была очень миленькая девушка, глазастенькая, с коротким тупым носиком.

— Ну и что.

— Ничего. Фамилия, мол, Пистонов. — Егор был серьёзен. Он помнил, что он в шляпе.

— Ну и... нормальная фамилия.[296]

— Вообще-то нормальная, — согласился Егор.

И вдруг забыл, что он в шляпе, улыбнулся. И обеспокоился.

— Скажи, пожалуйста, — сунулся он в окошечко, — вот я приехал с золотых приисков, но у меня совершенно тут никаких знакомых...

— Ну и что? — не поняла девушка.

— У вас есть молодой человек? — прямо спросил Егор.

— А вам что? — Тупоносенькая вроде не очень удивилась, а даже оставила работу и смотрела на Егора.

— Я в том смысле, что не могли бы мы вместе совершить какое-нибудь уникальное турне по городу?

— Гражданин!.. — строго повысила голос девушка. — Вы не хамите тут! Вы деньги переводите? Вот и переводите.

Егор вылез из окошечка. Он обиделся. Зачем же надо было оставлять даже работу и смотреть ласково? Егор так только и понимал теперь: девушка, прежде чем зарычать, смотрела на него ласково. К чему, спрашивается, эти разные штучки-дрючки?[297]

— И сразу на арапа берут![298] — негромко возмущался он. — «Гражданин!..» Какой я вам гражданин? — Я вам — товарищ и даже друг и брат.

Девушка опять подняла на него большие серые глаза.

— Работайте, работайте, — сказал Егор. — А то только глазками стрелять туда-сюда!

Девушка хмыкнула и склонилась к бланку.

— Шляпу, главное, надел, — не удержалась и сказала она, не глядя на Егора.[299]

И квиточек отдала, тоже не глядя: положила на стойку и занялась другим делом. И попробуй отвлеки её от этого дела.

— Шалашовки! — ругался Егор, выходя с почты. — Вы у меня танец маленьких лебедей будете исполнять. Краковяк!.. — Он зашагал к вокзальному ресторану. — Польку-бабочку![300] — Он накалял себя. В глазах появился блеск, который свидетельствовал, что душа его стронулась и больно толкается в груди. Егор прибавил шагу. — Нет, как вам это нравится! Марионетки. Красные шапочки... Я вам устрою тут фигурные катания! Я наэлектризую здесь атмосферу и поселю бардак.

И дальше он вовсе бессмысленно бормотал под ногу, что влетит в голову:

— Парьям-па-пам, тарьям-папам!.. Тарьям-папам-пам-папам...[301]

...В ресторане он заказал бутылку шампанского и подал юркому человеку, официанту, бумажку в двадцать пять рублей и сказал:

— Спасибо. Сдачи не нужно.

Официант даже растерялся...

— Очень благодарю, очень благодарю...

— Ерунда, — сказал Егор.

И показал рукой, чтоб официант присел на минуточку. Официант присел на стул рядом.

— Я приехал с золотых приисков, — продолжал Егор, изучая податливого человечка, — и хотел вас спросить: не могли бы мы здесь где-нибудь организовать маленький бардак?

Официант машинально оглянулся...

— Ну, я грубо выразился... Я волнуюсь, потому что мне деньги жгут ляжку.[302] — Егор вынул из кармана довольно толстую пачку десятирублёвок и двадцатипятирублёвок. — А? Их же надо пристроить. Как вас зовут, простите?

Официант, при виде этой пачки, тоже очень обеспокоился, но изо всех сил старался хранить достоинство. Он знал: людям достойным платят больше.

— Сергей Михайлович.

— А? Михайлыч...[303] Нужен праздник. Я долго был на Севере...

— Я, кажется, придумал, — сказал Михайлыч, изобразив сперва, что он внимательно подумал. — Вы где остановились?

— Нигде. Я только приехал.

— По всей вероятности, можно будет сообразить... Что-нибудь, знаете, вроде такого пикничка — в честь прибытия, так сказать.[304]

— Да, да, да, — заволновался Егор. — Такой небольшой бардак. Аккуратненький такой бардельеро... Забег в ширину.[305] Да, Михайлыч? Вы мне что-то с первого взгляда понравились! Я подумал: вот с кем я взлохмачу мои деньги!

Михайлыч искренне посмеялся.

— А? — ещё раз спросил Егор. — Чего смеёшься?

— О'кэй! — весело сказал Михайлыч. — Ми фас поньяль.[306]

Поздно вечером Егор полулежал на плюшевом диване и разговаривал по телефону с Любой. В комнате был ещё Михайлыч и заходила и что-то тихонько спрашивала Михайлыча востроносая женщина с бородавкой на виске.

— Але-о! Любаша!.. — кричал Егор. — Я говорю: я в военкомате! Никак не могу на учёт стать![307] Поздно?.. А здесь допоздна.[308] Да, да. — Егор кивнул Михайлычу. — Да, Любаша!..

Михайлыч приоткрыл дверь комнаты, громко хлопнул и громко пошёл мимо Егора... И когда был рядом, громко крикнул:

— Товарищ капитан! Можно вас на минуточку?!

— Егор кивнул ему головой, что — «хорошо», и продолжал разговаривать. А Михайлыч в это время беззвучно показушно хохотал.[309]

— Любаша, ну что же я могу сделать?! Придётся даже ночевать, наверно. Да, да...

Егор долго слушал и «дакал».[310] И улыбался и смотрел на фальшивого Михайлыча счастливо и гордо. Даже прикрыл трубку ладошкой и сообщил: — Беспокоюсь, говорит. И жду.

— Жди, жди, дол... — подхватил было угодливый Михайлыч, но Егор взглядом остановил его.

— Да, Любушка!.. Говори, говори: мне нравится слушать твой голосок. Я даже волнуюсь!..[311]

— Ну даёт! — прошептал в притворном восхищении Михайлыч.[312] — Волнуюсь, говорит!.. — И опять засмеялся. Бессовестно он как-то смеялся: сипел, оскалив фиксатые зубы. Егор посулил хорошо заплатить за праздник, поэтому он старался.

— Ночую-то? А вот тут где-нибудь на диванчике... Да ничего! Ничего, мне не привыкать.[313] Ты за это не беспокойся! Да, дорогуша ты моя!.. Малышкина ты моя милая!..

У Егора это рванулось так искренно, так душевно, что Михайлыч даже перестал изображать смех.

— До свиданья, дорогая моя! До свиданья, целую тебя... Да я понимаю, понимаю. До свиданья.

Егор положил трубку и некоторое время странно смотрел на Михайлыча — смотрел и не видел его. И в эту минуту как будто чья-то ласковая незримая ладонь гладила его по лицу, и лицо Егора потихоньку утрачивало обычную свою жёсткость, строптивость.

— Да... — сказал Егор очнувшись. — Ну, что, трактирная душа? Займёмся развратом? Как там?

— Всё готово.

— Халат нашли?

— Нашли какой-то... Пришлось к одному старому артисту поехать. Нет ни у кого!

— А ну?

Егор надел длинный какой-то халат, стёганый, местами вытертый... Огляделся.

— Больше нигде нету, — оправдывался Михайлыч.

— Хороший халат, — похвалил Егор. — Нну... как я велел?[314]

Михайлыч вышел из комнаты...

Егор полулёг с сигаретой на диван.

Михайлыч вошёл и доложил:

— Народ для разврата собрался!

— Давай, — кивнул Егор.

Михайлыч распахнул дверь... И Егор, в халате, чуть склонив голову, стремительно, как Калигула, пошёл развратничать.[315]

«Развратничать» собрались диковинные люди, больше пожилые. Были и женщины, но какие-то на редкость все некрасивые, несчастные. Все сидели за богато убранным столом и с недоумением смотрели на Егора. Егор заметно оторопел, но вида не подал.

— Чего взгрустнули?! — громко сказал Егор.

И прошёл во главу стола. Остановился и внимательно оглядел всех.

— Да-а, — не удержался он. — Сегодня мы оторвём от хвоста грудинку.[316] Ну!.. Налили.

— Мил человек, — обратился к нему один пожилой, старик почти, — ты объясни нам: чего мы празднуем-то![317] Случай какой... или чего?

Егор некоторое время думал.

— Мы собрались здесь, — негромко, задумчиво, как на похоронах начал Егор, глядя на бутылки шампанского, — чтобы...

Вдруг он поднял голову и ещё раз оглядел всех. И лицо его опять разгладилось от жёсткости и напряжения.

— Братья и сёстры, — проникновенно сказал он, — у меня только что... от нежности содрогнулась душа. Я понимаю, вам до фени мои красивые слова, но дайте всё же я их скажу.[318]

Егор говорил серьёзно, крепко, даже торжественно. Он даже несколько прошёлся, сколь позволило место, и опять оглядел всех.

— Весна... — продолжал он. — Скоро зацветут цветочки. Берёзы станут зелёные... — Егор чего-то вовсе заволновался и помолчал. Он всё ещё слышал родной голос Любы, и это путало и сбивало.[319]

— Троица скоро, чего же, — сказал кто-то за столом.

— Можно идти и идти, — продолжал Егор. — Будет полянка, потом лесок, потом в ложок спустился — там ручеёк журчит... Я непонятно говорю? Да потому что я, как курва, говорю и стыжусь своих же слов!

Егор всерьёз на себя рассердился. И стал валить напропалую — зло и громко, как если бы перед ним стояла толпа несогласных.[320]

— Вот вы все меня приняли за дурака — взял триста рублей ни за что выбросил... Но если я сегодня люблю всех подряд! Я весь нежный, как самая последняя... как корова, когда отелится. Пусть бардака не вышло — не надо![321] Даже лучше. Но поймите, что я не глупый, не дурак. И если кто подумает, что мне можно наступить на мозоль, потому что я нежный, — я тем не менее не позволю. Люди!.. Давайте любить друг друга!

Егор почти закричал это. И сильно стукнул себя несколько раз в грудь.

— Ну чего мы шуршим, как пауки в банке? Ведь вы же знаете, как легко помирать?! Я не понимаю вас... — Егор прошёлся за столом. — Не понимаю! Отказываюсь понимать! Я себя тоже не понимаю, потому что каждую ночь вижу во сне ларьки и чемоданы.[322] Всё!! Идите воруйте сами... Я сяду на пенёк и буду сидеть тридцать лет и три года. Я шучу. Мне жалко вас. И себя тоже жалко. Но если меня кто-нибудь другой пожалеет или сдуру полюбит, я... не знаю, мне будет тяжело и грустно. Мне хорошо, даже сердце болит — но страшно. Мне страшно! Вот шутка-то... — неожиданно тихо и доверчиво закончил Егор.

Помолчал, опустив голову, потом добро посмотрел на всех и велел:
— Взяли в руки по бутылке шампанского... взяли, взяли![323] Взяли? Откручивайте, там проволочки такие есть, — стреляйте!

Все задвигались, заговорили... Под шум и одобрение захлопали бутылки.

— Наливайте быстрей, пока градус не вышел! — распоряжался Егор.[324]

— А-а, правда, — выходит! Давай стакан!.. Подай-ка стакан, кум! Скорей!

— Эх, язви тебя!..[325] Пролил маленько.

— Пролил?

— Пролил. Жалко добро такое.

— Да, штука весёлая. Гли-ка, прямо кипит, кипит! Как набродило.[326] Видно, долго выдерживают.

— Да уж, конечно! Тут уж, конечно, стараются...

— Ух, а шипит-то!..

— Милые мои! — с искренней нежностью и жалостью сказал Егор. — Я рад, что вы задвигались и заулыбались. Что одобряете шампанское... Я всё больше и больше люблю вас!

На Егора стеснялись открыто смотреть — такую он порол чушь и бестолочь. Затихали, пока он говорил, смотрели на свои стаканы и фужеры.

— Выпили! — сказал Егор.[327]

Выпили.

— С ходу — ещё раз! Давай!

Опять задвигались и зашумели. Диковинный случился праздник — дармовой.

— Ух ты, всё шипит и шипит![328]

— Но счас уже поменьше. Уже сила ушла.

— Но вкус какой-то... Не пойму.

— Да, какой-то неопределённый.

— А?

— На вид — вроде конской мочи, а вкус какой-то... неясный.

— А чего-то оно в горле останавливается... Ни у кого не останавливается?

— Да, распирает как-то.

— Ага!.. И в нос бьёт! Пей — хорошо!

— А вот градус-то и распирает.

— Да какой тут, к чёрту, градус — квас.[329] Это газ выходит, а не градус.

— Так, отставили шампанское! — велел Егор. — Взяли в руки коньяк.

— А мы куда торопимся-то?

— Я хочу, чтоб мы песню спели.

— Э-э, это мы сумеем!

— Взяли коньяк![330]

Взяли коньяк. Тут уж — что велят, то и делай.

— Налили по полстакана![331] Коньяк помногу сразу не пьют. И если счас кто-нибудь заявит, что пахнет клопами, — дам бутылкой по голове.[332] Выпили!

Выпили.

— Песню! — велел Егор.

— Мы же не закусили ещё...

— Начинается... — обиженно сказал Егор. И сел. — Ну, ешьте, ешьте, все наесться никак не могут. Все бы ели, ели, ели!..

Некоторые — совестливые — отложили вилки, смотрели с недоумением на Егора.

— Да ешьте, ешьте! Чего вы?..

— Ты бы и сам поел тоже, а то захмелеешь.

— Не захмелею. Ешьте.

— Ну, язви тебя-то! — громко возмутился один лысый мужик. — Что же ты, пригласил, а теперь попрекаешь?! Я, например, не могу без закуски, я моментально под стол полезу. Мне же неинтересно так. И никому неинтересно, я думаю.

— Ну и ешьте!

А в это время в деревне мать с отцом допрашивали Любу. Её, бедную, всё допрашивали и допрашивали.[333]

— Ну а чего же, военкомат на ночь-то не запирается, что ли?[334] — хотела понять старуха.

Знала бы Люба, как тут Егор «становился на учёт», одним бы только глазком глянула...[335] Но она не знала. Она терялась в догадках. И верилось ей и не верилось с этим военкоматом.[336] Но ведь она же сама говорила с Егором, сама слышала его голос, и какие он слова говорил... Она и теперь ещё, когда её допрашивали, всё говорила с ним мысленно. «Ну, Егор, с тобой не соскучишься, — говорила она. — Что же у тебя на уме, парень?»

— Любк?[337]

— Ну.

— Какой же военкомат? Всё на ночь запирается, ты чо!

— Нет, наверно, если он говорит, что ночует там...

— Да он наговорит, только развесь уши.

— Я думаю так, — решил старик. — Ему сказали: явиться завтра к восьми часам. Точь-в-точь — там люди военные. И он подумал, что лучше уж заночевать, чем завтра утром опять переться туда.

— Да он же и говори́т! — обра́довалась Лю́ба. — Ночу́ю, говори́т, здесь, на дива́не...

— Да все учрежде́ния на́ ночь запира́ются! — стоя́ла на своём стару́ха.[338] — Вы что? Как э́то его́ там одного́ на́ ночь оста́вют? А он возьмёт да печа́ть украдёт...[339]

— Ну, ма́ма!..

И стари́к то́же скорёжился на таку́ю глу́пость.

— На кой она́ ему́ чёрт нужна́, печа́ть?[340]

— Да я к сло́ву говорю́! Сра́зу «ма́ма»! Сло́ва не даду́т сказа́ть.[341]

Его́р нала́живал хор из «развра́тников».

— Мы с тобо́й бу́дем заводи́ть, — тормоши́л он лы́сого мужика́. — А вы, как я махну́, бу́дете петь «бом-бом». Пошли́:

— «Вече́рний зво-о-он...» — Его́р махну́л, но гру́ппа «бом-бом» не поняла́. — Ну, чего́ вы?! — заора́л Его́р.

— Чего́? — не по́няли из гру́ппы.

— Где «бом-бом»?! Я же сказа́л: как махну́ — так «бом-бом».

— Да ты махну́л, а сам поёшь...

— Наступа́й! Я оттого́ и завы́л, что вро́де слы́шу, как на колоко́льне бьют. Тоска́ меня́ берёт по ро́дине... И я запе́л потихо́ньку. А вы своё: «бомм, бомм». Вы и знать не зна́ете, как я здесь тоску́ю, — э́то не ва́ше де́ло.[342]

— Вро́де в тюрьме́ челове́к сиди́т — тоску́ет, — подсказа́л Миха́йлыч. — И́ли в плену́ где́-нибудь.

— В плену́ каки́е це́ркви? — возрази́ли на э́то.

— Как же? У их же там то́же це́ркви есть. Не таки́е коне́чно, но всё одно́ — це́рква, с ко́локолом. Ве́рно же, Гео́ргий?

— Да пошли́ вы!..[343] То́лько болта́ть уме́ете! — вконе́ц рассерди́лся Его́р. — Во-от начну́т говори́ть! И говоря́т, и говоря́т, и говоря́т... Чего́ вы так слова́ лю́бите? Что за поно́с тако́й слове́сный?!

— Ну дава́й. Ты не расстра́ивайся.

— Да как же не расстра́иваться? Говори́шь вам, а вы... Ну пошли́:

— «Вече́рний зво-он...»...

— «Вече́рний зво-он-он...»...

— Бо-м, бо-ом, бо-о-ом... — вразнобо́й «заби́ли на колоко́льне», — все спу́тали и погуби́ли.

Его́р махну́л руко́й и ушёл в другу́ю ко́мнату. На поро́ге останови́лся и сказа́л безнадёжно:

— Валя́йте любу́ю.[344] Не обижа́йтесь, но я бо́льше не могу́ с ва́ми. Гуля́йте. Мо́жете свой родно́й «камы́ш» затяну́ть.[345]

Гру́ппа «бом-бом», да и все, кто тут был, расте́рянно помолча́ли... Но вина́ и всевозмо́жной ре́дкой заку́си за столо́м бы́ло мно́го, поэ́тому хоть и погорева́ли, но так, бо́льше для очи́стки со́вести:

— Чего́ он?

— А вы уже́ то́же — «бом-бом» не могли́ спеть! — упрекну́л всех Миха́йлыч, хозя́ин. — Чего́ там пе́ть-то!

— Да, разнобо́й вы́шел.

— Э́то Кири́лл вон... Куда́ зачасти́л?[346]

— Кто «зачасти́л»? — оскорби́лся Кири́лл. — Я пел норма́льно — как вро́де в ко́локол бьют. Я же понима́ю, что там не на́до части́ть. Ко́локол, его́ ещё раскача́ть на́до.

— А кто зачасти́л?

— Да ла́дно, чего́ тепе́рь? Дава́йте, пра́вда, он же веле́л гуля́ть.

— Оно́, коне́чно, того́... вро́де не заслужи́ли, но, с друго́й стороны́, — а е́сли я не пою́? Како́го я хре́на бу́ду рот разева́ть, е́сли у меня́ сро́ду го́лоса не́ было?[347]

Его́р, недово́льный, полулежа́л на дива́не, когда́ вошёл Миха́йлыч.

— Гео́ргий, ты уж прости́ — не вы́шло у нас... с колокола́ми-то.

Его́р помолча́л... И капри́зно спроси́л:

— А почему́ они́ все таки́е некраси́вые?

Миха́йлыч да́же растеря́лся.

— Дак... э́то... Гео́ргий, краси́вые-то все — семе́йные, за́мужем. А я одино́ких собра́л, ты же сам веле́л.

Его́р не́которое вре́мя сиде́л... И лицо́ его́ ста́ло опя́ть светле́ть. Похо́же, встрепену́лась — вспо́мнилась в душе́ его́ кака́я-то ра́дость.

— Ты мо́жешь такси́ вы́звать?

— Могу́.

— До Ни́зовки... Я заплачу́, ско́лько он хо́чет. Звони́! — Его́р встал, прошёлся... Сбро́сил хала́т и наде́л свой пиджа́к и попра́вил га́лстук.

— А заче́м в Ни́зовку-то?

— У меня́ там друг. — И опя́ть стал взволно́ванно ходи́ть

— Чего́ ты? — спроси́л Миха́йлыч.

— Душа́ у меня́... наскипида́ренная кака́я-то, Миха́йлыч.[348] Заведёт куда́-нибудь, ку́рва![349] Как во́лю почу́ет, так ме́ста себе́ не могу́ найти́. Звони́, звони́! Ско́лько ты собра́л люде́й?

— Пятна́дцать. С на́ми — семна́дцать. А что?

— Вот тебе́ две со́тни. Всем дать по черво́нцу, себе́ остальны́е.[350] Не обмани́! Я зае́ду узна́ю.[351]

— Да что ты, Гео́ргий!..

И вот Гео́ргий лете́л све́тлой лу́нной но́чью по до́брому большаку́ — в село́, к Лю́бе.[352]

«Ну, что э́то, что э́то? — пыта́л себя́ Его́р. — Что э́то я»? Беспоко́йство и волне́ние овладе́ли им. Он уж забы́л, когда́ он так волнова́лся из-за ю́бки.[353]

— Ну, как там... насчёт семе́йной жи́зни? — спроси́л он такси́ста. — Что пи́шут но́венького?[354]

— Где пи́шут? — не по́нял тот.

— Да вообще́ — в кни́гах...

— В кни́гах-то понапи́шут, — недово́льно сказа́л такси́ст. — В кни́гах всё хорошо́.[355]

— А в жи́зни?

— А в жи́зни... Что, сам не зна́ешь, как в жи́зни?

— Пло́хо, да?

— Кому́ как.[356]

— Ну, тебе, например?..

Таксист пожал плечами — очень похоже, как тот парень делал, который продал Егору магнитофон.

— Да что вы все какие-то!.. Ну, братцы, не понимаю вас. Чего вы такие кислые-то все? — изумился Егор.

— А чего мне тут — хихикать с тобой? Ублажать, что ли, тебя?

— Да где уж ублажать! Ублажать — это ты свою бабу ублажай. И то ведь — суметь ещё надо. А то полезешь к ней, а она скажет: «Отойди, от тебя козлом пахнет».[357]

Таксист засмеялся.

— Что, тебе говорили так?

— Нет, я сам не люблю, когда козлом пахнет. Давай-ка маленько опустим стекло.

Таксист глянул на Егора, но смолчал.

А Егор опять вернулся к своим мыслям, которые он никак не мог собрать воедино, всё как-то в голове спуталось из-за этой Любы.

И подъехали к большому тёмному дому. Егор отпустил машину... И вдруг оробел. Стоял с бутылками коньяка у ворот и не знал, что делать. Обошёл дом, зашёл в другие ворота, в ограду Петра, поднялся на крыльцо, постучал ногой в дверь. Долго было тихо, потом скрипнула избяная дверь, легко, босиком, прошли по сеням, и голос Петра спросил:

— Кто там?

— Я, Петро. Георгий. Жоржик...

Дверь открылась.

— Ты чего? — удивился Петро. — Выгнали, что ли?

— Да нет... Не хочу будить. Ты когда-нибудь «Реми-Мартин» пил?[358] Петро долго молчал, всматривался в лицо Егора.

— Чего?

— «Реми-Мартин». Двадцать рублей бутылка. Пойдём врежем в бане?[359]

— Почто в бане-то?

— Чтоб не мешать никому.

— Да пойдём на кухне сидем...

— Не надо! Не буди никого.

— Не дай я хоть обуюсь... Да закусить вынесу чего-нибудь.

— Не надо! У меня полные карманы шоколада, я весь уж провонял им, как студентка.

...В бане, в тесном чёрном мире, лежало на полу — от окошечка — пятно света... И зажгли ещё фонарь. Сели к окошечку.

— Чего домой-то не пошёл? — не понимал Петро.

— Не знаю. Видишь, Петро... — заговорил было Егор, но и замолк.[360] Открыл бутылку, поставил на подоконник. Петро достал из кармана старых галифе два стакана. — Видишь — коньяк. Двадцать рублей, гад! Это же надо!

Помолчали.

— Не знаю я, что и говорить, Петро. Сам не всё понимаю.

— Ну, не говори. Наливай своего дорогого...[361] Я в войну пил тоже какой-то. В Германии. Клопами пахнет.

— Да не пахнет он клопами! — воскликнул Егор. — Это клопы коньяком пахнут. Откуда взяли, что он клопами-то пахнет?[362]

— Дорогой, может, и не пахнет. А такой... нормальный, пахнет.

Ночь истекала. А луна всё сияла. Вся деревня была залита бледным, зеленовато-мёртвым светом. И тихо-тихо. Ни собака нигде не залает, ни ворота не скрипнут. Такая тишина в деревне бывает перед рассветом. Или в степи ещё — тоже перед рассветом, когда в низинах незримо скапливается туман и сырость. Зябко и тихо.

И вдруг в тишине этой из бани донеслось:

«Сижу за решёткой.
В темнице сырой...» —

завёл первый Егор. Петро поддержал. И так неожиданно красиво у них вышло, так — до слёз — складно и грустно:

«Вскормлённый в неволе орёл
молодо-ой;
Мой грустны-ый товарищ, махая
крыло-ом,
Кровавую пищу клюёт под окном...»[363]

Рано утром Егор провожал Любу на ферму. Так, увязался с ней и пошёл. Был он опять в нарядном костюме, в шляпе и при галстуке. Но какой-то задумчивый. Любе очень нравилось, что он пошёл с ней — у неё было светлое настроение. И утро было хорошее — с прохладцей, ясное. Весна всё-таки, как ни крутись.

— Чего загрустил, Егорша? — спросила Люба.

— Так... — неопределённо сказал Егор.

— В баню зачем-то попёрлись... — Люба засмеялась. — И не боятся ведь! Меня сроду туда ночью не загонишь.

Удивился Егор:

— Чего?

— Да там же черти! В бане-то... Они там только и водятся.[364]

Егор с изумлением и ласково посмотрел на Любу... И погладил её по спине. У него это нечаянно вышло, сам не думал.

— Правильно: никогда не ходи ночью в баню. А то эти черти... Я их знаю.

— Когда ты ночью на машине подъехал, я слышала. Я думала — это мой Коленька преподобный приехал...[365]

— Какой Коленька?

— Да муж-то мой.

— А-а. А он что, приезжает иногда?

— Приезжает, как же.

— Ну? А ты что?

— Ухожу в горницу да запираюсь там. И сижу. Он трезвый-то ни разу и не приезжал, а я его пьяного прямо видеть не могу: он какой-то дурак вовсе делается. Противно, меня трясти начинает.

Егор встрепенулся, заслышав живые, гневные слова. Не выносил он в людях унылость, вялость ползучую. Оттого, может, и завела его житейская дорога так далеко вбок, что всегда, и смолоду, тянулся к людям, очерченным резко, хоть иногда кривой линией, но — резко, определённо.

— Да, да, да, — притворно посочувствовал Егор, — прямо беда с этими алкашами!

— Беда! — подхватила простодушная Люба. — Да беда-то какая! — горькая: слёзы да ругань.

— Прямо трагедия. О, ё!.. — удивился Егор. — Коров-то сколько!

— Ферма... Вот тут я и работаю.

Егор чего-то вдруг остолбенел при виде коров.

— Вот они... коровы-то, — повторял он. — Они, вишь, тебя увидели, да? Заволновались. Ишь, смо́-отрют...[366] — Егор помолчал. И вдруг, не желая этого, проговорился: — Я из всего детства... мать помню да корову. Манькой звали корову.[367] Мы её весной, в апреле, выпустили из ограды, чтобы она сама пособирала на улице... Знаешь: зимой возют, а весной из-под снега вытаивает, на дорогах, на плетнях остаётся... Вот. А ей кто-то брюхо вилами проколол. Зашла к кому-нибудь в ограду, у некоторых сено было ещё... Прокололи. Кишки домой приволокла.[368]

Люба смотрела на Егора, поражённая этим незамысловатым рассказом.

А Егор — видно было — жалел, что у него вырвался этот рассказ, был недоволен.

— Чего смотришь?

— Егорша...

— Брось, — сказал Егор. — Это же слова. Слова ничего не стоят.

— Ты что, выдумал, что ли?

— Да почему!.. Но ты меньше слушай людей. То есть слушай, но слова пропускай. А то ты доверчивая, как...

Егор посмотрел на Любу и опять ласково и бережно и чуть стесняясь погладил её по спине.

— Неужели тебя никогда не обманывали?

— Нет... Кому?

— Мгм. — Егор засмотрелся в ясные глаза женщины. Усмехнулся. Непонятно сказал: — Кошмар. — Всё время хотелось трогать её. И смотреть.

— Глянь-ка, директор совхоза идёт, — увидела Люба. — У нас был... — Она оживилась и заулыбалась, сама не зная чего.[369]

К ним шёл гладкий, крепкий, довольно молодой ещё мужчина, наверно таких же лет, как Егор. Шёл он твёрдой хозяйской походкой, с любопытством смотрел на Любу и на её — непонятно кого — мужа, знакомого?

— Чего́ ты так уж разулыба́лась-то? — неприя́тно порази́лся Его́р.

— Он хоро́ший у нас... Хозя́йственный. Мы его́ уважа́ем. Здра́вствуйте, Дми́трий Влади́мирович! Что, у нас бы́ли?

— Был у вас. Здра́вствуйте! — Дире́ктор кре́пко тряхну́л ру́ку Его́ра. — Что, не пополне́ние ли к нам?

— Дми́трий Влади́мирович, он — шофёр, — не без го́рдости сказа́ла Лю́ба.

— Да ну? Хорошо́. Пря́мо сейча́с могу́ за руль посади́ть. Права́ есть?

— У него́ ещё па́спорта не́ту... — Го́рдость Лю́бина ски́сла.[370]

— А-а. А то пое́хали? Со мной. Моего́ заче́м-то в военкома́т вызыва́ют...[371] Бою́сь, на́долго.

— Его́р!.. — заволнова́лась Лю́ба. — А? Райо́н наш погляди́шь. Погля́нется!

И э́то живо́е волне́ние и слова́ э́ти неле́пые — про райо́н — подтолкну́ли Его́ра на то, над чем он пять мину́т наза́д негро́мко бы, и́скренне посмея́лся.

— Пое́хали, — сказа́л он.

И они́ пошли́ с дире́ктором.

— Его́р! — кри́кнула вслед Лю́ба. — Пообе́даешь в ча́йной где́-нибудь! Где бу́дете... Дми́трий Влади́мирыч, вы ему́ подскажи́те, а то он не зна́ет ещё!

Дми́трий Влади́мирыч посмея́лся.

Его́р огляну́лся на Лю́бу... Не́которое вре́мя смотре́л. Пото́м отверну́лся и пошёл с дире́ктором. Тот подожда́л его́.

— Сам из каки́х мест? — спроси́л дире́ктор.

— Я-то? Я зде́шний. Из ва́шего райо́на, дере́вня Листвя́нка.

— Листвя́нка? У нас нет тако́й.

— Как «нет»? Есть.

— Да не́ту! Я-то зна́ю свой райо́н.

— Стра́нно. Куда́ же она́ дева́лась?

Его́ру не понра́вился дире́ктор: дово́льный, гла́дкий... Но осо́бенно не по нутру́, что дово́льный. Его́р не перева́ривал дово́льных люде́й.

— Была́ дере́вня Листвя́нка, я хорошо́ по́мню.

Дире́ктор внима́тельно посмотре́л на Его́ра.

— Мда, — сказа́л он. — Наве́рно сгоре́ла.

— Наве́рно, сгоре́ла. Жа́лко — хоро́шая была́ дере́вня.

— Ну, так пое́дешь со мной?

— Пое́ду. Мы же и идём — е́хать. Пра́вильно я вас по́нял? — ...И пое́хали они́ по просто́рам совхо́за-гига́нта, совхо́за-миллионе́ра.

— Чего́ так со мной заговори́л-то? — спроси́л дире́ктор.

— Как?

— Ну... как — Ва́нькой сра́зу прики́нулся.[372] Заче́м?

— Да не люблю́, когда́ с биогра́фии сра́зу начина́ют. Биогра́фия — э́то слова́, её всегда́ мо́жно вы́думать.

— Ну-у, как же так? Как э́то мо́жно биогра́фию вы́думать?

— Как? Так... Докуме́нтов у меня́ никаки́х не́ту, кро́ме одно́й спра́вки, никто́ меня́ тут не зна́ет — чего́ хочу́, то и наговорю́. Е́сли хоти́те знать — я сын прокуро́ра.

Дире́ктор посмея́лся. И ему́ то́же Его́р не понра́вился — како́й-то бессмы́сленно стропти́вый.

— А что? Вон я како́й — в шля́пе, при га́лстуке... — Его́р посмотре́л в зе́ркальце. — Чем не прокуро́рский сын?[373]

— Я же не спра́шиваю с тебя́ никаки́х докуме́нтов. Без прав да́же е́дем. Напо́ремся вот на участко́вого — что де́лать?

— Вы — хозя́ин.

Подъе́хали к па́секе... Дире́ктор легко́ вы́прыгнул из маши́ны.

— У меня́ тут де́льце одно́... А то, хошь, пойдём со мной — стари́к мёдом угости́т.

— Нет, спаси́бо.

Его́р то́же вы́шел на во́лю.

— Я вот тут... пейза́жем полюбу́юсь.

— Ну, смотри́. — И дире́ктор ушёл.

А Его́р стал любова́ться пейза́жем. Посмотре́л вокру́г... Подошёл к берёзке, потро́гал её.

— Что?.. Начина́ешь слегка́ зелене́ть? Ско́ро уж, ско́ро... Оде́нешься. Надое́ло го́лой-то стоя́ть? Ишь ты кака́я... Ско́ро наря́дная бу́дешь.

Из избу́шки вы́шел дед-па́сечник.

— А что не зайдёшь-то?! — кри́кну Его́ру с крыльца́. — Иди́ ча́йку стака́н вы́пей!

— Спаси́бо, ба́тя! Не хочу́.

— Ну, гляди́. — И дед ушёл.

Вско́ре вы́шел дире́ктор. Дед провожа́л его́.

— Заезжа́йте поча́ще, — приве́тливо говори́л дед. — Чай, по доро́ге. То и де́ло шмы́гаете тут.

— Спаси́бо, оте́ц, спаси́бо. Пое́хали.

Пое́хали.

— Вот... — сказа́л дире́ктор, устра́ивая како́й-то свёрточек ме́жду сиде́ньями. — Есть вещество́ тако́е — про́полис, пчели́ный клей, и́наче.

— Я́зву желу́дка лечи́ть?[374]

— Да. Что боле́л? — поверну́лся дире́ктор.

— Нет, слыха́л про́сто.

— Да. Вот оди́н челове́к заболе́л, на́до помо́чь: хоро́ший челове́к.

— Говоря́т, здо́рово помога́ет.

— Да, говоря́т, помога́ет.

Впереди́ показа́лась дере́вня.

— Меня́ сса́дишь у клу́ба, — сказа́л дире́ктор, — а сам съе́здишь в Сосно́вку — здесь, семь киломе́тров: привезёшь бригади́ра Саве́льева. Е́сли нет до́ма, найди́ — спроси́, где он.

Его́р кивну́л.

Сса́дил у клу́ба дире́ктора и уе́хал.

К клубу сходились мужики, женщины, парни, девушки... И люди пожилые тоже подходили. Готовилось какое-то собрание. Директора пока окружили, и он что-то говорил и был очень уверен и доволен.

Молодые люди отбились в сторонку, и там тоже шёл оживлённый разговор. Часто смеялись.

Старики курили у штакетника.

На фасаде клуба висели большие плакаты... Всё походило на праздник, к которому люди привыкли.

Клуб был новый, недавно выстроенный: возле фундамента ещё лежала груда кирпичей и стоял на земле старый кузов самосвала с застывшим цементом.

Егор привёз бригадира Савельева... И пошёл искать директора. Ему сказали, что директор уже в клубе, на сцене, за столом президиума.

Егор пошёл через зал клуба, где рассаживались рабочие совхоза... Поднялся на сцену и подошёл сзади к директору.

Директор разговаривал с каким-то широкоплечим человеком, тряс бумажкой... Егор тронул его за рукав.

— Владимирыч...

— А? А-а. Привёз? Хорошо. Жди.

— Нет... — Егор позвал директора в сторонку и, когда они отошли, где их не могли слышать, сказал: — Вы сами умеете на машине?

— Умею. А что такое?

— Я больше не могу... Доезжайте сами — не могу больше.[375] И ничего мне с собой не поделать, я знаю.[376]

— Да что такое? Заболел, что ли?

— Не могу возить... Я согласен: я дурак, несознательный, отсталый... Зек несчастный, но не могу. У меня такое ощущение, что я вроде всё время вам улыбаюсь, мне плохо! Я лучше буду на самосвале. На тракторе! Ладно? Не обижайся. Ты мужик хороший, но... Вот мне уже сейчас плохо — я пойду.

И Егор быстро пошёл вон со сцены. И пока шёл через зал, терзался, что наговорил директору много слов. Тараторил, как... Извинялся, что ли? А что извиняться-то? Не могу — не могу, всё. Нет, пошёл объяснять, пошёл выкладываться, несознательность свою пялить... Тьфу!

Горько было Егору.[377]

Так помаленьку и угодником станешь. Пойдёшь в глаза заглядывать... Тьфу! Нет, очень это горько.

Директор же, пока Егор шёл через зал, смотрел вслед ему, он не всё понял, то есть он ничего не понял.

Егор шёл обратно перелеском.

Вышел на полянку, прошёл полянку, потом опять начался лесок — погуще, покрепче.

Потом он спустился в ложок — там ручеёк журчит. Егор остановился над ним.

— Ну надо же! — сказал он.

Постоял-постоял, перепрыгнул ручеёк, взошёл на пригорок... А там открылась глазам берёзовая рощица, целая большая семья выбежала навстречу и остановилась.

— Ух ты!.. — сказал Егор.

И вошёл в рощицу.

Подходил среди берёзок... Снял с себя галстук, надел одной, особенно красивой, особенно белой, стройной, на грудь. Потом увидел рядом высокий пенёк, надел на него свою шляпу... Отошёл и полюбопытствовал со стороны на этих красавцев. И засмеялся.

— Ка-кие фраера! — сказал он. И пошёл дальше. И долго ещё оглядывался на этих нарядных красоток. И улыбался. На душе сделалось легче.

Дома Егор ходил из угла в угол, что-то обдумывая. Курил... Время от времени принимался вдруг напевать: «Зачем вы, девушки, красивых любите?» Бросал петь, останавливался, некоторое время смотрел в окно или в стенку... И снова ходил. Им опять овладело какое-то нетерпение. Как будто он на что-то такое решался и никак не мог решиться. И опять решался.[378] И опять не мог... Он нервничал.

— Не переживай Егор, — сказал дед, который тоже похаживал по комнате — к двери и обратно, сучил из суровых ниток лесу на перемёт, которая концом была привязана к дверной скобке, и дед обшаркивал её старой рукавицей. — Трактористом не хуже. Даже ишо лучше. Они вон по сколь счас выгоняют.[379]

— Да я не переживаю.

— Сплету вот перемёты... Вода маленько посветлеет, пойдём с тобой перемёты ставить — милое дело. Люблю.

— Да... Я тоже. Прямо обожаю перемёты ставить.

— И я. Другие есть — больше предпочитают сеть. Но сеть — это... Поймать могут, раз; второе: ты с ней намучаешься, с окаянной, пока её разберёшь да выкидаешь — время-то сколько надо![380]

— Да... Попробуй покидай её. «Зачем вы, девушки...». А Люба скоро придёт?

Дед глянул на часы.

— Скоро должна придтить. Счас уж сдают молоко. Сдадут, и придёт.[381] Ты её, Егор, не обижай: она у нас — последыш, а последышка жальчее всех. Вот пойдут детишки у самого — спомнишь мои слова. Она хорошая девка, добрая, только всё как-то не везёт ей...[382] Этого пьянчужку нанесло — насилу отбрыкались.[383]

— Да, да... С этими алкашами беда прямо! Я вот тоже... это... смотрю — прямо всех пересажал бы чертей. В тюрьму! По пять лет каждому.[384] А?

— Ну, в тюрьму зачем? Но на годок куда-нибудь, — оживился дед, — под строгий изолятор, я бы их столкал! Всех, в кучу!

— А Петро скоро приедет?

— Петро-то? Счас тоже должен приехать. Пущай посидят и подумают.[385]

— Сиде́ть — э́то ка́ждый согласи́тся. Нет, пусть порабо́тают! — подбро́сил Его́р жа́ру.

— Да, пра́вильно: лес вон вали́ть!

— В ша́хты! В лес — э́то... на чи́стом-то во́здухе, дура́к согласи́тся рабо́тать. Нет, в ша́хты! В рудники́! В сква́жины!..[386]

Тут вошла́ Лю́ба.

— Вот те раз![387] — удиви́лась она́. — Я ду́мала, они́ где́-нибудь но́чью прие́дут, а он уж до́ма.

— Он не стал вози́ть дире́ктора, — сказа́л дед. — Ты его́ не руга́й — он объясни́л почему́: его́ тошни́т на легкову́шке.

— Пойдём-ка на па́ру слов, Лю́ба, — позва́л Его́р.
И увёл её в го́рницу. На что́-то он, похо́же, реши́лся.

В э́то вре́мя въе́хал в огра́ду Петро́ на своём самосва́ле.

Его́р пошёл к нему́... Он так и не успе́л сказа́ть Лю́бе, что его́ растрево́жило.

Лю́ба ви́дела, как они́ о чём-то дово́льно до́лго говори́ли с Петро́м, пото́м Его́р махну́л ей руко́й, и она́ ско́ро пошла́ к нему́. А Его́р поле́з в каби́ну самосва́ла, за руль.

— Далеко́ ли? — спроси́л дед, кото́рый то́же ви́дел из окна́, что Его́р и Лю́ба собира́лись куда́-то е́хать.

— Да я сама́ то́лком не зна́ю... Его́ру куда́-то на́до, — успе́ла сказа́ть Лю́ба на ходу́.

— Лю́бка!.. — хоте́л что́-то ещё сказа́ть дед, но Лю́ба хло́пнула уже́ две́рью.

— Чего́ он тако́е зате́ял, э́тот Жо́ржик! — сказа́л вслух дед. — Это же что за жизнь така́я чёртова пошла́ — вот и опаса́йся ходи́, вот и узнава́й бе́гай...[388]

И он скоре́нько то́же пошёл на полови́ну сы́на — спроси́ть, куда́ это Его́р повёз дочь, вообще́ куда́ они́ пое́хали?

— ...Есть дере́вня Сосно́вка, — объясни́л Его́р Лю́бе в каби́не, когда́ уже́ е́хали, — девятна́дцать киломе́тров отсю́да...

— Зна́ю Сосно́вку.

— Там живёт стару́шка, по кли́чке Куде́лиха. Она́ живёт с до́черью, но дочь лежи́т в больни́це...

— Где э́то ты узна́л-то всё?

— Ну, узна́л... я был сего́дня в Сосно́вке. Де́ло не в э́том. Меня́ оди́н това́рищ проси́л разузна́ть про э́ту стару́ху, про её дете́й — где они́, жи́вы ли?

— А заче́м ему́? Това́рищу-то?

— Ну... Она́ родня́ ему́ кака́я-то, тётка, что ли. Но мы сде́лаем так: подъе́дем, ты зайдёшь... Нет, зайдём вме́сте, но расспра́шивать бу́дешь ты.

— Почему́?

— Ты дай объясни́ть-то, пото́м уж спра́шивай! — повы́сил го́лос Его́р.

Нет, он, коне́чно, не́рвничал.

— Ну, ну! Ты только на меня, не кричи, Егор, ладно? Больше не спрашиваю. Ну?

— Потому что, если она увидит, что расспрашивает мужик, то она догадается, что значит, он сидел с её сы... это, с племянником.[389] Ну, и сама кинется расспрашивать. А товарищ мне наказал, чтоб я не говорил, что он в тюрьме... Фу-у! Дошёл. Язык сломать можно.[390] Поняла хоть?

— Поняла. А под каким предлогом я её расспрашивать-то возьмусь?

— Надо что-то выдумать. Например: ты из сельсовета... Нет, не из сельсовета, а из рай... этого, как его, пенсии-то намеряют?

— Райсобес?

— Райсобес, да, из райсобеса, мол, проверяю условия жизни престарелых людей.[391] Расспроси, где дети, пишут ли?.. Поняла.

— Поняла. Всё сделаю как надо.

— Не говори «гоп»...[392]

— Вот увидишь.

Дальше Егор замолчал. Был он непривычно строг и сосредоточен. Уловил чутьём удивление Любы...[393] Через силу улыбнулся и сказал:[394]

— Не обижайся, Люба, я помолчу. Ладно?

Люба тронула ладонью его руку... Сказала:

— Молчи, молчи. Делай как знаешь, не спрашивай. — Такого Егора она сильней любила и ничуть не обижалась.

— А что закричал... прости, — ещё сказал Егор.[395] — Я сам не люблю, когда кричат.

Егор добро разогнал самосвал. Дорога шла обочиной леса, под колёса попадали оголённые коренья, кочки, самосвал прыгал. Люба, когда её подкидывало, хваталась за ручку дверцы и смотрела на Егора. Егор смотрел вперёд — рот плотно сжат, глаза чуть прищурены — весь во власти одного желания. И Люба поняла наконец то, что очень хотела понять в эти дни и о чём догадывалась: он очень сильный мужик, Егор. И потому её так неудержимо повлекло к нему. Он сильный и надёжный человек.

Просторная изба. Русская печь, лавки, сосновый пол, мытый, скоблёный и снова мытый... Простой стол с крашеными столешницами. В красном углу — Николай угодник.[396]

Старушка Куделиха долго подслеповато присматривалась к Любе, к Егору... Егор был в тёмных очках.

— Чего же, сынок, глаза-то прикрыл? — спросила она. — Рази через их видать?[397]

Егор на это неопределённо пожал плечами. Ничего не сказал.

— Вот мне велели, бабушка, всё разузнать, — сказала Люба.

Куделиха села на лавочку, сложила сухие коричневые руки на переднике.

— Дак а чего узнавать-то? Мне плотют двадцать рублей...[398] Она снизу просто посмотрела на Любу. — Чего же ещё?

— А дети где ваши? У вас сколько было?

— Шестеро, милая, шестеро.[399] Одна вот теперь со мной живёт, Нюра, а трое — в городах... Коля в Новосибирском на паровозе работает, Миша тоже там же, он дома строит, а Вера — на Дальнем Востоке, замуж там вышла, военный муж-то. Фотокарточку недавно прислали — всей семьёй, внучатки уж большенькие, двое: мальчик и девочка.

Старуха замолчала, отёрла рот краешком передника, покивала маленькой птичьей головой, вздохнула. И она тоже умела уходить в мыслях далеко куда-то — и ушла, перестала замечать гостей.[400] Потом очнулась, посмотрела на Любу и сказала — так, чтоб не молчать, а то неловко молчать, о ней же заботятся:

— Вот... Живут. — И опять замолчала.

Егор сидел на стуле у порога. Он как-то окаменел на этом стуле, ни разу не шевельнулся, пока старуха говорила, смотрел на неё.

— А ещё двое?... — спросила Люба.

— А вот их-то... я и не знаю: живые они, сердешные душеньки, или нету их давно.[401]

Старушка опять закивала сухой головой, хотела, видно, скрепиться и не заплакать, но слёзы закапали ей на руки, и она скоро вытерла глаза фартуком.[402]

— Не знаю. В голод разошлись по миру...[403] Теперь не знаю. Два сына ишо, два братца... Про этих не знаю.

Зависла в избе тяжёлая тишина... Люба не знала, что ещё спрашивать, — ей было жалко бабушку. Она глянула на Егора... Тот сидел изваянием и всё смотрел на Куделиху.[404] И лицо его под очками тоже как-то вполне окаменело. Любе и вовсе не по себе стало.[405]

— Ладно, бабушка...

Она вдруг забылась, что она из «райсобеса», подошла к старушке, села рядом, умело как-то — естественно, просто обняла её и приголубила.

— Погоди-ка, милая, погоди — не плачь, не надо: глядишь, ещё и найдутся. Надо же и поискать!

Старушка послушно вытерла слёзы, ещё покивала головой.

— Может, найдутся... Спасибо тебе. Сама-то не из крестьян? Простецкая-то.[406]

— Из крестьян, откуда же. Поискать надо сынов-то...[407]

Егор встал и вышел из избы.

Медленно прошёл по сеням... Остановился около уличной двери, погладил косяк, гладкий, холодный. И прислонился лбом к этому косяку и замер. Долго стоял так, сжимая рукой косяк так, что рука побледнела. Господи, хоть бы ещё уметь плакать в этой жизни — всё немного легче было бы. Но ни слезинки же ни разу не выкатилось из его глаз, только каменели скулы и пальцы до отёка сжимали что-нибудь, что оказывалось под рукой. И ничего больше, что помогло бы в тяжкую минуту — ни табак, ни водка — ничто, всё противно. Откровенно болела душа, мучительно ныла, точно жгли её там медленным огнём. И ещё только твердил в уме, как молитву: «Ну, будет уж! Будет!»[408]

Егор заслышал в избе шаги Любы, откачнулся от косяка, спустился с низкого крылечка... И скорым шагом пошёл по ограде, оглядываясь на избу. Был он опять сосредоточен, задумчив. Походил вокруг машины, попинал баллоны... Снял очки, стал смотреть на избу.

Вышла Люба.

— Господи, до чего же жалко её стало, — сказала она. — Прямо сердце заломило.

— Поехали, — велел Егор.

Развернулись... Егор последний раз глянул на избу и даванул на железку.[409]

Молчали. Люба думала о старухе, тоже взгрустнула.

Выехали за деревню...

Егор остановил машину, лёг головой на руль и крепко зажмурил глаза.

— Чего, Егор? — испугалась Люба.

— Погоди... постоим, — осевшим голосом сказал Егор. — Тоже, знаешь... сердце заломило. Мать это, Люба. Моя мать.

Люба тихо ахнула.

— Да что же ты, Егор? Как же ты?..

— Не время, — зло почти сказал Егор. — Дай время... Скоро уж. Скоро.

— Да какое время, ты что?! Развернёмся!

— Рано! — крикнул Егор. — Дай хоть волосы отрастут...[410] Хоть... на человека похожим стану.

Егор включил скорость, и поехали опять.[411]

— Я ей перевёл деньги, — ещё сказал он, — но боюсь, как бы она с ними в сельсовет не попёрлась — от кого, спросит?[412] Ещё не возьмёт. Прошу тебя, доехай завтра до ней опять и... скажи что-нибудь. Придумай что-нибудь. Мне пока... Не могу пока — сердце лопнет. Не могу. Можешь понять?

— Останови-ка, — велела Люба.

— Зачем?

— Останови.

Егор остановил.

Люба обняла его, как обняла давеча старуху, — ласково, умело, — прижала к груди его голову.

— Господи!.. Да почему вы такие есть-то? Чего вы такие дорогие-то?..[413] — Она заплакала. — Что мне с вами делать-то?

Егор освободился из её объятий, крякнул несколько раз, чтобы прошёл комок из горла, включил скорость и с остервенением весёлым сказал:

— Ничего, Любаша!.. Всё будет в порядке! Голову свою покладу, но вы у меня будете жить хорошо.[414] Я не говорю зря.

Дома их в ограде встретил Петро.

— Волнуется, видно. За машину-то, — догадалась Люба.

— Да ну, что я? Я же сказал...

Когда Люба с Егором вылезли из кабины, Петро подошёл к ним.

— Там э́тот пришёл... тво́й, — сказа́л он по свое́й привы́чке как бы
не́хотя, че́рез уси́лие.

— Ко́лька?! — неприя́тно удиви́лась Лю́ба. — Вот гад-то, что ему́
на́до-то?! Заму́чил, заму́чил, слюнтя́й!..

— Ну, я пойду́ познако́млюсь, — сказа́л Его́р.

И гля́нул на Петра́. Петро́ чуть заме́тно кивну́л голово́й.

— Его́р!.. — всполоши́лась Лю́ба. — Он же пья́ный, небо́сь дра́ться
ки́нется. Не ходи́, Его́р. — И Лю́ба сде́лала бы́ло движе́ние за Его́ром, но
Петро́ придержа́л её.⁴¹⁵

— Не бо́йся, — сказа́л он. — То́лько, — Его́р!..

Его́р оберну́лся.

— Там ещё тро́е дожида́ются — за плетне́м. Знай.

Его́р кивну́л и пошёл в дом.

Лю́ба тепе́рь уже́ си́лой хоте́ла вы́рваться, но брат держа́л кре́пко.

— Да они́ же изобью́т его́! — чуть не пла́кала Лю́ба. — Ты чего́?
Ну, Петро́!..

— Кого́ изобью́т? — споко́йно баси́л Петро́. — Жо́ржика? Его́
изби́ть тру́дно. Пуска́й поговоря́т... И бо́льше твой Ко́ля не бу́дет ходи́ть
сюда́. Пусть поймёт раз и навсегда́.

— А-а, — сказа́л Ко́ля, растяну́в в наси́льственной улы́бке рот. —
Но́вый хозя́ин пришёл.

Он встал с ла́вки.

— А я — ста́рый.

Он пошёл на Его́ра.

— На́до бы потолкова́ть?..

Он останови́лся пе́ред Его́ром.

— Мм?

Ко́ля был не сто́лько пьян, ско́лько с перепо́я.⁴¹⁶ Высо́кий па́рень,
дово́льно прия́тный, с голубы́ми у́мными глаза́ми.

Старики́ со стра́хом смотре́ли на «хозя́ев» — ста́рого и но́вого.

Его́р реши́л не тяну́ть. Сра́зу ла́пнул Ко́лю за шки́рку и поволо́к из
избы́.

...Вы́вел с трудо́м на крыльцо́ и подтолкну́л вниз.

Ко́ля упа́л. Он не ждал, что они́ так сра́зу и начну́т.

— Е́сли ты, па́дали кусо́к, бу́дешь ещё... Ты был здесь после́дний
раз, — сказа́л Его́р све́рху. И стал спуска́ться.

Ко́ля вскочи́л с земли́... И засуети́лся.

— Пойдём отсю́да! Иди́ за мной... Идём, идём. Ну, соба́ка!.. Иди́,
иди́-и!..

Они́ шли из огра́ды. Причём Его́р шёл впереди́, а Ко́ля сза́ди, и
Ко́ля о́чень суети́лся, разо́к да́же подтолкну́л Его́ра в спи́ну. Его́р
огляну́лся и качну́л укори́зненно голово́й.

— Иди́, иди́-и, — с дро́жью в го́лосе повторя́л Ко́ля.

Подня́лись навстре́чу те тро́е, о кото́рых говори́л Петро́.

— То́лько не здесь, — реши́тельно слаза́л Его́р. — Пошли́
да́льше.⁴¹⁷

Пошли́ да́льше. Его́р как-то опя́ть очути́лся впереди́ всех.

— Слушайте, — остановился он. — Идите рядом, а то как на расстрел ведут. Люди же смотрят.

— Иди, иди-и, — опять сказал Коля. Он едва сдерживал себя. Ещё прошли немного.

Под высоким плетнём, где их меньше было видно с улицы, Коля не выдержал и прыгнул сзади на Егора. Егор качнулся вбок и подставил Коле ногу.[418] Коля опять позорно упал... Но и ещё один кинулся, этого Егор ударил — наотмашь — кулаком в живот. И этот сел. Двое стоявших оторопели от такого оборота дела. Зато Коля вскочил и побежал к плетню выламывать кол.

— Ну, собака!.. — задыхался Коля от злости. Выломил кол и страшно ринулся на Егора.

Сколько уж раз на деле убеждался Егор, что всё же человек никогда до конца не забывается — всегда, даже в страшно короткое время, успеет подумать: что будет? И если убивают, то — хотели убить. Нечаянно убивают редко.

Егор стоял, сунув руки в карманы брюк, смотрел на Колю... Коля наткнулся на его спокойный — как-то по-особому спокойный, зловеще-спокойный — взгляд.

— Не успеешь махнуть, — сказал Егор. Помолчал добавил участливо: — Коля.

— А чего ты тут угрожаешь-то?! Чего ты угрожаешь-то?! — попытался ещё надавить Коля. — С ножом, что ли? Ну, вынимай свой нож, вынимай!

— Пить надо меньше, дурачок, — опять участливо сказал Егор. — Кол-то выломил, а у самого руки трясутся. Больше в этот дом не ходи.

Егор повернулся и пошёл обратно. Слышал, как сзади кто-то было двинулся за ним, наверно Коля, но его остановили:

— Да брось ты его! Дерьма-то ещё. Фраер городской! Мы его где-нибудь в другом месте прищучим.

Егор не остановился. Не оглянулся.

...Первую борозду в своей жизни проложил Егор.

Остановил трактор, спрыгнул на землю, прошёлся по широкой борозде, сам себе удивляясь — что это его работа. Пнул сапогом ком земли, хмыкнул.

— Ну и ну... Жоржик. Это ж надо! Ты же так ударником будешь![419]

Он оглянулся по степи, вдохнул полной грудью весенний земляной дух и на минуту прикрыл глаза. И постоял так.

Парнишкой он любил слушать, как гудят телеграфные столбы.[420] Прижмётся ухом к столбу, закроет глаза и слушает... Волнующее чувство, Егор всегда это чувство помнил: как будто это нездешний какой-то гул, не на земле гудит, а чёрт знает где. Если покрепче зажмуриться и целиком вникнуть в этот мощный утробный звук, то он перейдёт в тебя — где-то загудит внутри, в голове, что ли, или в груди, не поймёшь. Жутко бывало, но интересно. Страшно, ведь вот была же длинная, вон какая разная жизнь а хорошо помнилось только вот это немногое: как гудели столбы, корова Манька да как с матерью носили на себе берёзки, мать — большую, малолетний Егор — поменьше, зимой, чтобы истопить печь. Эти-то дорогие воспоминания и жили в нём, и, когда бывало вовсе тяжко, он воспоминал далёкую свою деревеньку, берёзовый лес на берегу реки, саму реку... Легче не становилось, только глубоко жаль было всего этого, и грустно, и по-иному щемило сердце — и дорого и больно. И теперь, когда от пашни веяло таким покоем, когда голову грело солнышко и можно остановить постоянный свой бег по земле, Егор не понимал, как это будет — что он остановится, обретёт покой. Разве это можно? Жило в душе предчувствие, что это будет, наверно, короткая пора.

Егор ещё раз оглядел степь... Вот и этого будет жаль.

«Да что же я за урод такой! — невольно подумал он. — Что я жить-то не умею? К чертям собачьим![421] Надо жить. Хорошо же? Хорошо! Ну и радуйся».

Егор глубоко вздохнул...

— Сто сорок лет можно жить... с таким воздухом, — сказал он. И теперь только увидел на краю поля берёзовый колок и пошёл к нему.

— Ох вы, мои хорошие!.. И стоят себе: прижухлись с краешку и стоят.[422] Ну что — дождались? Зазеленели... — Он ласково потрогал берёзу. — Ох, ох — нарядились-то! Ах, невестушки вы мои, нарядились! И молчат стоят. Хоть бы крикнули — позвали, нет, нарядились и стоят. Ну, уж вижу теперь, вижу — красивые. Ну, ладно, мне пахать надо. Я тут рядом буду, буду заходить теперь. — Егор отошёл немного от берёзок, оглянулся и засмеялся: — Ка-кие стоят! — И пошёл к трактору.

Шёл и ещё говорил по своей привычке:

— А то простоишь с вами и ударником труда не станешь.[423] Вот так вот... Вам-то что, вам всё равно, а мне надо в ударники выходить. Вот так.

И запел Егор:

«Калина красная,
Калина вызрела,
Я у залёточки-и
Характер вызнала-а.
Характер вызнала-а:
Характер ой како-ой...»

Так с песней и залез в кабину и двинул всю железную громадину вперёд. И продолжал — видно было — петь, но уже песни не было слышно из-за этого грохота и лязга.

Вечером ужинали все вместе: старики, Люба и Егор.

В репродукторе пели хорошие песни, слушали эти песни.

Вдруг дверь отворилась — и заявился нежданный гость: высокий молодой парень, тот самый, который заполошничал тогда вечером при облаве.

Егор даже слегка растерялся.

— О-о! — сказал он. — Вот так гость! Садись, Вася!

— Шура! — поправил гость, улыбнувшись.

— Да, Шура! Всё забываю. Всё путаю с тем Васей, помнишь? Вася-то был, большой такой, старшиной-то работал...

Так тараторил Егор, а сам, похоже, приходил пока в себя — гость был и вправду нежданный.[424]

— Мы с Шурой служили вместе, — пояснил он.[425] — У генерала Щёлокова. Садись, Шура, ужинать с нами.

— Садитесь, садитесь, — пригласила и старуха.

А старик даже и подвинулся на лавке — место дал.

— Давайте.

— Да нет, меня там такси ждёт. Мне надо сказать тебе, Георгий, кое-что. Да передать тут...

— Да ты садись, поужинай! — упорствовал Егор. — Подождёт таксист.

— Да нет...[426] — Шура глянул на часы. — Мне ещё на поезд успеть...

Егор полез из-за стола. И всё тараторил, не давая времени Шуре как-нибудь нежелательно вылететь с языком.[427] Сам Егор, бунтовавший против слов пустых и ничтожных, умел иногда так много трещать и тараторить, что вконец запутывал других — не понимали, что он хочет сказать. Бывало это и от растерянности.

— Ну, как, знакомых встречаешь кого-нибудь? Эх, золотые были денечки!.. Мне эта служба до сих пор во сне снится.[428] Ну, пойдём — чего там тебе передать надо, в машине, что ли, лежит? Пойдём примем пакет от генерала... Расписаться ж надо? Ты сюда рейсовым? Или на перекладных? Пойдём...

Они вышли.

Старик помолчал... И в его крестьянскую голову пришла только такая мысль:

— Это ж сколько они на такси-то прокатывают — от города и обратно? Сколько с километра берут?[429]

— Не знаю, — рассеянно сказала Люба. — Десять копеек.

Она в этом госте почуяла что-то худое.

— Десять копеек. Десять копеек на тридцать шесть вёрст...[430] Сколько это?

— Ну, тридцать шесть копеек и будет, — сказала старуха.

— Здорово живёшь! — воскликнул старик. — Десять вёрст — это уже рупь. А тридцать шесть — это... три шестьдесят, вот сколь.[431] Три шестьдесят да три шестьдесят — семь двадцать. Семь двадцать — только туда-сюда съездить. А я, бывало, за семь двадцать-то месяц работал.

Люба не выдержала, вылезла тоже из-за стола.

— Чего они там? — сказала она. И пошла из избы.

...Вышла в сени, а сеничная дверь на улицу открыта. И она услышала голос Егора и этого Шуры. И замерла.

— Так передай. Понял? — жёстко, зло говорил Егор. — Запомни и передай.

— Я передам... Но ты же знаешь его...

— Я знаю. Он меня тоже знает. Деньги он получил?

— Получил.

— Всё. Я вам больше не должен. Будете искать, я на вас всю деревню подниму. — Егор коротко посмеялся. — Не советую.

— Горе... Ты не злись только, я сделаю, как мне велено: если, мол, у него денег нет, дай ему. На.[432]

И Шура, наверно, протянул Егору заготовленные деньги. Егор, наверно, взял их и с силой ударил ими по лицу Шуру — раз, и другой, и третий.[433] И говорил негромко, сквозь зубы:

— Сучонок... Сопляк... Догадался, сучонок!..

Люба грохнула чем-то в сенях. Вышагнула на крыльцо...

Шура стоял, руки по швам, бледный...

Егор протянул ему деньги, сказал негромко, чуть хриплым голосом:

— На. До свидания, Шура. Передавай привет! Всё запомнил, что я сказал?

— Запомнил, — сказал Шура. Посмотрел на Егора последним — злым и обещающим — взглядом. И пошёл к машине.

— Ну вот! — Егор сел на приступку. Проследил, как машина развернулась... Проводил его глазами и оглянулся на Любу.

Люба стояла над ним.

— Егор... — начала она было.[434]

— Не надо, — сказал Егор. Это мои старые дела. Долги, так сказать. Больше они сюда не приедут.

— Егор, я боюсь, — призналась Люба.

— Чего? — удивился Егор.

— Я слышала, у вас... когда уходят от них, то...

— Брось! — резко сказал Егор. И ещё раз сказал: — Брось. Садись. И никогда больше не говори об этом. Садись... — Егор потянул её за руку вниз. — Что ты стоишь за спиной, как... Это нехорошо — за спиной стоять, невежливо.

Люба села.

— Ну? — спросил весело Егор. — Что закручинилась, зоренька ясная? Давай-ка споём лучше!

— Господи, до песен мне...[435]

Егор не слушал её.

— Давай я научу тебя... Хорошая есть одна песня. — И Егор запел:

«Калина красная-а-а,
Калина вызрела-а...»

— Да я её знаю! — слазала Люба.

— Ну? Ну-ка, поддержи. Давай:

«Калина...»

— Егор, — взмолилась Люба, — Христом богом прошу, скажи: они ничего с тобой не сделают?

Егор стиснул зубы и молчал.

— Не злись, Егорушка. Ну, что ты?

И Люба заплакала.

— Как же ты меня-то не можешь понять: ждала я, ждала своё счастье, а возьмут да... Да что же уж я, проклятая, что ли?[436] Мне и порадоваться в жизни нельзя?..

Егор обнял Любу и ладошкой вытер ей слёзы.[437]

— Веришь ты мне? — спросил.

— «Веришь», «веришь»... А сам не хочет говорить. Скажи, Егор, я не испугаюсь. Может, мы уедем куда-нибудь...

— О-о! — взвыл Егор. — Станешь тут ударником! Нет, я так никогда не стану... честное слово, Люба, я не могу, когда плачут. Не могу!.. Ну сжалься ты надо мной, Любушка.

— Ну, не буду, не буду. Всё будет хорошо?

— Всё будет хорошо, — чётко, раздельно сказал Егор. — Клянусь, чем хочешь... всем дорогим. Давай песню.[438] — И он запел первый:

«Калина красная-а-а,
Калина вызрела-а...»

Люба поддержала, да так тоже хорошо подладилась, так славно. На минуту забылась, успокоилась:

«Я у залёточки
Характер вызнала-а,
Характер ой какой,
Я не уважила,
А он пошёл к другой.

А я пошла с другим —
Ему не верится,
Он подошёл ко мне
Удостовериться-а-а...»

Из-за плетня на них насмешливо смотрел Петро.

— Спишите слова, — сказал он.

— Ну, Петро, — обиделась Люба. — Взял спугнул песню.[439]

— Кто это приезжал, Егор?

— Дружок один. Баню будем топить? — спросил Егор.

— А как же? Иди-ка сюда, что скажу...

Егор подошёл к плетню. Петро ему на ухо что-то заговорил.[440]

— Петро! — сказала Люба. — Я ведь знаю, чего ты там, знаю. После бани!

— Я жиклёр его прошу посмотреть, — сказал Петро.

— Я только жиклёр гляну... — сказал Егор. — Там, наверно, продуть надо.

— Я вам дам жиклёр![441] После бани, сказала, — сурово молвила напоследок Люба. И ушла в дом. Она вроде и успокоилась, но всё же тревога вкралась в душу. А тревога та — стойкая; любящие женщины знают, какая это стойкая, живучая боль.

Егор полез через плетень к Петру.

— Бренди — это дерьмо, — сказал он. — Я предпочитаю или шампанзе или «Реми-Мартин».[442]

— Да ты спробуй!

— А то я не пробовал! Ещё меня устраивает, например, виски с содовой...[443]

Так, разговаривая, они направились к бане.

Теперь то самое поле, которое Егор пахал, засевали. Егор же опять и сеял. То есть он вёл трактор, а на сеялке, сзади, где стоят и следят, чтоб зерно равномерно сыпалось, стояла молодая женщина с лопаточкой, Галя.

Петро подъехал к ним на своём самосвале с нашитыми бортами — привёз зерно. Засыпали вместе в сеялку. Малость поговорили с Егором.

— Обедать здесь будешь или домой? — спросил Петро.

— Здесь.

— А то отвезу, мне всё равно ехать.

— Да нет, у меня с собой всё...[444] А тебе чего ехать?

— Да что-то стрелять начала.[445] Правда, наверно, жиклёр.

Они посмеялись, имея в виду тот «жиклёр», который они вместе «продували» прошлый раз в бане.

— У меня дома есть один, всё берёг его...[446]

— Может, посмотреть — чего стреляет-то?

— Ну, время ещё терять. Жиклёр, точно. Я с ним давно мучаюсь, всё жалко было выбрасывать. Но теперь уж сменю.[447]

— Ну, гляди. — И Егор полез опять в кабину. Галя стала на своё место, а Петро поехал развозить зерно к другим сеялкам.

И трактор тоже взревел и двинулся дальше.

...Егор отвлёкся от приборов на щите, глянул вперёд, а впереди, как раз у того берёзового колка, что с краю пашни, стоит «Волга» и трое каких-то людей.[448] Егор всмотрелся... и узнал людей. Люди эти были — Губошлёп, Бульдя, ещё какой-то высокий. А в машине — Люсьен. Люсьен сидела на переднем сиденье, дверца была открыта, и, хоть лица не было видно, Егор узнал её по юбке и по ногам. Мужчины стояли возле машины и поджидали трактор.

И ничто не изменилось в мире. Егор над пашней ясный день, рощица на краю пашни стояла вся зелёная, умытая вчерашним дождём... Густо пахло землёй, так густо, тяжко пахло сырой землёй, что голова легонько кружилась.[449] Собрала она всю свою весеннюю силу, все соки живые — готовилась опять породить жизнь. И далёкая синяя полоска леса, и облако белое, кудрявое над этой полоской, и солнце в вышине — всё была жизнь, и пёрла она через края, и не заботилась ни о чём, и никого не страшилась.

Егор чуть-чуть сбавил скорость... Склонился, выбрал гаечный ключ не такой здоровый, а поаккуратней, положил в карман брюк.[450] Покосился — не виден он из-под пиджака. Вроде не виден.

Поравнявшись с «Волгой», Егор остановил трактор и заглушил мотор.

— Галя, иди обедать, — сказал он помощнице.

— Мы же только засыпались, — не поняла Галя.[451]

— Ничего, иди. Мне надо вот тут с товарищами... из ЦК профсоюзов поговорить.[452]

Галя пошла к отдалённо виднеющемуся бригадному домику. На ходу раза три оглянулась на «Волгу», на Егора...

Егор тоже незаметно глянул по полю... Ещё два трактора с сеялками ползли по тому краю; ровный гул их как-то не нарушал тишины огромного светлого дня.

Егор пошёл к «Волге». Губошлёп заулыбался, ещё когда Егор был далековато от них.

— А грязный-то! — с улыбкой воскликнул Губошлёп. — Люсьен, ты глянь на него!..

Люсьен вылезла из машины... И серьёзно смотрела на подходящего Егора, не улыбалась.

Егор тяжело шёл по мягкой пашне... Смотрел на гостей... Он тоже не улыбался. Улыбался один Губошлёп.[453]

— Ну не узнал бы, ей-богу! — всё потешался он. — Встретил бы где-нибудь — не узнал бы.

— Губа, ты его не тронешь, — сказала вдруг Люсьен чуть хриплым голосом.[454] И посмотрела на Губошлёпа требовательно, даже зло.

Губошлёп, напротив, весь так и встрепенулся от мстительной какой-то радости.

— Люсьен!.. О чём ты говоришь! Это он бы меня не тронул! Скажи ему, чтобы он меня не тронул. А то как двинет святым кулаком по окаянной шее...

— Ты не тронешь его, тварь! — сорвалась Люсьен. — Ты сам скоро сдохнешь, зачем же...

— Цыть! — сказал Губошлёп. И улыбку его как ветром сдуло.[455] И видно стало — проглянуло в глазах, — что мстительная немощность его взбесилась: этот человек оглох навсегда для всякого справедливого слова. Если ему некого будет кусать, он, как змея, будет кусать свой хвост. — А то я вас рядом положу. И заставлю обниматься — возьму себе ещё одну статью: глумление над трупами. Мне всё равно.[456]

— Я прошу тебя, — сказала Люсьен после некоторого молчания, — не тронь его. Нам всё равно скоро конец, пусть он живёт. Пусть пашет землю — ему нравится.

— Нам конец, а он будет землю пахать? — Губошлёп показал в улыбке гнилые зубы свои. — Где же справедливость? Что он, мало натворил?

— Он вышел из игры... У него справка.

— Он не вышел. — Губошлёп опять повернулся к Егору . — Он только ещё идёт.[457]

Егор всё шёл... Увязал сапогами в мягкой земле и шёл.[458]

— У него даже и походка-то какая-то стала!.. — с восхищением опять сказал Губошлёп. — Трудовая.

— Пролетариат, — промолвил глуповатый Бульдя.

— Крестьянин, какой пролетариат.[459]

— Но крестьяне-то тоже пролетариат!

— Бульдя!.. Ты имеешь свои четыре класса и две ноздри — читай «Мурзилку» и дыши носом.[460] Здорово, Горе! — громко приветствовал Губошлёп Егора.

— А чего они ещё сказали? — допрашивала встревоженная Люба своих стариков.

— Ничего больше... Я им рассказал, как ехать туда...

— К Егору?

— Ну.

— Да мамочка моя родимая! — взревела Люба. И побежала из избы.

В это время в ограду въезжал Петро.

Люба замахала ему — чтоб не въезжал, чтоб остановился.

Петро остановился...

Люба вскочила в кабину... Сказала что-то Петру. Самосвал попятился, развернулся и сразу шибко поехал, прыгая и грохоча на выбоинах дороги.

— Петя, братка, милый, скорей, скорей! Господи, как сердце моё чуяло!.. — У Любы из глаз катились слёзы, она их не вытирала — не замечала их.

— Успеем, — сказал Петро. — Я же недавно был у него...

— Они только что здесь были... спрашивали. А теперь уж там. Скорей, Петя!..

Петро выжимал из своего горбатого богатыря всё что мог.[461]

Группа, что стояла возле «Волги», двинулась к берёзовому колку. Только женщина осталась у машины, даже залезла в машину и захлопнула все двери.

Группа немного не дошла до берёз — остановилась. О чём-то, видимо, поговорили... И двое из группы отделились и вернулись к машине. А двое — Егор и Губошлёп — зашли в лесок и стали удаляться и скоро скрылись с глаз.

...В это время далеко на дороге показался самосвал Петро. Двое стоявших у «Волги» пригляделись к нему...[462] Поняли, что самосвал гонит сюда, крикнули что-то в сторону леска... Из леска тотчас выбежал один человек, Губошлёп, пряча что-то в кармане. Тоже увидел самосвал и бегом побежал к «Волге». «Волга» рванулась с места и понеслась, набирая скорость...

...Самосвал поравнялся с рощицей.

Люба выпрыгнула из кабины и побежала к берёзам.

Навстречу ей тихо шёл, держась одной рукой за живот, Егор. Шёл, хватаясь другой рукой за берёзки... И на берёзках оставались ярко-красные пятна.

Петро́, уви́дев ра́неного Его́ра, вскочи́л опя́ть в самосва́л, погна́л бы́ло за «Во́лгой». Но «Во́лга» была́ уже́ далеко́. Петро́ стал развора́чиваться.

Лю́ба подхвати́ла Его́ра по́д руки.

— Изма́жу я тебя́, — сказа́л Его́р, страда́я от бо́ли.

— Молчи́, не говори́. — Си́льная Лю́ба взяла́ его́ на́ руки... Его́р бы́ло запротестова́л, но но́вый при́ступ бо́ли накати́л, Его́р закры́л глаза́.[463]

Тут подбежа́л Петро́, бе́режно взял с рук сестры́ Его́ра и понёс к самосва́лу.

— Ничего́, ничего́, — гуде́л он негро́мко. — Ерунда́ э́то... Штыко́м наскво́зь прока́лывали, и то остава́лись жить.[464] Че́рез неде́лю бу́дешь пры́гать...

Его́р сла́бо качну́л голово́й и вздохну́л — бо́ль немно́го отпусти́ла.

— Там — пу́ля, — сказа́л он.

Петро́ гляну́л на него́, на бе́лого, сти́снул зу́бы и ничего́ не сказа́л. Приба́вил то́лько ша́гу.

Лю́ба пе́рвая вскочи́ла в каби́ну... Приняла́ на́ руки Его́ра... Устро́ила на коле́нях у себя́, го́лову его́ положи́ла на гру́дь себе́.[465] Петро́ осторо́жно пое́хал.

— Потерпи́, Его́рушка... ми́лый. Сча́с дое́дем до больни́цы.

— Не плачь, — ти́хо попроси́л Его́р, не открыва́я глаз.

— Я не пла́чу...

— Пла́чешь... На лицо́ ка́пает. Не на́до.

— Не бу́ду, не бу́ду...

Петро́ вывора́чивал руль и так и э́так — стара́лся не трясти́.[466] Но всё равно́ трясло́, и Его́р мучи́тельно мо́рщился и ра́за два простона́л.

— Пе́тя... — сказа́ла Лю́ба.

— Да уж стара́юсь... Но и тяну́ть-то нельзя́. Скоре́й на́до.

— Останови́те, — попроси́л Его́р.

— Почему́, Его́р? Скоре́й на́до...

— Нет... всё. Сними́те.[467]

Петро́ останови́лся.

Его́ра сня́ли на зе́млю, положи́ли на фуфа́йку.

— Лю́ба, — позва́л Его́р, выи́скивая её невидя́щими глаза́ми где́-то в не́бе — он лежа́л на спине́. — Лю́ба...

— Я здесь, Его́рушка, здесь, вот она́...

— Де́ньги... — с трудо́м говори́л Его́р после́днее. — У меня́ в пиджаке́... раздели́ с ма́мой... — У Его́ра из-под прикры́тых век сползла́ слези́нка, подрожа́ла, пови́снув о́коло у́ха, и сорвала́сь и упа́ла в траву́. Его́р у́мер.

И лежа́л он, ру́сский крестья́нин, в родно́й степи́, вблизи́ от до́ма...[468] Лежа́л, прини́кнув щеко́й к земле́, как бу́дто слу́шал что́-то тако́е, одному́ ему́ слы́шное. Как в де́тстве, прижима́лся к столба́м. Лю́ба упа́ла ему́ на грудь и ти́хо, жу́тко вы́ла.[469] Петро́ стоя́л над ни́ми, смотре́л на них и то́же пла́кал. Мо́лча.[470] Пото́м по́днял го́лову, вы́тер слёзы рукаво́м фуфа́йки...

— Да что́ же, — сказа́л он на вы́дохе, в кото́ром почу́вствовалась вся его́ устраша́ющая си́ла, — так и уйду́т, что́ ли? — Обошёл лежа́щего Его́ра и сестру́ и, не огля́дываясь, тяжело́ побежа́л к самосва́лу.

Самосва́л взреве́л и понёсся пря́мо по степи́, мину́я больша́к. Петро́ хорошо́ знал все доро́ги здесь, все просёлки и тепе́рь то́лько сообрази́л, что «Во́лгу» мо́жно перехвати́ть — наперере́з. «Во́лга» бу́дет огиба́ть вы́ступ того́ ле́са, кото́рый сине́л отсю́да ро́вной полосо́й... А в лесу́ есть зи́мник, по нему́ зимо́й вывола́кивают на тра́кторных саня́х леси́ны. Тепе́рь, по́сле дождя́, захла́мленный ве́тками зи́мник да́же надёжнее для самосва́ла, чем больша́к. Но «Во́лга», коне́чно, туда́ не су́нется. Да и отку́да им зна́ть, куда́ ведёт тот зи́мник?[71]

И Петро́ перехвати́л «Во́лгу».

Самосва́л вы́скочил из ле́са ра́ньше, чем здесь успе́ла прошмыгну́ть бе́жевая краса́вица. И сра́зу обнару́жилось безысхо́дное положе́ние: развора́чиваться наза́д по́здно — самосва́л нёсся в лоб, размину́ться ка́к-нибудь то́же нельзя́: узка́ доро́га... Сверну́ть — с одно́й стороны́ лес, с друго́й целина́, напи́танная вчера́шним дождём, — не для городско́й маши́нки. Остава́лось то́лько попыта́ться всё же по целине́: с хо́ду, на ско́рости, объе́хать самосва́л и вы́скочить на больша́к. «Во́лга» сверну́ла с нака́танной доро́ги и сра́зу завиля́ла за́дом, сра́зу пошла́ ти́хо, хоть скребла́сь и реве́ла изо всех сил.[472] Тут её и насти́г Петро́. Из «Во́лги» да́же не успе́ли вы́скочить... Тру́женик-самосва́л, как разъярённый бык, уда́рил её в бок, опроки́нул и стал над не́й.

Петро́ вы́лез из каби́ны...

С па́шни, от тракторо́в, к ним бежа́ли лю́ди, кото́рые всё ви́дели...

Translations of the most difficult or obscure phrases are given in italics. Any words which need to be added to make the translation clearer are placed in square brackets.

1. A 'рецидивист' is a person who repeatedly breaks the law and serves a prison sentence. By including the hero Egor in this group of prisoners, Shukshin implies that he is a hardened criminal and this impression is compounded further a few lines later by noting that they do not have the appearance of angelic choristers.

2. The song 'Вечерний звон' features a tolling bell, whose sound is imitated by a group of singers who sing the Russian equivalent of ding-dong, i.e. бом-м. This ordered and seemingly polished performance of the song is later parodied by the drunken group which Egor assembles for an orgy: see p.36. The song is a paraphrase of the poem *Those Evening Bells* by the Irish poet Thomas Moore (1779-1852), translated by the poet I.I. Kozlov (Козлов, 1779-1840). Kozlov also translated poems of Burns, Byron and Wordsworth. The full text of the Russian version is:

> Вечерний звон, вечерний звон!
> Как много дум наводит он
> О юных днях в краю родном,
> Где я любил, где отчий дом —
> И как я, с ним на век простясь,
> Там слышал звон в последний раз.
>
> Уже не зреть мне светлых дней
> Весны обманчивой моей!
> И сколько нет теперь в живых
> Тогда весёлых, молодых;
> И крепок их могильный сон:
> Не слышен им вечерний звон.
>
> Лежать и мне в земле сырой!
> Напев унылый надо мной
> В долине ветер разнесёт;
> Другой певец по ней пройдёт —
> И уж не я, а будет он
> В раздумьи петь вечерний звон.

3. There are many hints at Egor's tragic fate in the novella: see the song/poems above. The phrase, 'Так закончился последний срок Егора Прокудина' can be translated *Thus Egor Prokudin's last stretch had come to an end*. However, within the framework of the narrative, Egor is, ironically, just beginning the last stretch of his life.

4. больно уж слова́ его вышли каки́е-то гото́вые — *his words sounded terribly like set phrases*. Literally — *his words came out like prepared [words]*. See note 5 below.

5. Here Shukshin implies that both Egor and the prison director are merely going through the motions of discharging him: they are both paying lip-service to the formalities.

6. The particle 'то' is often appended to words in colloquial speech and many examples of this are to be found in this work. Generally, it can be used to add emphasis to the word to which it is appended, or to refer to something already mentioned. It can also be used, as here, to draw attention to a point of contrast: hence, this phrase might be translated '*Yes, I understand that, but…*'. The prison governor then goes on to ask just how Egor intends to carry out his resolve to lead an honest life.

7. Egor has now served his sentence and thus has the right to rejoin Soviet society on equal terms, hence the word 'това́рищ', with its implication of equality. (The term 'граждани́н' — 'citizen' — is much more formal and official in tone.) In correcting Egor, the prison warden is reminding him that he is now joining society on an equal footing with other members of society, having paid his debt by serving out his prison sentence. There is an ominous and ironical ring to Egor's subsequent comment, 'Да, да… Мно́го бу́дет това́рищей!' He has many criminal 'friends' outside prison and it is their pursuit of him which causes his demise. Should a new prisoner use the word 'това́рищ' to those in authority over him, the usual response would often be, 'волк тебе́ това́рищ!' — '*the wolf is your comrade!*', which emphasised the fact that the prisoner was considered a social outcast.

8. The adverb 'и́скренне' — 'sincerely' — here emphasises the routine character of the beginning of their conversation by contrast with the unusual nature of Egor's aspirations, which change the whole tone of their discussion. Even though Egor is from the country by birth (ро́дом) he shows little knowledge of how to choose a cow. Shukshin here emphasises that he has lost contact with his rural roots.

9. Egor's concept of what constitutes a good cow has sexual overtones. He uses the non-standard declension of the word 'вы́мя' — 'udder': this noun is neuter and is declined like 'вре́мя', hence he should have said 'с вы́менем' or 'по вы́мени'. Despite his claims to a rural origin, Egor shows some ignorance of the correct form of this noun, which indicates the tenuous nature of his rural background and roots. The unusual nature of Egor's aspirations appear rather eccentric.

10. Его́р поду́мал, как е́сли бы выбира́л из мно́жества свои́х профессий наиме́нее… как бы э́то сказа́ть — ме́ньше всего́ приго́дную для воровски́х це́лей' *Egor thought which one of his great array of professions he might choose the least… — how shall we put it? — conducive to criminal purposes*. The prefix 'наи-' is used with '—бо́лее', '—ме́нее', and other adjectives in a superlative sense, e.g. наибо́лее краси́вый — *the most beautiful*. It lends a rather bookish tone to the text: the fact that a high style is used to describe Egor's former criminal activities produces a comic effect — his illegal past activities as a thief and criminal are referred to as a 'profession'.

11. *Евге́ний Оне́гин* (*Eugene Onegin*, 1823-31, published in full in 1833) is the name of the hero from which Pushkin took the title of his 'рома́н в стиха́х' (*novel in verse*). It is a great classic of Russian literature and features a central figure from the Russian nineteenth-century tradition, known as a 'superfluous man' — 'ли́шний челове́к' — a person of aristocratic descent who goes through life accomplishing nothing, despite a conviction that he is called to fulfil some lofty mission.

12. ...пусть они́ там дамаго́гией не занима́ются! — *...tell them to stop their heckling*. The prisoners are being disruptive in the literature class and are trying to provoke the teacher, possibly to make the lesson more lively.

13. **счас** = сейча́с. This word is frequently shortened in conversation.

14. *Евге́ний Оне́гин* is a love story which ends unhappily. Onegin visits a friend (Lensky) in the countryside, where he meets Tat'iana, with whom Lensky is in love. Onegin, conscious of Tat'iana's interest in him, plays with her affections, only to reject her cruelly. Lensky becomes aware of Tat'iana's attraction to Onegin, which causes a duel in which Lensky dies. Onegin departs for Moscow and two years later meets Tat'iana by chance: she is now married and a beautiful woman of society. Onegin promptly falls in love with her and, despite her admission that she still loves him, rejects him and avows faithfulness to her husband. While it is by no means clear, Pushkin seems to suggest that Tat'iana's husband is elderly; he was also wounded during his military service, for which he was much decorated (see chapter 8, stanza XLIV). Shukshin describes the prisoners as taking an excessive interest in Tat'iana's personal relations with her husband, in asking about the possibility of Tat'iana having children by her elderly husband: **Вопро́сы... насчёт Татья́ны: бу́дут у неё де́ти от старика́ и́ли не бу́дут?** Prisoners were also not allowed to ask questions in a class. The prison governor refers to the prisoner(s) who ask such provocative questions as 'доце́нты'; a 'доце́нт' is a senior lecturer at university, but here could be translated as *wise guy*. 'Доце́нт' is also prison slang for *a thief with a degree*, but this is not the meaning intended here.

15. Here a 'зао́чница' is a woman who corresponds with a prisoner whilst the latter is serving a sentence. The more usual meaning of the word is that of a woman (in this case), who is participating in a correspondence/distance learning course.

16. Liubov' Fyodorovna, or simply Liuba, is the epitome of the good, honest, uncomplicated, rural Russian woman. Egor singles out her 'дове́рчивость' — *trustfulness*, which he will test to the limits in the story. He puts these

qualities within his own frame of reference: he thinks she could be trusted enough to work as a savings bank cashier!

17. The Presnia region of Moscow is the epitome of a working class area, whose inhabitants were frequently to be seen dressed in working clothes. Van'ka is the familiar form of the name Ivan, which is a common name and is often used as an epithet for ordinariness. Hence, the warden means that Egor is dressed too informally to meet his new 'fiancée'.

18. A 'руба́ха-косоворо́тка' is a Russian peasant shirt with a side-fastening collar, hence the origin of the word: 'косо́й' means *slanting* or *oblique*, and воро́тка is a feminine form of 'воротни́к' — *collar*, which agrees with the feminine 'руба́ха'.

19. не то э́то се́льский шофёр, не то сле́сарь-санте́хник — [*it made him look*] *something like either a country truck driver, or a sanitary engineer.*

20. Here the word 'мать' here is simply an affectionate form of address.

21. The old woman's confusion comes from the expression *to go to prison* — 'сади́ться/сесть в тюрьму́' (lit. *to sit into prison*): an accusative case is required since it is seen as an act of motion.

22. As already pointed out, (see note 6 above), the particle 'то' is used to refer to something mentioned previously in the course of a conversation. There are many examples of this in the story. The comment on the seasons in relation to when the prisoner goes into and comes out of prison is an example of Shukshin's black humour: it hints at the common feature of Soviet legal practice of giving sentences out in whole years, rather than short sentences of merely months, and thus this becomes a criticism of the harshness and length of Soviet prison sentences.

23. In this work there are a number of references to urban life which is compared to rural life: the two life-styles are seen as irreconcilably different, since urban folk do not understand rural people and vice versa.

24. Она́, сама́ того́ не ве́дая, доста́вила Его́ру приятне́йшую мину́ту, дорогу́ю мину́ту — *Without realizing, she had given Egor a most pleasing, precious moment.* The genitive 'того́' is used because of the negative nature of the statement. The verb 'ве́дать', with a variant 'вида́ть', is used here in the gerund form and it is now virtually obsolete, although still used in set phrases.

25. The exact meaning of this statement is open to interpretation. Either the old woman might have thought that Egor has quoted the Russian romantic poet A.A. Fet (1820-92), who wrote many beautiful descriptions of nature in his poetry: or, she might simply be associating the fact that Egor's rather eccentric behaviour and the fact that he quotes poetry about nature reminds her of a poet like Fet. In fact, Egor quotes S. Esenin (1895-1925), who, in common with many village prose writers (but writing much earlier), resented

industrialization and the destruction of the rural way of life in Russia: this view is a major theme of his early poetry. The quotation 'Май мой синий! Июнь голубой!' is from a poem whose first line is 'Снова пьют здесь, дерутся и плачут' (1922). This poem is typical of Esenin's later poetry in that it is a bleak and cynical address to Russian rural folk, whom he depicts in drunken bouts, fighting among themselves, and bemoaning a past age (i.e. pre-Soviet times) when Russia was great — all accompanied by the music of a syphilitic accordion player. Esenin committed suicide in 1925 after several years of very heavy drinking and emotional instability, exacerbated by his alcoholism and unsuccessful relationships. The old woman's utterance could be translated as: *Well, I say... A poet in our midst. A regular Fet.*

26. The verb 'ждать' is used with the genitive case with abstract nouns, e.g. ждать решения — *to wait for a decision.*

27. кислую фигуру изобразил — *[you] cut a sour figure.*

28. У него это тоже было — вдруг ни с того ни с сего задумается — *That also happened to him — for no reason at all, he would suddenly become pensive.* The expression 'ни с того, ни с сего' means *for no apparent reason.*

29. Shukshin depicts the young driver as typical of his time and generation: he desires money (seen in the way Egor had to bribe him for a ride), and material things (exemplified by the cassette player). However he is bereft of an appreciation of the spiritual and aesthetic aspects of life. He has a 'трезвый и занудливый' character — *matter-of-fact and very dull.* His disinterested acceptance of life contrasts markedly with that of Egor, who delights in his new-found freedom. He obviously thinks that his time in prison was not without some benefit, since he remarks that if he had three lives to live, he would spend one of them in gaol.

30. Egor is citing Esenin again, this time from a poem called 'Мир таинственный, мир мой древний' (1921). He makes several omissions, as Shukshin points out, and he also omits the first stanza, which is:

> Мир таинственный, мир мой древний,
> Ты, как ветер, затих и присел.
> Вот сдавили за шею деревню
> Каменные руки шоссе.

The first line of the second stanza should read:

> Так испуганно в снежную выбель

The last two lines of the third stanza should read:

> Стынет поле в тоске волоокой,
> Телеграфными столбами давясь.

The fourth stanza is omitted entirely and reads:

> Жи́лист му́скул у дья́вольской вы́и,
> И легка́ ей чугу́нная гать.
> Ну, да что же? Ведь нам не впервы́е
> И расша́тываться и пропада́ть.

He stumbles over the beginning of the fifth stanza, but quotes it correctly
from Пусть для се́рдце...

The poem is a picture of destruction carried out by urban activists, who look
upon the countryside *as carrion and dregs of humanity* — 'Го́род...
Окрести́л нас как па́даль и мразь'. The poet identifies his own position
and that of country folk with a hunted wolf, which can find no resting place
and peace: the poet, like the wolf, is hunted — 'Как и ты — я, отвсю́ду
гони́мый/Средь желе́зных враго́в прохожу́'. As already pointed out,
Esenin and village prose writers resented the invasion of modern technology
into the countryside, symbolised here by the telegraph poles and the steam
train, the latter which is likened to an iron devil or monster. As with
Pushkin's *Евге́ний Оне́гин* the literary reference is not superfluous: Esenin
had a reputation for drinking bouts and orgies (Egor also organises one), but
more significantly, he felt alienated within his society, not feeling at home or
able to settle either in the city, or back in his native, rural Russia. Egor is
struggling with similar feelings.

31. In Russia very strong spirit is frequently drunk and the effect is to take the
    drinker's breath away. This is the effect to which Egor refers here.

32. **Ишь ты кака́я** — *Just look at you!* Here, 'ишь' is an expression of delight
    and surprise.

33. Egor speaks to birch trees several times in this work and regards them as his
    friends: one might even say 'girl friends'. This is one of several aspects of
    his character which lead the reader to suspect that he could be classified as
    yet another of Shukshin's *chudiki*. He certainly exhibits a number of
    eccentric traits.

34. **Жми, Лёша, на весь косты́ль** — *Lyosha, put your foot right down to the
    floor.* Egor is asking him to accelerate and drive as fast as he can. 'Жми'
    is the imperative (singular) form of the verb 'жать' — *to squeeze.*
    'Косты́ль' usually means a *crutch* (as in ходи́ть на костыля́х — *to walk
    on crutches*), but in criminal slang, it means either *foot* or *hand*.

35. **Отку́да!** Here this is best translated as *Hardly!*

36. An 'о́бласть' is a province or district, an administrative division of former
    Soviet Russia: 'областно́й' is the adjective formed from the noun. Egor has
    arrived in the main town of the region.

37.   ... дворами ... пошёл — *he went via courtyards*, i.e. he took a complicated route so as not to be followed easily to the den or hide-out — 'хата' (usually a *hut* or *peasant house* in Southern Russia or in the Ukraine). Soviet blocks of flats were often built on a quadrangular system, the inner courtyard being called the 'двор'. The instrumental case is used to express a route taken, e.g. Они пошли лесом — *they went through/via the woods*.

38.   'Малина' (usually *raspberries*) means several things in criminal slang: it can act as a synonym for 'хата' (as explained above), or it can mean a *group/gang of criminals* (as here). It also has two less common meanings in criminal slang; (i) a flat or room to which a man is lured by a female where he is robbed, often by a man playing the role of an injured husband, or (ii) a happy, carefree life or lifestyle (similar to the English expression *to live in clover*). Here, the sense is *the gang was in session* or *gathered together*.

39.   'Губошлёп' is criminal slang for *a small child* or *a prattler*. Here it is the nick-name of the boss of the gang.

40.   ...сидели кто где — курили или просто так — *they sat around* [lit. *wherever they wanted*], *smoked, or simply sat there*.

41.   Про такие обиталища говорят, обижая зверей, — логово. *People call such a dwelling a den, but that's an insult to animals.* The suffix -ища can be added to masculine and neuter nouns to indicate largeness or hugeness: see also note 139.

42.   The song 'Калина красная', from which Shukshin took the title of the work, is addressed to the shrub *viburnum opulus*, or European cranberry. The tree can reach a height of 15 feet and a spread of 12-15 feet. It has dark green, maple-like leaves and bears flat heads (2-3 inches across) of heavily scented flowers which appear in May to June, followed by translucent red berries in the autumn. The symbolic importance of the title is the colour red, as is obvious at the end of the work: it alludes to the colour of blood. The song, translated into prose, means: *Cranberry bush red/Cranberry bush ripe/From a passing bird/I wormed out (the secret of) his character. I found out his character/And what a character(!)/I would not indulge him/And he went after another* [*woman*]... 'Вызнать' is typical of the language of folk-tales and means *to worm the truth out of s.o.*: 'уважить' means either *to comply with someone's orders* or *to humour s.o.* Shukshin's story was translated in America as *Snowball Berry Red*, a translation by which the work has become well-known, though the shrub is not known by this name in England. There is a shrub known commonly as a 'snowberry bush', but this refers to the shrub *symphoricarpos albus*, which is completely different to the shrub intended by Shukshin.

43.   Условный стук — *a prearranged knock*.

44.   'Цыть' (or 'цыц') is a colloquial interjection meaning *Shush!* or *Hush!* The former is a Ukrainian (or southern Russian) form of the standard 'цыц'. Shukshin uses a number of Ukrainian forms in his writing.

45. Egor's nickname means *grief* or *sorrow*, a prescient name, given the ending of the story.

46. 'пыхте́ть' has a number of meanings in prison slang, one of which is *to serve out one's sentence*: here the prefix 'от-' indicates a detachment from the action. Compare 'привыка́ть' — *to get into the habit of doing something* and 'отвыка́ть' — *to get out of the habit of doing something*.

47. 'Чего' is frequently used in colloquial speech, meaning *Why?* or *What?* Hence Egor's question could be translated: *What are you all like this for?*

48. Ларёк беру́т на́ши — *Our [lads] are doing a shop over.*

49. Я тебя́ сего́дня во сне́ ви́дела... *I had a dream about you last night.* The expression *to have a dream* or *to dream* in Russian is 'ви́деть сон', literally *to see a dream*. Dreams play an important part in Russian folklore and life in general, especially in the countryside: particular women in the rural community would act as 'official' interpreters of dreams, to which great significance was attached. There is another verb meaning *to dream* — 'мечта́ть', but this indicates *day dreaming* or dreaming about future plans, etc.

50. А ну, поверни́сь-ка, сы́нку! — *Well then, turn around, son!* This is a paraphrase of the first sentence of Gogol's story *Тарас Бу́льба* (1834, revised 1842), which is a cross between an epic and an historical novel about a Cossack community. The original line in Gogol's work reads: 'А повороти́сь-ка, сын!' Guboshlyop uses the noun 'сыно́к' (diminutive form of 'сын'), putting it in the vocative case: this case used to exist in Russian, but is now no longer used except in certain set exclamations, such as 'Бо́же!' — *O God!* (the vocative case of 'Бог') and 'Го́споди!' (the vocative of Госпо́дь) *O Lord!* As its name suggests, the vocative case is used when calling or addressing someone (cf. Latin *voco* — *I call*). The vocative case still exists in Ukrainian and figures of Ukrainian/southern Russian speech are not infrequent features of Guboshlyop's conversation. For other examples, see note 44 above, and notes 86 and 98 below.

51. От чемода́нов ряби́т в глаза́х — *Your eyes were dazzled by [all] the suitcases.* The fact that there were many is implied. When used in impersonal constructions 'ряби́ть' means *to dazzle*. Such impersonal constructions are common and involve external forces or circumstances: e.g. Доро́гу занесло́ сне́гом — *The road was snow-bound.*

52. «Что пригорю́нился, до́брый мо́лодец?» '*Why so sad, my good man?*' This phrase sounds as though it has its origins in Russian folk poetry, which is rich in stock epithets. Note the stress here in this context is not the same as the more commonly met 'молоде́ц', which means *good lad/lass*. The verb 'пригорю́ниться' is also typical of folk poetry. The phrase 'до́брый мо́лодец' is the traditional term of address to a young man in Russian tales: e.g. 'Скажи́, до́брый мо́лодец, кто ты? Отку́да ты пришёл и как тебя́ зову́т?' See the story 'Кот и лиса' in *Русские сказки* (Moscow: Russkii iazyk, 1984), p.21.

53. **Всех опя́ть как то́ком дёрнуло** — *They all jumped, as if they had had an electric shock.* This is another impersonal construction (see above). Such constructions often denote physical states, e.g. его́ вы́рвало — *he threw up.*

54. **Похо́жий на бульдо́га положи́л тру́бку и поверну́лся ко всем.** *The one who was like a bulldog put the receiver down and turned towards all the others.* Here the adjective 'похо́жий' is used as a noun.

55. '**Шампанзе́!**' means *chimpanzee*, but it is here used as a jocular form for 'шампа́нское'.

56. To Egor's question, '**Что за ларёк?**' — *How big's the job?*, Guboshlyop answers '**Куско́в на во́семь**' — *About eight grand.* 'Кусо́к' is criminal slang for *a grand*, i.e. one thousand rubles, a great deal of money when this story was written. The average monthly wage at this time was around 100-120 rubles.

57. **Что́-нибудь — снять напряже́ние** — *Something to ease the tension.* Lius'en's behaviour does anything but relieve the tension: her provocative dancing and behaviour with Egor later in this scene serve only to fuel Guboshlyop's jealousy.

58. A literal translation of the song is as follows:

> Tittle-tattle,
> Spells, spells...
> Eyes, night.
> Who is not happy,
> Who is in sorrow,
> Let them vanish from sight.
>
> In the meadows, under the cover of night,
> Eyes, eyes give out happiness for free...
> My heart is willing:
> You lure me — I shall come!
>
> Tittle-tattle,
> The sob of an accordion...
> Quiet delirium.
>
> He has squandered [everything] — tittle-tattle,
> Charms were spoken,
> But there is no happiness.

Although it is possible to attribute a meaning to the phrase '**тары-бары-растабары**', the effect is more euphonic than semantic, similar in effect to the English folk expression 'tra-la-tra-la', an expression of joy which is sometimes used in the refrain of a song. The verb '[рас]табáрить' means *to talk nonsense*, and is a feature of southern and western Russian.

Note that the song is about the pursuit of happiness, but to no avail. As with the other literary references already noted, this song serves as subtext to the main narrative line: Egor, and indeed all the thieves, are in search of happiness. The latter look for it in money, which they obtain by illegal means, but Egor has tired of this and wants something more from life.

59. **Люсьéн почти допéла пéсню, как зазвони́л телеφóн** — *Lius'en had almost finished the song, when the telephone rang.* In this context, '**как**' means the same as '**когдá**' — *when*.

60. **И кивáл головóй и говори́л** — *And nodded his head and said...* There are a number of verbs in Russian to do with moving parts of the body which take an instrumental case of the part moved, e.g. махáть рукóй *to waive one's hand.* A further example occurs a few lines later, when Shukshin writes that Lius'en beats her wings, like a bird. The same construction is used with many verbs and nouns, which do not have a direct relation to parts of the body.

61. **Корóнный нóмер** — Lit. *[our] best number.* Lius'en unwittingly fuels the rivalry between Egor and Guboshlyop by her provocative behaviour and invites Egor to perform their '*star turn*' or their best dance. This is a typical case of ellipsis in colloquial speech: in its fullest form, she might have said, '**Гóре, [давáй покáжем им] наш корóнный нóмер.**'

62. **Заблестéли глазá** — *[His] eyes started to shine.* The prefix за- frequently indicates the inception of an action (as in '**зазвони́л телеφóн**' above), and can also (though not here) imply a certain unexpectedness.

63. **Вы́брали врéмя!** — *A fine time you have chosen!*

64. **Губошлёп вы́нул платóчек и, хоть запоздáло, но вáжно, как Пугачёв, махнýл им** — *Guboshlyop took out his handkerchief and pompously waived at them like Pugachyov, although the gesture was made too late.* Pugachyov was a folk hero who led the great peasant rebellion of 1773-4. Pugachyov claimed to be Peter III and stood for a return to traditional values of the ancient peasantry (i.e. freedom from landowners) and Old Belief (i.e. restoration of religious belief before the schism of 1666). Shukshin thus characterizes Guboshlyop as a leader with high aspirations. The other peasant hero with whom Pugachyov is frequently associated is Sten'ka Razin, who lead a peasant rebellion of 1670. Shukshin had wanted to make a film about Sten'ka Razin for some considerable time, but that plan never came to fruition before his death, unlike his novel on the same theme *Я пришёл дать вам волю* (see the introduction, p.xiv and also note 176 below.) At this point in the story, Shukshin is alluding to Pushkin's work about Pugachyov, entitled *Капитáнская дóчка (The Captain's Daughter)* written in 1836. In Pushkin's work, Pugachyov and his men take over a town and the inhabitants are dragged before Pugachyov to swear allegiance to their new 'tsar': an old

man refuses to pledge allegiance to him and calls him a 'thief and a pretender'. Pugachyov pulls out a white handkerchief and waves it, indicating that the old man should be removed and taken to the gallows. Hence, this gesture, in effect, seals Egor's fate and announces Guboshlyop's intention to kill him. The original Pushkin text states: 'Пугачёв мрачно нахму́рился и ма́хнул бе́лым платко́м.'

65. The verb 'пляса́ть' is used to describe folk dancing, whilst 'танцева́ть' is indicative of a more conventional kind of dancing, such as the waltz, etc.

66. ... с больши́м та́ктом — *with great rhythm.*

67. Вро́де вкола́чивала каблучка́ми в гроб свою кале́ку-жизнь, а сама́, как пти́ца, би́ла кры́льями — чтоб отлете́ть — *As if she using her heels to beat her crippled life in to the grave, while her true self was like a bird, beating its wings, trying to take to the air.* The use of two nouns in apposition instead of a noun and an adjective is not unusual in Russian: e.g. У меня́ тётя францу́женка — *I have a French aunt.* Shukshin sets Lius'en apart from the other hardened criminals and portrays her as a victim of circumstances, similar, in this respect, to Liuba with whom Egor forms a relationship later in the work.

68. Ру́ки зало́жены за́ спину — *His hands placed behind his back.* With certain combinations of nouns and prepositions, the stress migrates from the noun onto the preposition. This phenomenon is common with the prepositions 'за', 'на', 'по' and 'под', particularly when the noun refers to some part of the body. Times of year and seasons also act similarly when combined with certain prepositions.

69. Вот како́й мину́ты ждала́ моя́ многострада́льная душа́! — *This is the moment my tormented soul has been waiting for!* The verb 'ждать' is often followed by a noun in the genitive case, especially when the noun is abstract.

70. И жёсткость легла́ те́нью на его́ до́брое лицо́ — *And the harshness descended like a shadow on his kind face.* The instrumental case is often used to denote similarity.

71. Here Shukshin shows a younger generation being influenced by older, hardened criminals. The young people still have a conscience about their criminal activities and a sense of wrong-doing, but the reader can see in the older generation of criminals what they will become.

72. По те́мечку её... Пру́тиком — *Bash it over the head... with a stick.* The verb *to hit* or *beat* is implied and 'те́мечко' is a diminutive form (with disparaging overtones) of the noun 'те́мя' — *the crown of the head.* Guboshlyop's suggestion that the bird should be killed shows his destructive, violent nature and plays a vital role in the tragic events at the end of the work.

73. Shukshin juxtaposes the image of the bird with Egor's and Lius'en's emotions, which heightens the pathos of the moment. This passage lends a fable-like quality to the narrative: the fable forms an important part of Russian culture generally, and of rural popular culture in particular.

74. **Опя́ть ты за ста́рое, Го́ре?** — *Up to your old tricks again, Gore?* The verb is frequently omitted in colloquial speech when the meaning is obvious, e.g. 'Куда́ ты?' instead of 'Куда́ ты идёшь?'

75. **Не тронь меня́ за боля́чку** — *Don't open that old wound.* The imperative is used here with a perfective aspect (normally the imperfective is preferred with a negative command), to imply a warning, rather than a command. 'Тронь' is formed from the verb 'тро́нуть' — *to touch* (perf.).

76. **Про́за** — *The same old story...* Lius'en means the prosaic side of life, the mundane for them and their gang, who are used to shooting and ruthless killing.

77. **Сгоре́ли** — *They've been nicked...* 'Сгоре́ть' (perf.) in criminal slang means *to get picked up/get caught*: the literal meaning is *to burn*.

78. **На две неде́ли все у́мерли!** — *Lie low for two weeks!* The past tense is sometimes used in colloquial speech to express a command, e.g. Пошли! — *Let's go.* There are many examples of this usage in the text. 'Умере́ть' (*pt.* у́мер, у́мерли) is criminal slang for *to lie low/hide from the police.*

79. **Ста́ли исчеза́ть по одному́** — *They started to disappear, one by one.*

80. **Ни одно́й па́ры!** — ещё сказа́л Губошлёп. — Сбор у Ива́на. Не ра́ньше десяти́ дней. *'No one leaves together!' added Guboshlyop. 'We'll meet at Ivan's place. No sooner than ten days' time.'*

81. **Че́рез де́сять мину́т здесь бу́дут** — *They'll be here in ten minutes' time.* The *they* refers to the police.

82. **Его́р дви́нулся бы́ло за ней** — *Egor was about to follow her.* The use of 'бы́ло' with the past tense indicates the abandonment of an intended action.

83. **в дверя́х** — *in the door way.* The expression *to stand in the door way* — 'стоя́ть в дверя́х' is plural in Russian, because there were two doors before entering the first room in a peasant house. The two doors were to keep out the cold, like a form of double-glazing.

84. **А меня́ прости́ за... сего́дняшнее** — *Forgive me for what happened today...* The word 'сего́дня' has an adjectival form 'сего́дняшний', and the noun 'де́ло' is understood — hence the neuter ending.

85. See note 75 above.

86. 'Гро́ши' or 'гроши́' is criminal slang for *money*. In pre-revolutionary Russia the 'грош' was a half-kopeck piece and has remained in common usage only in set expressions, such as 'рабо́тать за гроши́' — *to work for peanuts*. However, in Ukrainian and southern Russian dialect, 'гро́ши' (note the stress) simply means *money*, without any stylistic or linguistic overtones.

87. Мне там собра́ли... — *They had a whip-round for me inside.* The 'там' refers to the prison in which Egor has served his sentence.

88. Па́чку — *A wad [of notes]*. The accusative is used as the verb 'дал', from the previous sentence, is still implied.

89. Как же вы так — завали́лись-то? — *Why have you come a cropper?* The implication is that the gang is not as good as it was when Egor was in it. He shows his skill and resourcefulness as a criminal in getting the gang out of trouble by diverting them in the following incident.

90. Я вам сказа́ть — *I [came] to tell you*. The verb 'пришёл' is understood. 'Сам прёт на рога́ Толсто́му' — *He's looking for trouble from the Big Boss*. The adjective 'то́лстый' is used as a noun here: lit. *the fat one*. The expression 'лезть' or 'пере́ть (пру, прёшь) на рожо́н' is more common and means *to kick against the pricks*, i.e. to hurt oneself by useless resistance or protest.

91. Они́ вы́шли каки́м-то чёрным хо́дом — *They left by a back door*. The Russian expression 'чёрный ход' means a *rear* or *tradesman's entrance*. The instrumental case is used to express the route by which they left. See note 37 above.

92. ...не утра́чивая свое́й зага́дочной весёлости — *not losing his enigmatic gaiety*. The genitive case is often used after a negated transitive verb and particularly when the noun is of an abstract nature.

93. Что-то палёным па́хнет — *This looks dangerous/dodgy*. The past participle passive 'палёный' literally means *burnt*, but is used idiomatically to mean *dangerous*. (It also means *betrayed* in criminal slang, though this is not intended here.) The verb 'па́хнуть' — *to smell of* — requires an instrumental case.

94. Чу́ешь? — lit. *Do you sense/feel [this]*? 'Чу́ять' (чу́ю, чу́ешь, etc.) means *to smell, sense or feel* and is colloquial in tone.

95. Ну-ка — *Come on, then*. Both 'ну' and 'ка' are particles, of which there are many in Russian, and they express a range of attitudes and emotions towards the person(s) or thing(s) under discussion. Here, 'ну' expresses a certain amount of impatience, but the particle 'ка' is frequently used to soften this effect: 'ка' is frequently met with imperative verbs to diminish the imperious or abrupt nature of the command, rather like the addition of the word *please* in English, e.g. Иди́-ка сюда́! — *Come here, please*.

96. **Брось, дура!** — *Quit it, you fool.* 'Брось' is used in the sense of *to stop/quit*, e.g. Я бросил курить — *I've quit smoking.* The imperative is often given in the reflexive form. Here, the feminine, not the masculine, form is used (even though he is speaking to a male), which carries with it a greater degree of emotional nuance.

97. **Может, те не расколются** — *Perhaps those [who have been caught] won't split on us.*

98. The word 'та' in this context is a Ukrainian form of the emphatic Russian 'да', which can be used to lend an additional emotional overtone to a statement previously made: Wade classifies this usage as 'self-exoneration' and gives the example, 'Да я молчу!' which is translated as 'But I *am* being quiet!' (See Bibliography on p.112.)

99. **утратил своё спокойствие** — *[he] had lost his cool.*

100. **Справка помечена сегодняшним числом** — *The permit has today's date on it.* The permit he is referring to is a temporary document, issued to the former prisoner on completion of his/her sentence, and it is exchanged for a full internal passport when the person concerned has found a permanent residence in a town or village. The verb 'пометить' can be used in the sense of *to put the date on something* and is followed with an instrumental. Here, the past participle passive is used in the short form, meaning literally *the permit is dated with today's date.*

101. **Догонят — скажу испугался** — *If they catch me, I'll say I got scared.* The future tense is used because he is speculating on a future, hypothetical situation. This typical of the clipped nature of colloquial speech, where pronouns and conjunctions are often omitted: in standard Russian the full sentence might read, 'Если меня догонят, я скажу, что я испугался.'

102. **Не поминайте лихом!** — *Remember me kindly!* 'Лихо' is now rarely used, and means *ill/evil.* This phrase is used when people are to part for some considerable time, perhaps for ever: unfortunately for Egor, this is not the case, but it shows his intentions to break with the gang for good.

103. **Оп, тирдарпупия!** — *Tra-la-la!* The word has little meaning as it stands and is one of a number of verbal imitations of musical instruments.

104. **Ничего я не видал, ох, никого не знаю!..** — *I didn't see anything, hey, I don't know anyone.* The verb 'видать' is a colloquial form of the verb 'видеть'. This 'refrain' sounds to have its origins in a song from the criminal world. Egor means that he did not see the crime, or the criminals which the police are trying to track down.

105. **Юркнуть** — *to dart/plunge into* is regarded as a verb of motion and therefore requires the accusative case.

106. **мо́жно бы́ло пересиде́ть тут и во́все** — *he could have sat it out there.* Egor enjoys the risk and the danger of taunting his pursuers. The prefix 'пере-' has many meanings and frequently indicates *out-doing* an action, i.e. doing an action to excess, or taking the action to its ultimate conclusion. This is reinforced by the adverb '**во́все**' — *totally, completely.*

107. The noun '**кла́дбище**' is one of the group of nouns which always takes the preposition 'на' (and not 'в').

108. **Ну на́до же — сбежа́л!** — *Well I never, I outran them!* '**На́до же**' is used as an expression of surprise or excitement. It can also be used as an expression of indignation, though not here.

109. **ёлки зелёные!** — *damn it!* There are many expressions featuring the word 'ёлка' in various forms, used as an exclamation, e.g. **ёлки-па́лки/ёлки-мота́лки**. These expressions are reminiscent of the sound of the word 'ёб' — *Fuck!* — the past tense of the verb 'еба́ть', which is a much-used Russian expletive.

110. **А то ведь, когда́ хо́чешь подорва́ть, попада́ешься, как ребёнок** — *But you know, when you really want to escape, you end up getting caught, like a kid.* As already pointed out, the particle 'то' is used to refer to an anomalous situation (see note 6 above). The particle '**ведь**' is often used to point out a self-evident fact. The verb '**подорва́ть**' usually means *to blow up* or *to undermine* (in a figurative sense): here it is criminal slang meaning *to escape.*

111. **И включи́л свой сла́вный я́щичек на ма́лую гро́мкость.** *And [he] turned his splendid music box on at a low volume.* The 'box' refers to the tape-recorder which Egor purchased from the taxi driver earlier.

112. **Жуткова́тая, в о́бщем-то, карти́на** — *Generally, it was a rather awful scene.* The suffix '-ова́тый' is akin to the English suffix *-ish*, e.g. **синева́тый** — *bluish.*

113. **музы́чка Его́рова** — *Egor's music.* '**Его́рова**' is a form of possessive adjective, which is formed from a person's name. Such adjectives are often used in conversation to refer to members of the family and friends: e.g. э́то ма́мина маши́на — *it's mum's car.* These adjectives are fully declinable and have a mixture of noun and adjectival endings.

114. Egor is reading quotations from the graves which he comes across in the cemetery. '**Неве́ров**' is the surname of the person whose grave stone he is reading. In pre-revolutionary Russia, merchants were divided into one of three ranks, according to their wealth, for tax purposes. The fact that this merchant was *of the first guild* means that he was quite wealthy. Egor is surprised, perhaps, to see such a man of wealth buried in such a small provincial town.

115. **А то я те вы́йду** — *Or I'll come out to you...* 'Te' is a colloquial form of the standard 'тебе́'.

116. **тебе́ говоря́т!** — *I'm telling you.* The use of the third person plural here is colloquial.

117. **Поджéчь, что ли, вас?** — *Do I have to burn you down?*

118. **И бря́кнул спи́чками в карма́не** — *And [he] rattled some matches in his pocket.* See note 60.

119. **А чего́ ты сра́зу ла́яться ки́нулся?** — *So why did you start by snapping at me straight off?* The verb 'кида́ться/ки́нуться' means *to rush*, and 'ла́яться на' + accusative means *to snarl at (s.o.)*: both verbs are colloquial.

120. **Из-за таки́х вот и уе́хала** — *It's because of the likes of you that she's gone away...* The noun 'люде́й' is understood here.

121. **не пропадёт** — *she won't come to any harm.* The verb 'пропа́сть' is used colloquially to mean *to go missing*, e.g. Куда́ ты пропа́л? — *Where did you get to/vanish to?* The negative expression can mean *to get into serious trouble*.

122. **Ему́ что́-то до́лго объясня́ли** — *Someone explained [something] to him at length.* Here the imperfective aspect is used because the emphasis is on the process of the action, and not the final result.

123. **Зара́зы вы все... Ну тва́ри!** — *"A pox on you all", said Egor with a tremble in his voice. "I'll make a bunch of flowers out of you, sons-of-bitches, and plant you head first in the flowerbed... You pests!"* The noun 'зара́за' literally means *a disease* and is used colloquially to mean *pest* when applied to people.

124. The proliferation of diminutive forms here expresses great affection for Liuba. 'Ла́почка' and 'ла́пушка' are frequently used to express *sweetie* or *dearie*. 'Ола́душек' is a diminutive form of 'ола́дья' — *a thin pancake* or *fritter*, sometimes made with potato (in which case, the word карто́фельный is used as a qualifier). 'Я хоть отъéмся о́коло тебя́...' means *at least I'll get well fed with you.* Egor's affection for Liuba is expressed with reference to food and eating. The expression 'и запью́ самого́нкой' means *And I'll wash [you] down with moonshine.* In Russia strong drink, such as home-brewed spirit, is traditionally taken with something to eat, such as pickles or bread.

125. **Тому́ — от её взгля́да — сде́лалось беспоко́йно** — *And he was disturbed by her gaze.* The pronoun 'тот', 'та', etc frequently means *the latter*: here it obviously refers to Egor because it is in the masculine form. Shukshin expresses this sentiment through a dative impersonal construction, which is often used to express feelings, inclinations, and states of mind.

126. И всё смотрела на него спокойно... — *And kept on watching him calmly...* The 'всё' in this context emphasises the process or continuity of the action: it is quite different in such a context from the meaning *everything*. The word 'время' is understood.

127. Liuba's openness and honesty, typical of rural folk in Shukshin's work, are contrasted with Egor's awkwardness and simulation. As the work progresses, Egor becomes more like her.

128. Но вида не подал. *But he didn't let on.*

129. Кержаки — *Old Believers.* A 'кержак' is a colloquial noun for an Old Believer, so called after the name of a tributary of the River Volga where one of the centres of Old Believers stood. Small bands of Old Believers existed (and still exist) in many remote areas of the former USSR. They are called Old Believers because they broke away from the main-stream of the Russian Orthodox Church during the great schism of 1666, preferring to keep to old traditions of worship rather than accepting new reforms which were being proposed in the Orthodox Church at that time. They are noted for the simplicity and strictness of their lifestyle.

130. Попрут ещё — *They'll chuck me out.* The verb is 'переть [пру, прёшь, etc]/попереть' and is colloquial.

131. десятилетка — *ten-year secondary schooling.*

132. ему кисло сделалось от такой родни — *such relatives turned his stomach* [lit. *made him feel sour*]. 'Родня' is a collective noun for *relatives* or *kinsfolk.*

133. Красненького — *A drop of red wine.* Here the diminutive form is used ironically to express Egor's condescension towards such a drink, which was not considered a fitting drink for a man. This impression is confirmed by the fact that Shukshin indicates that Egor said this 'снисходительно поморщившись' — *scowling condescendingly.* Egor is trying to make out that he does not drink spirit, and vodka in particular. The noun 'вино' is understood and the genitive here has a partitive meaning — *some wine.*

134. Но Люба его не поддержала с этим смешком — *But Liuba did not join in with his giggle.* The verb 'посерьёзнеть' is colloquial.

135. ОРС — отдел рабочего снабжения — *workers' supply department.* Note also that Shukshin adds the adverb 'конечно': pilfering from state industrial and retail enterprises was rife in the former USSR, and was seen by many as a *de rigueur.*

136. И мне намотали — *And I got the blame.*

137. Я так — к слову — *I just mentioned it in passing.*

138. **И ско́лько же ты сиде́л?** — *How long were you in for?* See note 21 above.

139. **Это с таки́ми ручи́щами ты — бухга́лтер?** — *You, a bookkeeper, with massive hands like those?* The augmentative suffix '—ища' is added to feminine nouns ('-ище' to masculine and neuter nouns) to indicate that the object is large in size.

140. **Таки́ми рука́ми то́лько замки́ лома́ть, а не на счётах...** — *With hands like those, you're more suited to breaking locks than using an abacus.* Liuba (unwittingly?) makes a reference to Egor's suitability to a life of crime. The abacus was widely used in Russia at this time instead of the electronic calculator. Liuba's remark about his hands indicate that he does not have the clean hands of an office worker: they are more like those of a manual labourer.

141. **Бухга́лтером я бо́льше не бу́ду** — *I shall no longer [work] as a bookkeeper.* The instrumental case is used in the expression *to work as somebody*, e.g. 'рабо́тать инженером'. Here, the verb 'рабо́тать' is understood.

142. **А мо́жно ма́лость попридержа́ть коне́й** — *I might just stick around for a while.* Egor uses this widely-used idiom, which in this context does not refer literally to keeping horses. The verb 'попридержа́ть' is prefixed with 'по-', which can be used as a limiting prefix, i.e. to do *bit* of something.

143. **Ты как-то сра́зу погнала́ вмах** — *Somehow you seem to want to get them all moving at once.* The verb 'гнать/погна́ть' means *to drive animals* and the perfective aspect implies the inception of the action, i.e. *to start to drive*. 'Вмах' is derived from the verb 'взмахну́ть' — *to waive*, hence here it means *at a waive* or *all at once*.

144. **Рабо́та — не Алите́т**: this phrase could be paraphrased as, '*You can't rush into work*'. Alitet, a Siberian horseman, is the hero of a popular novel entitled *Алитет уходит в горы* (1947-8) by the rather obscure writer Tikhon Z. Samushkin. This phrase is also reminiscent of the popular saying, 'рабо́та как волк, в лес не ухо́дит'. This phrase continues Egor's association of work and life with the horse. See note 157 below.

145. Liuba has known the truth about Egor's past all along, since she has corresponded with the prison governor, and thus knows that Egor's story about being·an innocent victim of a crime perpetrated by others is a lie. This question is typical of the directness and honesty of rural folk in Shukshin's work.

146. **Ну, тогда́ гоню́ всю тро́йку под го́ру** — *Well, in that case, I'll drive all three horses downhill.* А 'тро́йка' is a set of three horses (cf. the numeral 'три'), which pull a coach or sleigh. For a coachman, driving horses downhill would represent taking things easy and not exerting himself: driving horses uphill is much harder work. See also note 157 below.

147. Мо́жет, тала́нт пропада́ет... — *Maybe I've been wasting my talent...* In colloquial speech, 'мо́жет бы́ть' is often shortened to 'мо́жет'. The present tense is used here because the action started in the past and continues into the present. (Compare: 'Ско́лько лет ты *изуча́ешь* ру́сский язы́к? — How long *have you been studying* Russian?')

148. 'Центра́лка' is a large transit prison and the song is one of many popular songs known to criminals and ex-convicts.

149. А чего́ ты-то погна́л? — *Why are you rushing me then?* Liuba means that Egor should show a little patience.

150. Egor's interjection 'мля' is highly reminiscent of the commonly used curse 'блядь' — *tart*, i.e. prostitute, but in essence it is a strong curse. The first letter has been changed to diminish the strength of the expletive — a common practice with strong expletives both in Russian and in English society. The diminutive form of 'нача́льник' is used here in an ironic sense, since Egor now realises that he was deceived by him: in their interview before Egor was released, the prison governor pretended that he knew nothing of Liuba. Egor now realises how dishonest and stupid he appears, having lied to Liuba all along.

151. А ти́хим фра́ером я подъе́хал — *And I came here squeaky clean.* The instrumental is used to mean *as a* ... 'Фра́ер' (sometimes 'фра́йер') literally means boyfriend, and within the context of the story this is true here: however, in criminal slang it also means someone who has no connections with crime or the criminal world, i.e. someone who is *clean*.

152. Egor makes a pun here. Това́ры широ́кого потребле́ния are *consumer goods*, the adverb 'широ́ко' is used in a different sense: one can say of a thief 'он рабо́тал широ́ко' meaning *he stole far and wide* or *did a great deal of stealing.* The expression 'жить на широ́кую но́гу' also exists, meaning *to live in style.* Egor's statement that he was a 'Бухга́лтер... *по учёту това́ров...*' (A bookkeeper... '*registering*' goods) is also ironic.

153. Liuba wants to know if she can trust Egor again, since he has **already lied** to her about the reasons for his last prison sentence.

154. The word 'мать' here is a form of address used to a woman, with whom one is on familiar terms: it is analogous with 'ба́тенька', used in a similar way to address a man.

155. две па́ры ва́ленок брать — *to steal two pairs of felt boots.* 'Ва́ленки' (gen. pl. ва́ленок) are felt boots which fit into a rubber shoe and have the general appearance of wellington boots. They were cheap and readily available in Soviet Russia and were seen as having little intrinsic value, other than their function of keeping the wearer warm and dry in winter.

156. See note 147 above.

157. See also note 146 above. Egor is likened to a horse who has become tired on its way uphill — 'пристал ты, как конь в гору...': the accusative indicates that motion is involved in this expression. The verb 'пристать' is dialectal and is used specifically of horses, which tire suddenly when ridden hard. There are many specific terms for horses in Russian, which the peasant regarded as his most valuable possession and to which he showed a great deal of affection. 'Только ещё боками не проваливаешь' means *only, your sides are not yet heaving* [*until you drop* is implied]. 'Запалить' when used actively and of a horse means *to override*, and the reflexive form is used colloquially to mean *to run until one drops*. Here the sense is that Egor is rushing through life, but, like the horse which is ridden too hard, he might come to a sudden halt.

158. Жаль, что ты мне не в эту пору встретилась — *It's a shame that you didn't come across me at that time...* The verb 'встречаться/встретиться' is usually followed by the preposition c + instrumental, but here it is used with the dative which introduces a chance element into the meeting. Egor is trying to convince her that he is not just a petty crook, but that he has obtained substantial sums of money in his capacity as a thief.

159. Презираешь, а идёшь из-за них на такую страсть — *You despise it, but because of it you went through that horror.* Liuba is referring to the fact that he has spent time in prison on account of money, which he claims he despises.

160. Выдумал бы какой-нибудь падёж свиней — ну, осудили, мол — *You could have thought up some [story about] swine plague and said that you'd been arrested for it.* The word 'мол' indicates reported speech. Liuba is referring to the Soviet practice of punishing (even by imprisonment in serious cases) workers and managers for failure to fulfil production quotas for whatever reason. At its worse, when Stalin was in power, penalties were severe for those suspected of not fulfilling their work obligations, even if by dint of natural disaster and inefficiencies in other areas of industry. The inference is that a person who had been in prison was not necessarily dishonest or guilty of a crime.

161. к нашему сведению — lit. *for our information.* The use of 'мы' (and associated forms) instead of 'вы' or 'ты' can be either ironical or an expression of tenderness, similar to the use of the first person plural in English, i.e. 'And how are *we* today?' instead of, 'And how are *you* today?'

162. тебе же цены нет — *you are invaluable.* The genitive of 'цена' is used because of the negative 'нет': the inference here is that he is so valuable that a value cannot be put on him. Qualified personnel were at a premium in Soviet Russia, particularly in the countryside where working conditions were not as favourable as in towns and cities, and the government found it harder both to retain and attract qualified and skilled personnel to the rural sector. However, there is also an element of encouragement here: Liuba is trying to encourage Egor to find a job and settle down, and in doing so, she tries to bolster his morale.

163. Бича́ хоро́шего нет на э́то го́ре — lit. *there is no good whip for this grief*. This is an idiom and means, '*A good whip [which is regretfully missing] is a proper remedy for your grief*'. The inference is that a remedy has yet to be found for his grief, and that it needs to be whipped out of him. Note also the pun on his name and nick-name.

164. 'Ломова́я' here could be paraphrased as *make or break*. The adjective 'ломово́й' means *dray* or *draught*, as in 'ломова́я ло́шадь' — *a cart-* or *draught-horse*, which was used to carry heavy loads and plodded on relentlessly. However, a 'лом' means a crowbar, and thus the adjective here has a dual meaning. Thus, these images combine to infer that a certain stubborn persistence is evinced by Liuba's attitude to his character: she believes in beating the criminal aspect of his character out of him to change him for the better. Egor's response that he is an inveterate criminal shows that he is not convinced he can change.

165. встре́тила — от воро́т поворо́т — *no sooner met, than turned away*. 'Воро́т' is genitive plural of the noun 'воро́та' — *gate*, which has no singular form.

166. Зна́ешь мы тут каки́е! — *You know what we're like round here!* This is a reference to the fact that in small, rural communities everyone knows everybody's private business.

167. Ма́ло ли кака́я ему́ мысль придёт в го́лову — *Who knows what idea might occur to him*. In this context, 'ма́ло ли' (что) can often be translated by *who knows..?* e.g. ма́ло ли что мо́жет случи́ться — *who knows what might happen?* The dative is often used with actions done involving parts of the body, whereas English would have a possessive adjective: e.g. Он слома́л себе́ но́гу — *He broke his leg*.

168. 'кресто́вый' is an adjective formed from the noun 'крест' — *cross* — and refers to a particular style of wooden peasant house which is made of logs, which cross at the corners of the building.

169. ба́ня — *bania* or *bath-house*: Russian peasant homes had a small hut set apart from the house, which served as a kind of sauna. Traditionally the *bania* was heated on Saturdays (but not exclusively then), and had/still has traditions and a protocol all of its own. In urban areas there are public bath-houses which are often rather grand and are similar to Turkish baths.

170. стря́пали пельме́ни — *[they] were cooking pel'meni*. The verb 'стря́пать' is colloquial: *pel'meni* are similar to Italian ravioli.

171. The old woman omits a number of vowels in her utterances: 'гли' is a truncated form of 'гляди!' — *Look!*, derived from the verb гляде́ть — *to peer or gaze*. Similarly, 'реста́нта' should read 'ареста́нта': the genitive

case is used for the animate accusative and the noun is still governed by the verb 'ведёт' of the previous phrase.

172. **Вот тепе́рь заживём!** — *Now life will change!* The prefix 'за-' is often used with perfective verbs to indicate the inception of an action, and this is reinforced by 'тепе́рь', which is always used in favour of 'сейча́с' when a change in circumstances is implied. 'По вну́треннему распоря́дку' literally means *according to the regime inside*, by which the old man refers to a prison or camp regime. 'Язви тя в ду́шу' is a euphemism for a much stronger expression of which there are many variants, expressing irritation, surprise or contempt: here 'ёб/еби твою́ ду́шу мать' is implied and could be paraphrased by the expletive *Fuck me!* The form 'тя' is often met in colloquial speech for 'тебя́'. See also note 115 above.

173. **А оберну́лось всё чи́стой пра́вдой** — *But it turned out to be absolutely true.* The instrumental is often used as a predicate and it denotes a temporary state. This usage is particularly common with verbs pertaining to appearance or transformation from one state to another.

174. **Ну, окая́нная, ну, ха́лда!** — **сокруша́лась стару́ха. — Ну, чо я могла́ с ха́лдой поде́лать? Ничо́ же я не могла́...** — *Oh that damned girl, that hussy! [...] What could I do with that hussy? I didn't get anywhere with her...'* The word 'чо' is a corrupt form of 'что', and is typical of Siberian dialect. The contemporary Siberian writer of village prose Valentin Rasputin has many of his characters speak in a similar way. The possible derivation of the word 'ха́лда' is the Russian for Chaldean, to whom loose morals were attributed in the Bible (see Ezekiel ch.23). The verb 'поде́лать' is used almost exclusively in expressions such as 'ничего́ не поде́лаешь' — *there's nothing to be done/it can't be helped.*

175. **ишо́** = ещё. This is a non-standard form typical of Siberian dialect: see also above.

176. See above, note 64. The association of Egor with Sten'ka Razin is further strengthened by this remark.

177. **мо́жет, жи́зни свои́ покладём... че́рез дочь родну́ю** — *perhaps it'll be the end of us... and through our own daughter.* For comments on 'мо́жет', see note 147 above. 'Покладём' is derived from the verb 'покла́сть' and is a feature of rural speech: here it is used in the sense of *to put an end to/to finish off.*

178. **как ни в чём не быва́ло** — *as if nothing [strange] had ever happened*, i.e. as if everything were perfectly normal. This phrase is linked to the common expression, 'В чём де́ло?' — *What's the matter?*

179. **Ра́ньше бо́льше дава́ли** — *People used to get longer [lit. they used to give out more].* The old man is alluding to Stalinist times when people were put in prison on very thin or even no evidence if they fell foul of the authorities

or were denounced by a neighbour or workmate, and they often had to serve very long prison sentences. There is an element of black humour in this statement.

180. 'Гудéть/загудéть' literally means *to hoot/honk* of a factory or ship's hooter. However, it is also slang for *to end up in prison*. Hence the old woman asks, with a certain amount of irony: *What kind of misunderstanding did you get banged up for?* Note again the directness of rural folk, as already seen in Liuba.

181. А тепéрь покормúть нáдо — человéк с дорóги. *And now we have to give him a bite to eat — the chap's been travelling [a long way].* Literally the last phrase reads *the person is from the road.* The fact that Egor has travelled a long way is implied.

182. Я пойдý бáню затоплю́ — *I'll go and get the bania warmed up.* The use of two future verbs here, where one would normally expect the second verb to be an infinitive, is quite common in Russian.

183. чтóбы онú тут до чегó-нибудь хоть договорúлись — *so that they might at least come to some sort of understanding.*

184. Не то что тяжелó емý бы́ло — ну и вы́гонят, делóв-то! — *It wasn't because he felt miserable — if they chucked him out, so what!* In this context, 'ну и' stands as a colloquial substitute for 'éсли' and the future tense is used because it is a hypothetical situation and expresses the mere possibility that this might happen. The non-standard form 'делóв' is a colloquial genitive plural, used instead of 'дел', and in this expression 'всегó' is understood, i.e. всегó делóв — *it's nothing.*

185. Сигарéтки, что ли? *Are they cigarettes or what?* The old man is enquiring whether Egor is going to smoke Western style cigarettes, or the native Russian type called 'папирóса', which has a short length of cigarette to which is attached a cardboard tube to form a mouthpiece: this is crimped by the smoker before the cigarette is lit.

186. И всё приглядывался к немý, приглядывался — *And kept on looking and peering at him.* The 'всё' here is merely emphatic and is not an object of the verb: it is frequently used with verbs to mean to keep on doing something. The repetition of the verb further emphasises the repetitious nature of the action. This kind of verb usage is characteristic of Russian folk-tales.

187. Мéтил комý-нибудь пó лбу, а угодúл в лоб? — *Did you go to mark someone's forehead and end up breaking his skull?* Marking someone's forehead hints at the religious practice of blessing a believer by anointing the forehead, but here it is given a violent connotation in the second half of the sentence. The meaning here is that the result of an action turned out to be much more serious than initially intended.

188. **Семерых в одном месте зарезали, а восьмого не углядели — ушёл** — *[We] knifed seven in one place, but didn't catch sight of the eighth — he got away.* Egor is trying to shock the old man and live up to the stereotypical image he knows they have of him. 'Семерых' is the genitive plural form of the collective numeral 'семеро': the genitive is used because of the animate rule.

189. **Один дурак городит чего ни попадя, а другая...** — *One idiot says whatever comes into his head, and another believes him...* The verb 'попасть' is often used to indicate a spontaneous and unexpected action or thing, e.g. как попало — *any old how.* Here 'чего ни' means *whatever.* The verb 'городить' usually means *to enclose/fence off,* but it is also met in a colloquial context as synonymous with 'говорить': e.g. городить чепуху/чушь *to talk nonsense/rubbish.*

190. **Так что же вы, пожилые люди, сами меня с ходу в разбойники записали?** — *How do you mean, old folk: it was you who got me down for a robber the minute I walked in.* 'С ходу' is colloquial and means *straight away/straight off.* The 'одни' in the following sentence means *only* in the sense of *exclusively.*

191. **Я бухгалтеров-то видел-перевидел!..** — *I've seen loads of bookkeepers.* The prefix 'пере-' is used here to indicate the repetition of an action. Such usage, particularly when added to a verb which repeats the initial verb, is a feature of Russian folk-tales.

192. The old man is using a non-standard plural form — **бухгалтера** — of the noun 'бухгалтер', which is 'бухгалтеры' in standard Russian. He uses such a plural instinctively, since there are a number of professions which have plurals ending in 'а', e.g. профессор (*pl.* профессора), директор (*pl.* директора), where the stress always falls on the final vowel.

193. **об твой лоб-то можно поросят шестимесячных бить** — *you could slaughter six-month-old pigs with that forehead [and you would still not feel it].* The use of the accusative after 'об' is required because motion is implied. The old man implies that Egor is physically very strong. This meaning of the verb 'бить' is not common, but it can be seen in certain specific cases: in former times, when meat was scarce in some Soviet cities, but more readily available in more productive areas, it was possible to see a notice in post offices forbidding the sending of fresh meat by post. One such notice read: 'Посылки со свежими мясными продуктами (мясо, битая птица) не принимаются' *Packages containing fresh meat products (meat and poultry) are not accepted [for posting].*

194. **А я, как ты зашёл, сразу определил: этот или за драку какую, или машину лесу украл** — *But me, as soon as you walked in I could tell: this one [got done] either for fighting, or for stealing a lorry load of timber.*

195. **Цены бы не было** — see note 162 above.

83

196. Alexander V. Kolchak (1874-1920) was an admiral who commanded the Black Sea fleet from 1916 and set up a government in Siberia as 'Supreme Ruler'. He was supported by the Allies (Britain and France), who hoped that he would form a non-Bolshevik government, and his troops did successfully overturn some towns which had been captured by the Red Army. However, by the end of 1919 his army disintegrated as he lost the support of his troops. He was eventually captured by the Bolsheviks and executed in 1920. Hence, with this question and the enquiry as to whether the old man had ever worked in counterintelligence for the White Guard anti-Communist forces, Egor questions the old man's past and his allegiance to the Soviet regime. This would also throw doubt on the old man's present allegiance and place him in a potentially difficult position, since people with backgrounds which were deemed to be incompatible with (even inimical to) the Soviet regime were viewed with the utmost suspicion, as if it were impossible to disassociate oneself from one's past or that of a relative. Here Egor is, of course, joking, but at the same time he is indulging in rather black humour, hence Shukshin's comment that his *words were rather ominous* — 'слова́ о́чень уж злове́щие'.

197. колоски́ в тру́дные го́ды ворова́л с колхо́зных поле́й? — *did you steal ears of corn from the kolkhoz fields in the bad years?* 'Колоски́' is the diminutive form of the noun 'ко́лос' (*an ear of corn*). The 'тру́дные го́ды' were years of great upheaval in the rural community, seen most vividly in collectivisation (1929-30) during which time peasants' grain and implements were confiscated: this in turn led to famine (1932-33), as peasants refused to work and plough in protest over enforced collectivisation. Such was the level of starvation that theft was very common and those in power retaliated by introducing absurdly harsh penalties for theft: stealing even the smallest amount of grain would earn the culprit many years in prison. The enquiry as to whether the old man had ever been guilty of such a crime, together with the remarks about a possible White Guard background, are enough to throw the old man into a complete panic. Again, Egor is essentially joking, but he realises that the old man has lived through the worst years of Stalinism, when making such allegations, even in jest, would have possibly been enough to send him to prison for many years on little or no evidence.

198. на собра́ниях ча́сто выступа́ем? — *and do we often get up and speak at meetings?* Egor is referring to local kolkhoz meetings which were often used for political propaganda purposes and they served as an opportunity for the career-minded to show their political awareness and devotion to the Soviet regime, by making long speeches, which were often about political issues remote from the concerns and interests of the *kolkhoz* farmers. Hence, this is yet another oblique attack on the old man's political allegiances. The use of the first person plural — выступа́ем — adds an ominous note, as it hints at the interrogator's cunning ploy of luring his victim into complicity with him.

199. Ты чего́ тут Мики́ту-то из себя́ стро́ишь? — *Why are you trying to make yourself out to be a Mikita?* Here the old man is probably referring to

Nikita Sergeevich Khrushchev (1894-1971), who was in power from 1953 until 1964. During his very varied career, Khrushchev had a reputation for ruthlessness, and was often involved in purges of the party ranks. Such purges were often excuses for removing those who were perceived as obstacles to personal power and self-enhancement and allegations were made of deviationism on the thinnest evidence, or even in the absence of any at all. Khrushchev had a propensity for levelling accusations at opponents, in much the same way that Egor does to the old man. 'Mikita', as opposed to the correct form 'Nikita', is a popular corruption of his name.

200. **Бу́дем лу́чше чува́л подпира́ть нога́ми, чем дру́жно напряга́ться вме́сте со все́ми** — *We'd rather prop up the hearth than do the brotherly thing and exert ourselves with everyone else...* The 'чува́л' — a type of stove — was a common feature of Siberian homes. Egor's speech is full of rhetoric from the Soviet era, and from the 1930s in particular, when Soviet citizens were exhorted to tolerate poor living conditions for the good of the Communist regime and a promised better future. It was also a time when the individual was expected to suppress any purely personal aspirations, which were deemed to be selfish, and work for the collective good of society.

201. **Да он с десяти́ годо́в рабо́тает!** — *But he's worked since he was ten!* Standard usage here would be лет.

202. **Я — стаха́новец ве́чный!** — *I've always been a Stakhanovite.* Alexei G. Stakhanov (1906-77) was a coal miner who was used by Stalin for propaganda purposes and lauded as a model worker, because he was reputed to have far exceeded the coal production of his fellow workers. The 'Stakhanovite Movement' was founded in 1935 as part of a wider movement initiated by Stalin in the era of industrialization to strive for increased productivity to catch up with (and even overtake) the West within ten years. Medals and publicity were given to those who over-fulfilled their plan (set quota). Stakhanov eventually became a deputy to the Supreme Soviet — a position which came with many perks and privileges. He was thus seen as a model of upward social mobility through hard work. Stakhanov was the first Soviet citizen to personally own a car, permission for which was specially granted him by the Soviet government.

203. **Чи́сто комисса́р како́й!** — *A real commissioner!* The old man is referring to Egor's behaviour in this scene: he has behaved like a high-ranking official when he cross-examined Liuba's father.

204. **Пнул балло́н-друго́й** — *[He] kicked one tyre, and then another.*

205. **А по ро́же вида́ть — банди́т** — *You can see from his mug he's a gangster.* See note 24 above.

206. **Иди́ глянь! Нож воткнёт и не заду́мается э́тот бухга́лтер** — *Go and see! He'd stick a knife in anyone and not give it another thought, that bookkeeper.* The future tense is used to express a hypothetical situation.

207. Вот так нашла́ себе́!.. — *That's what she's found for herself.*

208. нам же под одно́й кры́шей жить тепе́рь — *we've got to live under the same roof [with him].* Petro's wife is worried about sharing their house with an ex-criminal. The word 'оди́н' has several meanings, other than meaning *one*: it can mean *alone, only,* or, as here, *the same.*

209. Залади́л своё: «Ну и что? Ну и что?» — *You harp on with your "So what? So what?"* The verb 'залади́ть' — *to harp on/keep on about smth.* — is colloquial and is frequently met in phrases such as 'он залади́л одно́ и то же' — *he kept going on about the same thing.*

210. Что́кала чёртова, пень! — *That stump with his damned 'So what?'!* Russian has a number of expressions which use wood as a simile for stupidity: 'тупо́й как бревно́' — *as thick as a log;* 'тупо́й как де́рево' — *as thick as a tree;* and here '[тупо́й как] пень' — *as thick as a stump.* Petro's wife has used a non-standard verb 'что́кать' meaning *to use the word 'что'.* The verb 'что́кать' is not used in the masc. form, and is usually only found in the neuter. However, Shukshin uses the feminine form here. 'Чёртов/а' is an adjectival form meaning *of a devil (devil = чёрт)* and is used in the feminine form to agree the feminine verb.

211. Жену́ с до́черью заре́жут, он ша́гу не приба́вит — *His wife and daughter could have their throats cut, but he wouldn't even stir himself.* Literally, *he would not add a single step.* Petro's hysterical wife speaks about her husband in the third person, as if she were addressing an audience. The plural verb 'заре́жут', without the personal pronoun, is used as a passive construction.

212. на ре́дкость споко́йный мужи́к — *an unusually calm man.*

213. 'Илю́ха' is a familiar, rather coarse form of the name 'Илья́'.

214. Ну-ка вот, му́жнины бы́вшие — *Here they are, they used to be my husband's.* The possessive adjective 'му́жин' *of [my] husband'* is plural to agree with 'кальсо́ны'.

215. «Во саду́ ли, в огоро́де» are the first words of an old song, which was widely known. The song is, in parts, somewhat *risqué* and refers to a dog, an image to which Egor alludes later in his conversation with Petro. See note no. 221.

216. Петро́ у нас не ши́бко ла́сковый, так что не удивля́йся: он со все́ми тако́й — *Our Petro's not over pally, so don't take umbrage: he's like that with everyone.*

217. Бри́тых принима́ют? — *Are people with shaved heads admitted?* The shaved head is indicative of the fact that Egor has been a prisoner. Here the past participle is used as a noun and is in the genitive plural because of the animate rule.

218. Всё же хотелось ему освоиться среди этих людей, почему-то теперь уж хотелось — *However, he wanted to be accepted by these people, and for some reason, even more so now.* 'Освоиться' means *to feel at home/to settle down.* Egor is desperate to put down roots somewhere and be accepted by society.

219. Давай ещё целоваться. Георгий — значит, Георгий. Значит, Жора — *You'll be wanting us to kiss next. So it's Georgii. That's Zhora for short.* Names are frequently shortened in Russian, which also lends them a familiar tone. 'Значит' is often met in conversation as an interjection meaning very little, and similar in meaning to the English expression *So then/well...*

220. Курва, суюсь сегодня, как побирушка!.. — *Bloody hell, I'm nosing around like a beggar today!* 'Курва' literally means *whore, bitch* or *slut*, but is used here as an expletive, like the Russian *блядь* (though not as strong): cf. French *putain.*

221. Осталось только хвостом повилять. Что я тебе, дорогу перешёл, что ты мне руку не соизволил подать? — *I've done just about everything but wag my tail. What have I done to you, so that you won't even deign to shake my hand?* 'Осталось только' ('одно дело' understood) means *there is only one thing left [for me to do].* The image is one of a dog which wags its tail to endear itself to people: Egor feels that he is being demeaned.

222. Слышно было, как он загремел тазами, ковшом — *He could be heard crashing about with basins and the ladle.* Constructions such as 'слышно [было], как' and 'видно [было], как', i.e. adverbs and verbs expressing perception, are common in Russian: they equate to the English construction of a finite verb followed by a participle: e.g. 'я смотрел, как дети играли' — *I watched the children playing.*

223. мля: see note 150.

224. Я... получу такой же паспорт, как у тебя! — *I'll be given the same kind of passport as you!'* In Soviet Russia, the passport referred to here was not a document obtained for foreign travel: it was a means of controlling the population and knowing where each person who had one resided. In the passport, the citizen would have a residence permit or 'прописка', which indicated the holder's permanent address. Any change in address had to be officially sanctioned. This meant that, should the holder want to move into larger towns and cities, i.e. Moscow, Leningrad, etc., where food and general amenities were better than in many other cities, the huge obstacle of the 'прописка' had to be overcome, since the official policy was to restrict the influx of large numbers into such cities. It was illegal to stay for more than three days in a town or city without such a permit, and internal passports were not issued to collective farm workers until 1974, which meant that the vast majority of rural dwellers were doomed to stay in the place they were born. Internal passports were introduced during the reign of Peter the Great

(1682-1725) and were abolished by the Bolsheviks during the Revolution. They were reintroduced by Stalin after the famine of 1932-33 and were withheld from the rural community to stem the tide of rural migrants to the towns and cities. The internal passport also contained information on marriage, divorce and any convictions and infringements of the law: Egor alludes to the latter during his conversation with Petro.

225. **А то начина́ет тут... Дипло́м ему́ покажи́!** *Otherwise we'll start having to show our school leaving certificate around here!* Egor is joining in with Petro's teasing over his (Egor's) official documents.

226. **мать Лю́бина** — *Liuba's mother.* This is another example of a possessive adjective formed from a person's name or family relationship, i.e. mother, father, sister, etc. They are frequently met in colloquial Russian. See note 113 above.

227. **На кой ты его́ в ча́йную-то повела́?** — *What the devil did you take him into the tearoom for?* 'На кой чёрт?' is a set expression and here the 'чёрт' is understood. 'Кой' is a relative pronoun and is now largely obsolete, except for set expressions like 'ни в ко́ем слу́чае' — *under no circumstances/on no account.*

228. **уезжа́й се́дни же, не позо́рь меня́ пе́ред людя́ми** — *go away today, don't shame me in public.* In standard Russian this phrase would be 'перед людьми́'.

229. The speaker's incredulity that Egor has no family stems from the fact that Russian rural families tended to be rather large and extended, with several generations living in the same village or vicinity.

230. **е́сли, скажи́, у тебя́ чего́ худо́е на уме́, то собира́й мона́тки** — *if you intend to do anything bad, then pack your bags*: lit. *if you have something bad in mind.*

231. **Ему́ собра́ться — то́лько подпоя́саться!** — *To pack his bags, he's only got to put his belt on.* The old man is drawing attention to the fact that Egor has almost no personal possessions. This is the first indication of relations between the old man and Egor improving: in the conversation which ensues, he defends Egor. This utterance by the old man is based on a Russian proverb: Бе́дному собра́ться — то́лько подпоя́саться.

232. **сельсове́т** — *the local village council.*

233. **Тьфу!** — *Damn!* This expletive is an imitation of spitting, and it expresses annoyance or disgust.

234. **Я как-то по глаза́м ви́жу** — *Somehow, I can tell by his eyes.*

235. **Вот хоть убе́йте вы меня́ тут — мне его́ жа́лко** — *You can strike me down on the spot — I feel sorry for him.* Мне жаль (жа́лко)+accusative

means *I feel sorry for someone*: however, the same expression can be used with the genitive to mean *to grudge*, e.g. мне жаль де́нег — *I begrudge the money*.

236. **Живьём свари́л!.. *He's boiled me alive!***

237. **Попроси́л э́того полуду́рка плесну́ть ко́вшик горя́чей воды́ — подда́ть, а он взял да меня́ окати́л — *I asked this halfwit for a splash of hot water, [I meant] to make more steam, but he took it and threw it over me.*** 'Да' can often mean *and* in folk-tales and conversational Russian. Egor's mistakes stems from the confusion of the verb 'пода́ть' *to pass*, and the Russian expression 'подда́ть па́ру', a term related to *bania* etiquette: the latter means to splash water on the hot coals which cover the stove in the *bania*, in order to produce more steam and raise the temperature. Egor seems not to have understood the subtle difference and he splashed the near-boiling water on Petro, thus scalding him.

238. **Я же ду́мал, тебе́ окупну́ться на́до — *I thought you needed to rinse yourself down.*** 'Купа́ть' — *to bathe*, had a (now obsolete) form in the perfective — 'купну́ть'. In the tradition of the Russian *bania*, a person washes himself with hot water and soap, then rinses himself with cold water. Often, instead of rinsing, the bather would rush out and fling himself into deep snow, before returning to steam himself/herself again in the hot *bania*.

239. **Да я ещё не па́рился! — *I hadn't yet had my steam bath.*** The Russian *bania* had several sections for dressing and undressing, washing and steaming oneself. It also had its own protocol, which Egor, a city dweller, does not seem to know, despite his rural origins (a point which Liuba points out later in a conversation with him). He makes the point that he had not even taken a steam bath at that moment, after which the bather would wash with soap and water (*see above*). Thus, Petro was not ready to wash the soap off and he implies that Egor should have known that.

240. **Да как же э́то ты, Его́р? — *How on earth did you do that, Egor?***

241. **он уже́ наподдава́л дыша́ть не́чем — *he had already made so much steam that you couldn't breathe.*** The verb 'наподдава́ть' means *to splash water on the coals to make more steam* (as explained above): 'дыша́ть' takes the instrumental case, hence the instrumental of the pronoun. When used with an infinitive, the Russian pronouns 'не́чего', 'не́чему' and 'не́чем' are used in the appropriate case, instead of 'ничего́', 'ничему́' and 'ниче́м'.

242. **Навёл бы я те счас бала́нс — ковшо́м по́ лбу! — *I'll give you balance now — with a ladle across your forehead.*** The conditional is used, meaning '*What if I were to.../I should...*'. 'Те' is frequently met in colloquial Russian, substituting for 'тебе́'.

243. **Чем тебя́ то́лько де́лали, тако́го — *What's with this guy?*** This is a very loose translation: the Russian means literally, '*What have you been made from, such [a fool].*'

244. Петро́ и́хний... пья́ный на ка́менку свали́лся — *Their Petro... was drunk and fell onto the stove.* 'И́хний' is a possessive adjective formed from 'их' and is colloquial in tone. The stove to which the woman refers is that which heats up the *bania*.

245. У меня́ а́жник стёкла задребезжа́ли — *My windows even rattled.* 'А́жник' is a variant of 'аж', which is a colloquial emphatic particle, similar in meaning and use to 'да́же'. There are many regional variants of this word.

246. Чо же, за́дом, что ли, приспосо́бился? — *What, did he catch it on the backside, or something?*

247. А эт кто же у их? = А это кто же у них — *And who's that at their place?*

248. Она́ за́муж-то вон куда́ выходи́ла — в Краю́шкино, ну! — *She went off and got married in... Kraiushkino, that's it!*

249. Кого́ раскула́чили? Гро́мовых? Здоро́во живёшь?.. — *Who got dispossessed? The Gromovs? What, for nothing?* 'Здоро́во живёшь' is a set phrase, meaning *for nothing at all*. The verb 'раскула́чить' has its root in the noun 'кула́к', a derogatory term for a so-called rich peasant: the verbal prefix 'рас-' is frequently met and is similar to the English prefix 'un-', 'de-' or 'dis-', indicating the reversal or negation of an action. The extent of a peasant's wealth, by which was judged a *kulak* or not, depended on the era in question: during the 1917-21 revolutionary and Civil War period, peasants were deemed to be *kulaks* if they hired labour, had a large number of animals, and/or owned agricultural machinery, or ran businesses such as flour milling, oil-seed pressing, or flax processing. Such *kulak* peasants were stripped of their wealth by the Bolsheviks during the revolution of 1917. The Civil War period alienated the peasantry due to the policy of enforced grain requisitioning and with the country in economic crisis, Lenin relented on such a hard line. In 1921 Lenin introduced a series of measures allowing, once again, a limited amount of capitalist free enterprise, a period known as the NEP era (New Economic Policy — Но́вая экономи́ческая поли́тика). During the NEP, peasants were encouraged to enrich themselves (stated by the economist Bukharin) and many did so to a limited extent. However, the more radical members of the Bolshevik Party became increasingly concerned about what they saw as concessions to the capitalist acquisitiveness of the peasantry and began to fear for the communist cause. Hard-liners in the Party called for a return to greater state control and increased taxation of the peasantry. This appealed to Stalin because he saw in the rural community a source of income to fund his ambitious plans for the industrialisation of Russia. Government prices for buying grain from the peasants were low and they preferred to either sell their grain to private merchants or hoard it in the hope that prices would increase. In 1927 the state grain collections went very badly and the government reacted by announcing (in October of that year) a 'reinforced offensive against the kulak'. In December, at the XVth Party Congress, plans were announced to encourage peasants to form large collective farms to increase their productivity, as industrial, factory-like thinking was applied to farming and its reorganisation. In 1929-1930 groups of activists were despatched from the towns into the countryside (aided by the secret police and party members) to coerce into membership those peasants who were unwilling to join the collective farm (*kolkhoz*) movement, which was most of them. Vague guidelines were drawn up as to who was to be considered a *kulak* and a much inflated estimate was made of the numbers of peasants who had become so-called kulaks during the NEP period. However, those classified as *kulaks* bore little resemblance in terms of wealth to the prerevolutionary *kulaks*: they were much less wealthy. Local officials hunted out those whom they arbitrarily considered to be *kulaks* and forcibly deprived them of their livestock, agricultural implements and personal possessions of value. They claimed they were 'dekulakizing' the countryside. Many peasants reacted violently to this and the once relatively quiet rural community witnessed dreadful scenes of strife and violence. Some peasants committed 'voluntary dispossession', i.e. they slaughtered their own animals and broke their own machinery, rather than let the state have them. So-called *kulak* families were deported to Siberia, but many died on the way or died subsequently in the camps. Grain production was seriously interrupted and there ensued a famine in 1932-33. Estimates of victims vary, but a figure of around 7 million looks perfectly possible, though some authorities put the figure much higher. It would take Soviet agriculture about ten years to recover from this hastily thought-out and rashly implemented policy.

250. **Мы с Миха́йлой-то Гро́мовым шишкова́ть в чернь е́здили** — *Me and Mikhail Gromov went logging in the forest together.* It was not uncommon during the latter half of the last century onwards for the men in a peasant household to go off and do extra work in order to make ends meet (or accumulate large sums of money), leaving the women to run the farm. Such migrant workers were called 'отхо́дники'. They gained seasonal employment in the forestry industry, in agricultural work, and many worked in factories, as they started to develop towards the end of the last century. For more information see Timothy Mixter, 'The Hiring Market as Workers' Turf: Migrant Agricultural Labourers and the Mobilization of Collective Action in the Steppe Grainbelt of European Russia, 1853-1913' in *Peasant Economy, Culture, and Politics of European Russia, 1800-1921*, eds. Esther Kingston-Mann and Timothy Mixter (Princeton: Princeton University Press, 1991).

251. **чижало́ ему́ показа́лось по́сле э́того жить там** — *he found it hard to live there after that.* 'Чижало́' is a dialect variant of 'тяжело́'.

252. **Погоди́-ка, а кто же тада́ у их в Карасу́к выходи́л?** — *Hang on, who was it then that went off to Karasuk to get wed?*

253. **Да то́же пло́хо живёт!** — *And she's not happy!* The sense here is that the

person referred to is not happy in life, and not that living conditions are poor. Note also the close association of an unhappy life and living in the city.

254. Э́тто ка́к-то стре́ла её на база́ре — *I once met her at the market.* 'Стре́ла' is a colloquial variant of the verb 'встре́тить', as is 'э́тто', for which read 'э́то'. The old woman speaks of a fellow villager who has moved to the town, but is unhappy living there, since she has left her roots.

255. Пока́ во́дисся — нужна́, как ма́ле́нько ребяти́шки подросли́ — не нужна́ — *While you nurse them, you're needed, but when the children grow up a bit, you're no use [any more].* The verb here 'во́дисся' is a dialect form of 'во́дишься' from the infinitive 'води́ться', which usually means *to live/exist* when referring to animals: it can also be a substitute for the absent verb *to be.* However, colloquially it can mean *to bring up children/to be a nanny to children.* In Soviet families and in Russia today, it is quite common for the grandmother to live with her son (-in-law) or daughter (-in-law) in the same flat and play a major role in bringing up the grandchildren, while the married couple are both at work.

256. Ишо́ како́й зять попадёт. Попадёт обмы́лок како́й-нибудь — он тебе́... — *It all depends on what kind of son-in-law you happen to get. If he turns out to be a toe-rag/rotter then you've... [had it].* The future tense is used here to express a hypothetical situation. 'Обмы́лок' is literally the *remnant of a bar of soap* and therefore, by analogy, it means a useless item which is soon to be discarded.

257. Па́шу ра́нило — *Pasha got wounded.* 'Па́ша' is one of a number of affectionate diminutives which can be formed from a person's full first name. An impersonal construction is used here and such expressions are frequently met: they indicate that an external force or agent beyond one's control has caused the action to come about. There are further examples in this paragraph.

258. See note 235 above.

259. пото́м на́ши освободи́ли их — *then our [lads] liberated them.* Liuba is referring to Soviet soldiers during the Second World War.

260. Его́ там изби́ли си́льно... А бо́льше нигде́ да́же не цара́пнуло — *He was badly beaten up there... But otherwise he didn't even get a scratch.* The 'там' refers to the prisoner of war camp in which Petro was a prisoner.

261. Вы́питое на нём не отрази́лось ника́к — *What he had drunk didn't show [on his face] at all.*

262. Как чёрт под руку подтолкну́л — *It's as if the Devil pushed my hand.* The Devil is frequently blamed in Russian sayings and common speech for perpetrating wrong deeds. Note how the stress migrates to the preposition. See note 68 above.

263. А я уж, грешным делом, подумала: сказал ему что-нибудь Петро не так, тот прикинулся дурачком да и плесканул — *And I had a wicked thought: Petro has said something bad, I thought, and he [i.e. Egor] acted the simpleton and splashed him.* As Liuba points out to Egor, he should have known better than to throw the near boiling water on Petro, since he is from the countryside and one would have expected him to be familiar with *bania* protocol. Egor's actions here are not convincingly resolved, despite his protestations of innocence, and Shukshin leaves the reader in doubt over the real motive.

264. Сварил было? — *You nearly scalded me, didn't you?* 'Варить/сварить' literally means *to boil/cook*. The use of 'было' with a perfective past verb here denotes that the action was almost completed, but not quite: hence the use of *nearly* in the translation of this utterance.

265. Да будет! — *Oh forget it!* 'Будет' is used colloquially to mean *That's enough!*

266. Under the Soviets, all areas of culture were seen as an essential medium for propaganda. Indigenous and popular folk music, gypsy songs, jazz and Western music were seen as decadent or backward, or potentially corrupting at various times during the Soviet era, and, from time to time, depending on the political climate, efforts were made to suppress them. The government sought to supplant them by 'uplifting music', often in the forms of marches, which were written in double time (the rhythm of marching), to which massed singers of the Red Army and other groups would celebrate Soviet heroism during the War, or to fête the construction of vast architectural or industrial projects. Such marches were essentially alien to indigenous Russian popular culture, which is redolent of folklore, traditional laments, bawdy songs, gypsy ballads and love songs. The march here is indicative of an alien, manufactured Soviet culture, which, though not always without artistic merit, made inroads into the rural community at the expense of the peasants' own traditional cultural inheritance, which young people increasingly failed to assimilate, due to rural depopulation and other factors.

267. Peasant huts had few internal partitions in the living quarters and privacy was often given by hanging curtains within the large room where the family lived. The lack of partitions was for heating purposes, since there was one stove to heat the whole living area and for cooking.

268. А в чём дело-то? — *What's wrong?* Compare the expression 'дело в том, что...' *it's a matter of* or *the fact is that*.

269. сквородник... Standard Russian would have 'сковородник'.

270. Круговую оборону заняли, понял! Кого охранять, спрашивается? — *They've formed a defensive circle: I can see that [lit. I have understood]! But who are they protecting, I wonder?* The term 'круговая оборона' implies that the enemy, Egor, is outside the circle of defence, and the defended 'object', i.e. Liuba, is *within* the circle.

93

271. Egor is citing an aphorism of Georg Christoph Lichenberg (1742-99), a notable physicist and scholar, who was also a dilettante of literature. He wrote satirical works and a collection of aphorisms — short statements, often witty, written in a condensed style and containing some wise thought(s). Egor quotes a translation of one such aphorism. The original reads:

> Ihr Unterrock war rot und blau, sehr breit gestreift und sah aus, als wenn er aus einem Theatervorhang gemacht wäre. Ich hätte für den ersten Platz viel gegeben, aber es wurde nicht gespielt.

> G.C. Lichtenberg, *Aphorismen Briefe Schriften*, ed by Paul Requadt (Stuttgart: Alfred Kröner, 1953), p.15.

An edition of Lichtenberg's aphorisms appeared in the former USSR in 1963, which is when Shukshin might have first come across them. A new edition is planned for release in the prestigious series 'Литературные памятники' in the near future. (See *Общая газета* 10 (86), 9-15 March 1995, p.10.)

272. The old woman takes the passage Egor has quoted in a literal sense.

273. Egor shows a good knowledge of the witty aphorism which he quotes from Lichtenberg, yet he gets his nationality wrong, affirming the old man's suspicion that he is quoting a French author. Even without knowing the source of the aphorism, the effect is comic, since Lichtenberg is such a typically Germanic name.

274. Разгово́рились. In standard Russian the stress would be разговори́лись. As already noted, the stressing of the vowel 'o' is a feature of the northern Russian accent. (Stressing the 'o' and not reducing it to an 'a' sound, as in standard Russian, is called 'о́канье'.)

275. Е́хай — *Go!* The usual imperative with this verb of motion is 'поезжа́й': 'е́зди!' is used as an imperative for frequentative commands and 'Не е́зди!' for negative commands. Similarly, in standard Russian prefixed verbs of motion use the same root for the imperative: e.g. 'приезжа́й', 'доезжа́й'.

276. Повело́! — *Here we go again!* Egor is acting on impulse, and he realises the fact: he finds it difficult to get out of his old ways.

277. По́ле непа́ханое, и на нём то́лько-то́лько проклю́нулась пе́рвая о́стренькая тра́вка — *The field was unploughed and sharp little blades of grass had only just started to break through.*

278. Так он и по жи́зни свое́й шага́л, как по э́тому по́лю, — реши́тельно и упря́мо — *That's how he went through life, just as he crossed this field — decisively and stubbornly.* This incident is reminiscent of a Russian proverb: 'жизнь прожи́ть, не по́ле перейти́' — *living one's life is not [as easy as] crossing a field.*

279. This vision is prophetic and indicative of the ending of the work.

280. Рабо́талось и не рабо́талось Лю́бе в тот день — *Liuba kept alternating between feeling like work, and not feeling like it.* 'Вчера́ мне не рабо́талось' means *Yesterday I didn't feel like working.* Liuba finds it difficult to concentrate on her work because of her attachment to Egor.

281. Плюнь — *To hell with him.* 'Плюнь' is the imperative from the verb 'плева́ть', which is associated with the expression 'мне наплева́ть на' + accusative = *I couldn't give a damn about.* Literally it means *to spit on smth.* Hence, Verka might have said, 'Плюнь на него' — '*Tell him to go to hell*'.

282. Мой вон позавчера́ пришёл — *Mine came home the day before yesterday.* The *mine* refers to her husband.

283. кэ-эк я его́ ска́лкой огре́ла! — *ho-ow I bashed him with the rolling-pin.* The 'кэ-эк' stands for and emphatic 'как', indicating a lengthened vowel.

284. И когда́ успе́ла-то? — *And when did I manage [to become so attached to him]?*

285. Он за что сиде́л-то? — *What was he inside for?* See note 21 above.

286. 'Ши́ло на мы́ло' is part of a proverb: 'обменя́ть ши́ло на мы́ло', meaning *to make a poor exchange of something valuable for something of little worth,* lit. *to swap an awl for a piece of soap.* The Russian peasant economy relied heavily not on an exchange of money, but on an exchange of goods. A clever peasant was one who knew how to make exchanges advantageous to himself. This image is further developed when Verka observes that she has swapped her drunken husband for a thief — 'пья́ницу на во́ра'.

287. Ну и судьби́на тебе́ вы́пала! — *Well, that's a hell of a fate!* The word 'судьби́на' is derived from the noun 'судьба́' — *fate*: the suffix '—ина' is added to the stem of masculine and feminine nouns to denote largeness, e.g. 'оплеу́ха' — *a slap in the face*; 'оплеу́шина' — *a hefty slap in the face.*

288. да его́ опя́ть ворова́ть потя́нет? — *And what happens if he gets into thieving again?*

289. 'Поса́дют' — standard Russian would have 'поса́дят' — *they'll put him away,* i.e. in prison.

290. See note 172 above.

291. Да им там де́лать-то не́чего, они́ и пи́шут — *Well there, they've got nothing to do, so that's why they write.* 'Нечего' (not 'ничего') is used in conjunction with infinitives. Here, the conjunction 'и' is emphatic. Verka

95

is factually incorrect here to imply that prisoners had a good deal of free time, and therefore Egor wrote to her because he had nothing better to do. In fact, prisoners in Soviet prisons and those serving in hard labour camps had very little free time. Liuba does not notice this rather caustic remark, as she is so lost in her own thoughts and enchantment with Egor's letters.

292. **Он, пра́вда, наве́рно, повида́л мно́го, чёрт стри́женый** — *It's true, he's probably see a lot of life, that close-cropped devil.* The *close-cropped devil* refers to Egor, whose hair has not yet grown since coming out of prison.

293. **Так напи́шет — пря́мо се́рдце заболи́т** — *Whenever you read his letters, it just breaks your heart.* The future tense is used here to express a form of repetition, covering all occasions.

294. **Ну и фами́лия!** — *What a funny surname!*

295. **Быва́ют похуже** — *There are worse [names].* The prefix 'по-' here indicates a slight increase in degree, i.e. *a bit more.*

296. The name 'Писто́нов' is reminiscent of the Russian swear word for the female part.

297. **К чему́, спра́шивается, э́ти ра́зные шту́чки-дрю́чки?** — *What's the point, I ask you, of all this fiddle-faddle?*

298. **И сра́зу на ара́па беру́т!** — *They lead you on from the start.* The expression 'на ара́па' means *by bluffing.* The implication is that Egor believed that the young girl has led him on by being polite and friendly to him, i.e. he thought (and hoped!) that she was flirting with him. Compare also the formal modes of address 'граждани́н' and 'това́рищ' at the beginning of the work, in the interview between Egor and the prison warden (see p.1).

299. **Шля́пу, гла́вное, наде́л** — *And he's wearing a hat.* At the time of the story's setting, a person wearing a hat was taken for a city-dweller (with sophistication, implied), a boss, or a person of education. The cashier implies that Egor's behaviour is not concomitant with his refined appearance.

300. **Вы у меня́ та́нец ма́леньких лебеде́й бу́дете исполня́ть. Краковя́к!...** — *You'll dance to my tune. The krakoviak!* In essence, Egor is expressing a vague threat. The *krakoviak* is a type of lively Ukrainian dance of Polish origin. He is also using a common idiom: 'Ты у меня́ ещё попля́шешь!' — *You will dance to my tune yet!* The 'полька-ба́бочка' means the *butterfly polka.*

301. **Тарья́м-папа́м-па́м-папа́м...** *Tra-la-la-la.* This phrase has little meaning, and is imitative of a brass instrument, such as a horn or trumpet.

302. мне де́ньги жгут ля́жку — *my money is burning a hole in my pocket.* Literally, *burning my thigh.*

303. 'Миха́йлыч'. In colloquial Russian, the suffix '-ович' is often shortened to '-лыч', thus omitting a syllable. The young waiter is precise in his enunciation of his name, which Egor unceremoniously shortens.

304. так сказа́ть — *[as] you might say.* This phrase is often used as an interjection in colloquial speech, similar to the English *you know* or *you know what I mean?*

305. Забе́г в ширину́ — *We'll have an alternative party.* The usual phrase would be забе́г на 1000 ме́тров — *a one-thousand-metre race/heat:* but here, instead of the race — 'забе́г' — referring to *length,* Egor offers an alternative, i.e. 'в ширину́', lit. *a wide race.* Hence, an unorthodox event is intended.

306. Ми фас поньялъ = мы вас по́няли. The waiter is imitating a foreigner speaking Russian: foreigners were officially regarded with suspicion in Soviet Russia (particularly in the provinces), but in reality they were often viewed as being sophisticated and rich. The waiter plays up to this image with Egor, who has money to squander. The accent which the waiter assumes is German: to the Russian mind, Germans were traditionally archetypal models of efficiency and exactitude in carrying out commands and tasks.

307. Ника́к не могу́ на учёт стать! — *I just can't get registered!* Egor has to register himself with the local authorities, since he intends to reside in the area. See also note 224 above. Egor has to exchange his temporary спра́вка (mentioned at the beginning of the work), for a permanent internal passport to comply with Soviet officialdom. The 'военкома́т' is an acronym for 'вое́нный комиссариа́т' (*military registration and enlistment office*), which took care of the registration of Soviet citizens.

308. А здесь допоздна́ — *[They work] until late here.*

309. Note that now the young man knows there is money to be had from Egor, he has lost his former sincerity: he appears false on a number of subsequent occasions, to which Shukshin draws the reader's attention.

310. 'Да́кать' means *to keep saying the word 'да'.* See note 210 above for a similar linguistic device.

311. Я да́же волну́юсь!.. — *I'm even getting excited!* Egor intends a sexual innuendo here.

312. Ну даёт! — *He's just too much!* The waiter is impressed by Egor's virtuoso lying.

313. Ничего́, мне не привыка́ть — *Don't worry [lit. it's nothing], I'm used to*

it. Literally, Egor says *I [don't need] to get used to it*, the inference being that he is already used to sleeping anywhere he can.

314. Нну... как я велéл? — *Well... [have you done] as I ordered?*

315. Калигула: Caligula. The Roman emperor Caligula (12-41 AD) was known, among other things, for his debauchery.

316. 'Сегóдня мы оторвём от хвостá грудинку' can be paraphrased as: *Today we'll kill the fatted calf* or *We'll have ourselves a real party*. The noun 'грудинка' literally means the *breast cut* or *brisket*, a better cut of meat than the tail: hence, this is a reference to providing guests with good, expensive food. This is an unusual phrase of obscure origin.

317. чегó мы прáзднуем-то! — *what are we celebrating, then?* Standard Russian would have 'прáзднуем', since for verbs ending in '-овать', remove the ending and conjugate as '-ую', '-уешь', etc. The non-observance of this rule is a feature of uneducated speech.

318. вам до ◆éни мои́ краси́вые словá — *you couldn't give two hoots for my beautiful words'*. 'Фéня' is criminal slang for *buttock(s)*.

319. э́то пу́тало и сбивáло — *this confused and threw him*. The verb 'сбивáть' infers the full expression 'сбивáть/сбить с тóлку' *to throw off one's train of thought/to put one off*.

320. как éсли бы перед ни́м стоя́ла толпá несоглáсных — *as if in front of him stood a crowd of opponents*. Here the adjective 'несоглáсный' is used as a noun to mean *people not agreeing [with one]*.

321. Пусть бардакá не вы́шло — не нáдо! — *It doesn't matter if the orgy doesn't come off*.

322. кáждую ночь ви́жу во сне ларьки́ и чемодáны — *every night I dream of shops and suitcases*. The accusative of time is used to express *every night*. The plural of 'ларёк' — criminal slang for *a shop* — is 'ларьки́'. The reference to shops is indicative of Egor's criminal past, and breaking into shops seems to be the chief activity of his former gang: see the beginning of the story. The reference to the suitcases is reminiscent of when Guboshlyop first met Egor in the station, sitting on his trunk. In Shukshinian terms, Egor is a casualty of a mobile population which has migrated from the countryside and lost its rural roots.

323. Взя́ли в ру́ки по буты́лке шампáнского... взя́ли, взя́ли! — *Let's each take a bottle of champagne... let's take one, let's take it!* The use of 'по + dative' indicates *a bottle each*: without the preposition, the sense would be that Egor intended that one bottle be shared by everyone. The past tense is often used in conversation as a substitute for an imperative.

324. Наливайте быстрей, пока градус не вышел! — *Pour it quicker, before the alcohol evaporates!* 'Градус' is a measure of alcohol (cf. English degrees proof), as well as a measure of temperature. The average Russian man, who is considered to drink heavily by force of habit, is not concerned about the quality or taste of a drink, but more about its strength. This is yet another indicator that Egor's company lacks sophistication and an appreciation of the finer things in life, such as champagne. They even have to be told how to open the champagne bottles, and the drink is clearly a novelty for them.

325. Эх, язви тебя!.. — see note 172 above.

326. Как набродило — [*It looks*] *like it's fully fermented.* The verb 'бродить' means *to ferment* (not to be confused with the verb *to stroll*, which looks the same in the infinitive), and the prefix 'на-' implies that the action has continued to satiety; cf., 'наесться ягод' — *to eat one's fill of berries.*

327. Выпили! — see note 323 above.

328. See note 126 above.

329. Да какой тут, к чёрту, градус — квас — *What damn strength is there in it — it's like kvas.* Kvas is a traditional Russian drink of low alcoholic strength, made from fermented rye, buckwheat, yeast, sugar and water, and has a strong yeasty taste.

330. See note 323 above.

331. Налили по полстакана! — *Pour out half-a-glass each!* Either stress is possible. See also note 323 above.

332. пахнет клопами — *it smells of bugs.* Cognac can sometimes have a musty smell, reminiscent of cockroaches. Petro makes a similar remark about some expensive brandy which Egor offers him, later in the story. See also note 93 above for grammatical comments on this construction.

333. всё допрашивали и допрашивали — see note 126 above.

334. See note 68 above.

335. Знала бы Люба, как тут Егор «становился на учёт», одним бы только глазком глянула... — *If Liuba had known how Egor was "getting registered", if she had had the chance to have a look..."* This refers to Egor's party in the *voenkomat*: see note 307 above.

336. И верилось ей и не верилось с этим военкоматом — *She didn't know what to believe about this registration office.*

337. Любк = *Liuba.* As in English colloquial speech, Russian names are often shortened in everyday usage.

338. стояла на своём старуха — *insisted the old woman.*

339. А он возьмёт да печать украдёт — *He would steal a stamp.* Official stamps or seals are an essential element of Russian and Soviet bureaucracy, and they are placed on all formal documents to prove their authenticity: hence, it might be a dangerous object were one to fall into unofficial hands.

340. See note 227 above.

341. Да я к слову говорю! Сразу «мама»! Слова не дадут сказать — *I can't say a word! It's "mum" straight off! They won't let you get a word in.*

342. Вы и знать не знаете, как я здесь тоскую — *You couldn't begin to understand, how I ache in here.*

343. Да пошли вы! — *To hell with you!* The past tense here is used as an imperative and is part of expressions such as, 'Пошёл к чёрту' — *Go to hell/to the devil.* There are many much more vulgar variants of this expression in common usage.

344. Валяйте любую — *Muck up any [song] you like.* The word песню is understood.

345. Можете свой родной «камыш» затянуть — *You can strike out your own native song.* А 'камыш' (lit. *reed*) is criminal slang for a secure place to hide out: it refers to tall reeds which grow in boggy ground and provide an excellent place for hiding. There are traditional songs about robbers who hide in reeds and who, in this context, are called 'камышно(ч)ки'. Hence, Egor is accusing them of only being able to sing songs about robbers and unable to sing more subtle, contemplative songs such as that which opens the story.

346. Куда зачастил? — *Why did you rush like that?* 'Зачастить' means *to begin to rush* with regard to speech, singing or playing a musical instrument; the prefix 'за-' indicates the inception of an action, cf., 'частить' a few lines further on, where this form simply means *to do smth. or speak hurriedly.* They are talking about the tempo of the song.

347. Какого я хрена буду рот разевать, если у меня сроду голоса не было? — *What's the point in opening my bloody mouth wide if I've never had a [good] singing voice?'* The noun 'хрен' — *horseradish* is a euphemism for the slang word for the male part, which sounds similar and features in many obscene expressions in Russian.

348. Turpentine has a very strong smell, which lingers for a long time. Egor has in mind here that his soul is tainted in some way.

349. курва — see note 220 above.

350. **Всем дать по червонцу, себе остальны́е** — *Give everyone a tenner each, and [keep] the rest for yourself.* А червонец was a pre-revolutionary gold coin of 3, 5 or 10 roubles' denomination, and in post-revolutionary times it was a 10 rouble bank-note which was in circulation between 1922-47. It has remained in modern Russian as slang for 10 roubles. For the use of по + dative, see note 323 above.

351. **Я зае́ду узна́ю** — *I'll come and find out.* Double future tenses are a common phenomenon in Russian.

352. **по до́брому большаку́** — *along the good highway.* It is a common feature of Russian folk poetry to attach certain adjectives to nouns, which become formulaic phrases: compare English folklore — 'the *wicked* witch', 'the *fair* maiden'. Although the combination of до́брый and большак is not strictly from folk poetry, the phrase sound as though it could easily have come from such origins.

353. **Он уж забы́л, когда́ он так волнова́лся из-за ю́бки** — *He had already forgotten when he last got so worked up over some bit of skirt.*

354. **Что пи́шут но́венького?** — *What's new in their writing?* Egor is referring to writers of prose and social commentary on the family and family life. He has no idea how life has changed during the past five years, since he has been in prison.

355. Shukshin is making a subtle jibe at official Soviet literature, where writers often painted a more positive picture of Soviet life than was in fact true. There were a number of taboo subjects which could not be broached at all by writers if they hoped to have their work printed officially. Among such taboo subjects was harsh criticism of social conditions, both urban and rural.

356. **Кому́ как** — *Some live well, others not so well.* Literally this phrase means *each person lives how he does*, i.e. each person lives in a different way.

357. **Отойди́, от тебя́ козло́м па́хнет** — *Go away, you smell like a goat.* See note 93 above.

358. Remy Martin is an expensive French cognac.

359. **'вре́жем'** — the first person singular (perfective form) from the verb **'вреза́ть/вре́зать'**, which usually means *to cut in*: however, in slang it is used to mean *to drink spirits* or *to drink a great deal*, i.e. *to get blind drunk*.

360. **заговори́л бы́ло Его́р** — *Egor was about to say.* See note 82 above.

361. **Налива́й своего́ дорого́го** — *Pour out some of your expensive stuff.* Here the partitive genitive is used, and 'коньяка́' is understood.

362. See note 93 above.

363. This is a quotation from a verse by Pushkin entitled 'Узник', written in 1822. It is a poem narrated from a prisoner's standpoint, who sits behind his prison bars ('решётка'), observing a young eagle which has been reared in captivity. The narrator finds a soul mate in the eagle, which exchanges glances with the poet and says that it is about time they were both free.

> Сижу за решёткой в темнице сырой.
> Вскормлённый в неволе орёл молодой,
> Мой грустный товарищ, махая крылом,
> Кровавую пищу клюёт под окном,
>
> Клюёт, и бросает, и смотрит в окно,
> Как будто со мною задумал одно.
> Зовёт меня взглядом и криком своим
> И вымолвить хочет: «Давай улетим!
>
> Мы вольные птицы; пора, брат, пора!
> Туда, где за тучей белеет гора,
> Туда, где синеют морские края,
> Туда, где гуляем лишь ветер... да я!»

364. Они там только и водются — *It's right there that they live.* Standard Russian would be 'водятся' from the verb 'водиться', one meaning of which is *to be found/exist*, and is used of animals, etc.: e.g. тигры не водятся в Европе — *tigers are not to be found in Europe.* Liuba's belief in devils is not unusual among rural folk, even in modern times. Russian folk culture is rich in mythological and demonic characters of all kinds. This form of paganism has existed quite happily for centuries alongside more conventional Christian beliefs. In ancient Russia, the *bania* in particular was a place where demons were said to reside: the evil spirit or *bannik* was said to have made the *bania* his home, along with his wife, the *bannaia* or *bainikha*. However, other unclean spirits were also believed to reside there, along with witches and spirits of the unclean dead. Bathing at night was traditionally regarded as risky and on no account was anything belonging to the bathhouse brought into the house, lest it attracted spirits into the peasants' main dwelling. Offerings of soap, fir branches and water were made to the bathhouse spirits in an attempt to appease them. The bathers were thought to be particularly at risk since the crosses worn around their necks and their belts (also believed to offer protection against dark forces) had to be removed before bathing. Traditionally, peasants departed from the bathhouse backwards uttering ceremonial incantations to the spirits. Some of these old superstitions have survived until modern times.

365. Коленька преподобный приехал — */My/ wonderful Kolia has arrived.* The adjective 'преподобный' is usually the title of canonized monks in the Orthodox Church: here it is used by Liuba in an ironical sense.

366. смо-отрют = смотрят.

367. **Ма́нькой зва́ли коро́ву** — *The cow was called Man'ka.* The verb 'звать' can take either a nominative or an instrumental case of the name.

368. Such popular 'justice' was common in rural communities: peasants would often take the law into their own hands and administer this kind of rough justice. Such incidents of peasants attacking their neighbours by harming their livestock and property are to be found in many works of village prose, and there is a similar event in Sholokhov's novel *Поднятая целина* (*Virgin Soil Upturned*, 1932 & 1960).

369. The *sovkhoz* or state farm worker was paid a wage for working on the farm, just as a factory worker might be paid for working in industry. However, the *kolkhoz* worker, or collective farm worker, was paid from profits made by the farm after payment had been made for services such as ploughing (subcontracted to workers of the MTS — *machine tractor stations* — until they were disbanded in 1958), and when the state quotas had been filled. The collective farm worker also had the right to cultivate a private plot of land and sell any surplus at markets. The *sovkhoz* was managed by a 'дире́ктор' — *manager*, but the *kolkhoz* was headed by an elected 'председа́тель' — *chairman*. In practice, the *kolkhoz* had a limited amount of autonomy from the state in matters concerning crops and the general management of the farm, provided state quotas were fulfilled, whereas the *sovkhoz* was managed like any other branch of the Soviet command economy.

370. **Го́рдость Лю́бина** — *Liuba's pride.* See note 226 above.

371. **Моего́ заче́м-то в военкома́т вызыва́ют** — *Mine's been called up to the voenkomat for some reason.* The word 'води́теля' — *driver* — is understood. See also note 307 above.

372. **Ну... как — Ва́нькой сра́зу прики́нулся** — *Well... pretending straight off to be dim.* The surname 'Ива́н' has a familiar form — 'Ва́нька', which is used in the expression 'прики́нуться Ва́нькой', meaning *to act/appear stupid*. Here, the name appears in the instrumental after the verb 'прики́нуться', which requires the instrumental case an adjective, e.g. 'он прики́нулся больны́м' — *he pretended to be ill.* If a noun is used, it must also be put into the instrumental case. The director is referring to the way in which Egor allowed Liuba to speak for him when they first met.

373. **Чем не прокуро́рский сын?** — *What makes you think I'm not a prosecutor's son?* A prosecutor, and consequently the family of such, was regarded as part of the Soviet elite, enjoying high status in Soviet society and all the privileges concomitant with that position.

374. **Я́зву желу́дка печи́ть?** — *Does it cure stomach ulcers?* This is the illness which caused Shukshin to be drafted out of national service and it is said that his mother cured him with a natural remedies. See introduction, p.ix.

375. **Дое́хайте са́ми** — *Drive yourself.* See note 275 above.

376. И ничего́ мне с собо́й не поде́лать, я зна́ю — *And I can't do anything to force myself* [lit. *with myself*], *I know* [*I can't*]. Egor is turning down what is regarded in the rural community as quite a good job, but he cannot demean himself to be treated like a servant by the *sovkhoz* director.

377. Го́рько бы́ло Его́ру — *Egor felt bitter.* The use of a dative impersonal construction to express physical and emotional feelings is common in Russian.

378. This phrase exemplifies well one of the many semantic differences conveyed by the imperfective and perfective aspects in Russian. The imperfective focuses on the *process* of the action, whereas the perfective looks to the successful *conclusion* of an action.

379. Тракто́ристом не ху́же. Да́же ишо́ лу́чше. Они́ вон по сколь счас выгоня́ют — *Working as a tractor driver is no worse. It's even better. That lot over there make a packet these days.* The verb 'выгоня́ть/вы́гнать' usually means *to drive out* or *expel*, but in colloquial speech it also means *to earn money*. The unusual use of 'по' here indicates 'each', i.e. how much each one earns.

380. Но сеть — э́то... Пойма́ть мо́гут, раз; второ́е: ты с ней наму́чаешься, с окая́нной, пока́ её разберёшь да вы́кидаешь — вре́мя-то ско́лько на́до! — *But with a net... You can make a catch once or twice, but there's loads of faffing around with the damn thing, untangling it and casting it out again — what a lot of time it takes up!* For the use of the prefix 'на-' in the verb see note 326 above.

381. Ско́ро должна́ придти́ть. Счас уж сдаю́т молоко́. Сдаду́т, и придёт — *She should be back soon. They should be handing over the milk soon. Once they've done that, she'll be back.* 'Сейча́с', when used with a verb in the future tense, can mean *soon*.

382. то́лько всё как-то не везёт ей — *only she seems to be unlucky with everything.* These words do not bode well for Egor, but, unfortunately, they turn out to be true at the end of the story.

383. Этого пьянчу́жку нанесло́ — наси́лу отбрыка́лись — *She got stuck with that drunk and we had a lot of problems trying to get rid of him.* The verb used here is similar to a common expression, 'Како́го чёрта тебя принесло́?' — '*How the devil did you get here?*' The prefix 'на-' is indicative of a repeated action, intimating that it has occurred many times. The import of the expression 'наси́лу отбрыка́ться' is to encounter serious problems while trying to attain a certain goal, and finally managing to overcome them: the expression does not imply the use of physical force, as the word 'си́ла' might imply.

384. See note 323 above.

385. Пуща́й посидя́т и поду́мают — *Let them sit there and think about it.* The old man has reverted to the previous topic of conversation — that of imprisoning alcoholics as a form of punishment. The prefixes 'по-' here indicates that the action should be carried out in full, i.e. to its conclusion. 'Пуща́й' is a colloquial form of 'пусть' and 'пуска́й'.

386. Нет, в ша́хты! В рудники́! В сква́жины! — *No, to the mines [with them]! To the pits! To the bore-holes!* The reference here is to the distant mineral and oil sites of Russia's far north, to which Egor thinks alcoholics should be sent on force labour.

387. Вот те раз! — *Well I never!* As already noted, 'те' is a colloquial form of 'тебе': this is a set phrase, sometimes met as 'вот тебе и раз!'

388. Э́то же что за жизнь така́я чёртова пошла́ — вот и опаса́йся ходи́, вот и узнава́й бе́гай — *What's happened to our damn life — mind how you go, run and find out [what's going on].*

389. он сиде́л с её сы... — *he was in prison with her so...* Egor was about to say 'с его сы́ном'.

390. Язы́к слома́ть мо́жно — *You could get tongue-tied with this one* [lit. *you could break your tongue*], i.e. the story is rather involved.

391. The 'сельсове́т' means the *village soviet/council* and the 'райсове́т' the *district* or *regional soviet/council*. The word 'сове́т' is commonly used to mean *council*. Both councils are part of the Russian administrative system.

392. Не говори́ «гоп»... — *Don't count your chickens...* This expression is a reference to the Russian proverb 'не говори́ «гоп» пока́ не перепры́гнешь', lit. *Don't say 'hup' until you've jumped over*, which has an equivalent proverb in English — *Don't count your chickens until they hatch.* One would use the interjection 'гоп' to an animal or person to express a command, such as *Jump!*

393. Улови́л чутьём удивле́ние Лю́бы... — *He could sense Liuba's bewilderment* [lit. *he had caught by sensing Liuba's bewilderment*]. 'Чутьё' means *scent* when applied to animals.

394. Че́рез си́лу улыбну́лся — *He forced himself to smile.*

395. А что закрича́л... прости́ — *And forgive me for shouting.*

396. В кра́сном углу́ — Никола́й уго́дник — *In the holy corner was an icon of St Nicholas.* The original meaning of 'кра́сный' was *beautiful* and in certain contexts it has retained this sense. The *holy corner* was the eastern corner of the peasant's house or hut, in which the family icons were placed and to which prayers were addressed. The eastern corner was chosen because it looked towards Byzantium and Constantinople — historically, the origin of the Greek Orthodox Church, whose traditions Russia adopted as the official, state religion. St Nicholas is the subject of many icons, but he is particularly associated with ministering to the poor and he is revered as the patron of livestock (especially horses). All images of Nicholas portray him as kind and tolerant of human frailty, and he thus became the embodiment of mercy and a protector of the peasantry.

397. **Ра́зи че́рез их вида́ть?** — *Can you really see through them?* 'Ра́зи' is a colloquial form of 'ра́зве'. Standard Russian would also have 'че́рез них'.

398. **Мне пло́тют** — *They pay me.* This is a common variant in colloquial speech for 'пла́тят'.

399. **Ше́стеро** — [*I've got*] *six of them.* This is a collective numeral (like дво́е, тро́е, че́тверо, etc.). Such numerals are used with masculine animate nouns, e.g. дво́е дете́й — *two children.* The rule that the genitive singular must be used with 2, 3 & 4 and compounds does not apply to the collective numerals.

400. **И она́ то́же уме́ла уходи́ть в мы́слях далеко́ куда́-то** — *She also could allow her thoughts to drift far away.* This is a character trait which Egor shares with the old woman: see p.4 above.

401. **А вот их-то... я и не зна́ю: живы́е они́, серде́шные ду́шеньки, и́ли не́ту их давно́** — *Ah them... I don't know whether they are alive, bless their souls, or if they died a long time ago.* Standard Russian would be 'серде́чный', and 'ду́шеньки' is a diminutive nominative plural from 'душа́' *soul*, used to express affection towards them. The use of 'не́ту' instead of 'нет' is very common in colloquial speech.

402. **но слёзы зака́пали ей на́ руки** — *but the tears dripped onto her hands.* For an explanation of 'ей', see note 167 above.

403. **В го́лод разошли́сь по́ миру** — *They went off into the world during the famine.* The old woman is talking about the famine of 1932-33, when millions of peasants perished: the famine was a direct result of the collectivisation campaign, which seriously interrupted agricultural work in the countryside. See note 249 above.

404. **Тот сиде́л извая́нием и всё смотре́л на Куде́лиху** — *The latter* [i.e. Egor] *sat like a statue and kept on looking at Kudelikha.* The instrumental is used to express similarity, e.g. 'Снег лежи́т ковро́м' — *The snow lies like a carpet.* For an explanation of 'всё', see note 126 above.

405. **Лю́бе и во́все не по себе́ ста́ло** — *Liuba didn't feel at all herself.*

406. **Сама́-то не из крестья́н? Простецкая-то** — *You don't happen to be from the countryside, do you? You're a simple lass.* The old woman asks Liuba if she is from peasant stock because she seems to have no pretensions. In village prose the simplicity of rural folk is often juxtaposed with the more affected behaviour and outlook of urban dwellers.

407. Поискать надо сынов-то... — *[We must try] to find those sons of yours...* The usual genitive plural of 'сын' is 'сыновей'.

408. Ну, будет уж! Будет! — *That's enough now! Enough!*

409. и дaванул на железку — *and put his foot down [lit. pressed on the iron]*. Egor presses the iron accelerator pedal. The verb 'давануть' is colloquial in tone, and means *to press once*.

410. Дай хоть волосы отрастут — *At least [let's wait 'till] my hair grows back*. Egor clearly does not want to let his mother know that he has been in prison.

411. Егор включил скорость — *Egor put it [i.e. the lorry] in gear*.

412. но боюсь, как бы она с ними в сельсовет не попёрлась — от кого, спросит? — *but I'm afraid that she might go off to the village soviet and ask who it's from.*

413. Да почему вы такие есть-то? Чего вы такие дорогие-то?.. — *Why are you [all] like this? Why are you so loveable?* Liuba uses 'вы' because she is addressing men in general, or at least, the men she has known, i.e. her alcoholic husband and Egor, both of whom have caused complications and grief in her life.

414. Голову свою покладу, но вы у меня будете жить хорошо — *I'll put my head [on the chopping block, if I must], but you'll have a good life with me*. The verb 'покладать/покласть' is used in popular speech and means the same as the more commonly met 'класть/положить' *to put*.

415. И Люба сделала было движение за Егором — *And Liuba was about to make a move to follow Egor*. For this construction, see note 82 above.

416. Коля был не столько пьян, сколько с перепоя — *Kolia was not so much drunk, as hungover.*

417. Пошли дальше — *Let's go further away*. See note 323 above.

418. подставил Коле ногу — *[he] tripped Kolia*. For use of the dative in this context, see note 167 above.

419. Ударник - *shock-worker*. The concept of the shock-worker dates from the industrialisation of Russia (from 1929 onwards). The word 'ударник' in this sense has its origins in the Russian expression 'работать по-ударному' meaning *to work with enthusiasm*.

420. Парнишкой он любил слушать — *As a young lad, he used to like listening to...* 'Парнишка' is a diminutive of 'парень' *a lad*. The instrumental is used as predicate to the (implied) verb *to be*, and it indicates a temporary state.

421. К чертям собачьим! — *Damn it all!*

422. И стоят себе: прижухлись с краешку и стоят — *They stand here all by themselves, hiding away at the edge [of the field], and [just] stand [there].*

423. А то простоишь с вами и ударником труда не станешь — *If I stand around with you, I shall never become a shock-worker.* See note 419 above.

424. приходил пока в себя — *[until he] regained his composure.*

425. Мы с Шурой служили вместе — *Shura and I served together.* Egor indents to give the impression that they have served in the army together.

426. 'Да нет' is a negative reply to a suggestion or statement. This expression is often used in cases where, in principle, a positive answer would be possible, but it is the negative option which is chosen. Hence the additional information which Shura offers for his not being able to stay longer — 'мне ещё на поезд успеть' — *I've got to catch a train.*

427. вылететь с языком — *to blurt something out/to let something slip.*

428. Мне эта служба до сих пор во сне снится — *I still dream about my time of service even now.* The verb 'сниться' takes a dative case. In modern Russian, the noun and verb 'служба' and 'служить' infer service in the armed forces, but Egor clearly means that they have served time together in prison. Hence, this is a touch of black humour from Shukshin, to the effect that Egor's time in prison is one which he will not forget readily.

429. Сколько с километра берут? — *How much does it cost per kilometre?*

430. The old man uses the 'верста', and old Russian measurement of distance, equivalent to approximately 1.06 kilometres. The genitive plural is 'вёрст'.

431. вот сколь — *that's how much.* Standard Russian would be 'сколько'.

432. если, мол, у него денег нет, дай ему. На. — *he said, 'if he doesn't have any money, give him some.'* 'Ere. 'Мол' is a particle indicating reported speech: it is a contraction of 'молвил' *[he] said.*

433. Shukshin has us observe this scene from Liuba's perspective: as it is dark, she cannot see everything that is going on, hence the use of the adverb 'наверно' — *probably.*

434. See note 82 above.

435. до песен мне — *Oh Lord, I don't feel like singing.* The expression 'мне не до' + genitive means *I do not feel like doing something.*

436. Да что же уж я, проклятая, что ли? — *What is it with me — am I cursed, or what?*

437. и ладошкой вытер ей слёзы — *and wiped her tears away with his palm.* For an explanation of the dative case here, see note 167 above.

438. Клянусь, чем хочешь... всем дорогим. Давай песню. — *I'll swear on what you like... on all that's dear [to you]. Let's [sing] the song.*

439. Взял спугнул песню — *You've ruined our song.* The image is that of frightening the song away, as one would frighten a bird.

440. на ухо — *in his ear.* See note 68 above on the stressed preposition.

441. Там, наверно, продуть надо. — Я вам дам жиклёр! — *You'll probably have to blow through it. — I'll give you carburettor!*

442. Бренди — это дерьмо... — *Brandy's crap.* For шампанзе and Реми-Мартин see notes 55 and 358 above, respectively.

443. 'Да ты спробуй!' 'А то я не пробовал! Ещё меня устраивает, например, виски с содовой' — *'Well, you just try some then!' 'I've already tried it haven't I! There are other things that suit me [well] — whisky and soda, for instance.'*

444. See note 426 above.

445. Да что-то стрелять начала — *Something's started missing [in the engine].* The more common meaning of 'стрелять' is *to shoot.*

446. всё берёг его — *I've been keeping it all this time.* 'Берёг' is the past imperfective of the verb беречь (берёг, берегла, etc.), *to keep safe/take care of.* It is often said between friends on parting, i.e. 'Берегись!' *Look after yourself/Mind how you go!*

447. Я с ним давно мучаюсь, всё жалко было выбрасывать. Но теперь уж сменю — *It's been giving me bother for ages, but I just couldn't bring myself to throw it out. But it's time to change it now.* Petro is very careful over spare parts for his vehicle because they were notoriously difficult to come by in Soviet times. In most cities and towns there was a thriving black-market in spare parts for cars and other vehicles, but prices were extremely high by comparison with wages.

448. «Волга» — *a Volga.* A type of Soviet car.

449. For remarks on the verb пахнуть see note 93 above.

450. выбрал гаечный ключ не такой здоровый, а поаккуратней — *he chose a wrench — not a heavy one, but one a bit neater.* It is clear Egor is choosing the wrench as a weapon which he can conceal in his pocket, since he expects trouble from his old criminal 'friends'.

451. **Мы же то́лько засы́пались** — *We've only just filled the seeder.* 'То́лько' is a contracted form of 'то́лько, что' — *only just.*

452. **из ЦК профсою́зов** — *from the Central Committee of Trade Unions.* Egor gives the impression that these visitors are from an important, official organisation and therefore he needs to speak to them alone.

453. **Улыба́лся оди́н Губошлёп** — *Only Guboshlyop was smiling.* The use of 'оди́н' is not numerical in this context: it frequently means *alone,* e.g. она́ одна́ пошла́ *she went alone.*

454. **Губа́** — a shortened form of Guboshlyop's name.

455. **И улы́бку его́ как ве́тром сду́ло** — *And his smile dropped in a moment.* Lit. *his smile was blown away as if by the wind.*

456. **А то я вас ря́дом положу́. И заста́влю обнима́ться — возьму́ себе́ ещё одну́ статью́: глумле́ние над тру́пами. Мне всё равно́** — *Or else I'll put you [both] side by side. And I'll make you embrace each other. I'll add another charge to the list: desecration of corpses. I couldn't give a damn.* Guboshlyop is threatening to kill both Lius'en and Egor and lay them out side by side in a single grave. It is clear that jealousy is a strong motivating force in his dealings with Egor: he is not simply disappointed that Egor will have nothing to do with the gang any more.

457. **Он не вы́шел... Он то́лько ещё идёт** — *He's not out [of the game yet]... But he is on his way out.* These words have a particularly ominous ring for Egor.

458. **Увяза́л сапога́ми в мя́гкой земле́** — *His boots sank into the soft earth.*

459. In village prose, urban dwellers are often very condescending towards rural folk and see them as lower than the proletariat or working class.

460. **Ты име́ешь свои́ четы́ре кла́сса и две ноздри́ — чита́й «Мурзи́лку» и дыши́ но́сом** — *You have finished fourth grade and you've got two nostrils: go and read "Murzilka" and keep your mouth shut [lit. breath through your nose].* Fourth grade education means that he has been educated only up to the age of around 10 years old. After that, rural children would have to go on to 'middle school' — 'сре́дняя шко́ла' — to be educated further. Elementary schools were common in most large villages, but only one middle school served a number of villages. *Murzilka* was a monthly magazine for young school children and here Guboshlyop is inferring that Bul'dia lacks education. The instruction to *breath through one's nostrils* is an expression used to young children by way of telling them to keep quite: by breathing solely through the nose, the mouth has to be closed and therefore one cannot speak. Bul'dia shows himself to be ignorant of a fundamental element of Soviet politics: the difference between the proletariat (i.e. workers) and the peasantry. It is a mark of his political ignorance that all workers (including farmers) are considered by him to be the proletariat.

There is also an element of humour here in that for the thief Bul'dia, who does not work in the strict sense of the word, sets himself above the proletariat (or those whom he considers to be so).

461. **Петро́ выжима́л из своего́ горба́того богатыря́ всё что мог.** *Petro squeezed all he could out of his humpbacked bogatyr'.* Shukshin likens Petro's dumper truck to the Russian folk warrior, the *bogatyr'*, who features in early Russian epic songs called *byliny*, a word derived from the Russian verb *to be* — быть, meaning a 'past event'.

462. **Дво́е стоя́вших у «Во́лги»** — *The two [men] standing near the Volga.* See note 399 above.

463. **Его́р бы́ло запротестова́л** — *Egor was about to protest.* For this construction, see note 82 above.

464. **Штыко́м наскво́зь прока́лывали, и то остава́лись жить** — *[Men] have been run through with a bayonet and still lived.* Petro is speaking from his own experience at the front during World War II.

465. **го́лову его́ положи́ла на гру́дь себе́** - *she put his head on her breast.* For an explanation of the dative case here, see note 167 above.

466. **и так и э́так** — *this way and that.*

467. **Сними́те** — *Lift [me] out.*

468. For rural folk, dying near to home in their native region or village is of the utmost importance.

469. **Лю́ба упа́ла ему́ на грудь** — *Liuba fell onto his chest.* See note 167 above.

470. **Мо́лча** — *Silently/In silence.* 'Мо́лча' is the gerund from the verb 'молча́ть' *to keep silent/quiet*, and is often used in this form as an adverb.

471. Shukshin uses the future tense here because the narrative view point has shifted: the reader is presented with Petro's thoughts as he tries to catch the criminals' car. The subsequent use of the present tense heightens the tension and gives the narrative greater immediacy.

472. **завиля́ла за́дом** — *started to swerve at the back.* The verb 'виля́ть' (lit. *to wag*) requires an instrumental case and the prefix 'за-' indicates the inception of the action.

VOCABULARY

This glossary was compiled with the sole purpose of enabling the reader to understand Shukshin's *Калина красная*, without the use of specialised dictionaries. Many of the words in this vocabulary have numerous and diverse meanings: only the meaning(s) specific to the text have been noted. Often the meaning given here is quite secondary, or even rare, in conventional dictionaries, and some words are very obscure, having their origins in Siberian dialect. Some entries have more than one meaning and the alternatives are separated by a semi-colon. This is because the items are used in more than one sense in the text. Where this occurs, the reader should refer to the notes in cases where there might be ambiguity.

All verbs are in the imperfective aspect, unless stated otherwise and irregularities in conjugation are noted only when they occur in the text. Any lexical items which are to be found in *A First Russian Vocabulary* by Patrick Waddington (Bristol Classical Press, 1988) do not appear here. Where conjugated forms of verbs in any tense differ markedly from their infinitive form, a separate entry has been made and the reader is referred to the infinitive for the meaning. Where both imperfective and perfective aspects are given as a single entry, the imperfective is listed first and the aspects are separated by a /.

Regularly formed adverbs in -o are not given where they have the same meaning as the adjective from which they are derived.

Variations in stress on all items are not noted here — to have done so would have increased the length of the glossary to excessive proportions. The gender of nouns has also not been indicated in cases where it is obvious. In other cases, such as nouns ending in a -ь, the gender is given.

The following works of reference were used in compiling this list and commenting on the text:

F.L. Ageenko, M.V. Zarva, *Словарь урарений для работников радио и телевидения*, ed. D.E. Rozental', 5th edition, (Moscow, 1984).

D.S. Baldaev, V.K. Belko, I.M. Isupov (eds.), *Словарь тюремно-лагерно-блатного жаргона (речевой и графический портрет советской тюрьмы)* (Moscow, Kraia Moskvy, 1992).

V. Dal', *Толковоый словарь живого великорусского языка*, 4 vols, (Moscow, 1956).

E. Daum, W. Schenk, *A Dictionary of Russian Verbs*, 4th edn., (Leipzig, Verlag Enzyklopädie, 1988).

D.A. Drummond, G. Perkins, *Dictionary of Russian Obscenities*, 3rd edn., (Oakland, Scythian Books, 1987).

Iu.P. Dubiagin, A.G. Bronnikov (eds.), *Толковый словарь уголовных жаргонов* (Moscow, 1991).

A.P. Evgen'eva (ed.), *Словарь русского языка*, 2nd edn.,4 vols, (Moscow, 1983).

P. Falla, M. Wheeler, B. Unbegaun (eds.), *The Oxford Russian Dictionary* (Oxford, O.U.P., 1993).

A. Flegon, *Beyond the Russian Dictionary* (London, Flegon Press, 1973).

T. Wade, *A Comprehensive Russian Grammar* (Oxford: Blackwell, 1992).

Словарь современного русского языка, 17 vols., (Akademia nauk: 1950-1965).

LIST OF ABBREVIATIONS

a.	accusative case	*neg.*	negitive
abbr.	abbreviation	*neut.*	neuter
actv.	active	*nom.*	nominative case
adj.	adjective	*num.*	numeral
adv.	adverb	*obs.*	obsolete
admin.	administrative	*obj.*	object
aeron.	aeronautical	*o.s.*	oneself
agric.	agricultural/agriculture	*p.*	prepositional
arch.	archaic	*part.*	particle
bio.	biological/biology	*pej.*	pejorative
c.g.	common gender	*pers.*	person
coll.	colloquial	*phrr.*	phrase(s)
collect.	collective	*phys.*	physics
comp.	comparative	*pl.*	plural
conj.	conjunction	*poet.*	poetical
constr.	construction	*pop.*	popular speech
crim.	criminal	*p.p.a.*	past participle active
cul.	culinary	*p.p.p.*	past participle passive
d.	dative case	*prep.*	preposition
decl.	declension	*pron.*	pronoun
dial.	dialect	*pr.p.a.*	present participle active
dim.	diminutive	*pr.p.p.*	present participle passive
expr.	expression		
f.	feminine	*pred.*	predicate
fam.	familiar	*pt.*	past tense
fig.	figurative	*rel.*	relative
folk-poet.	folk-poetry	*Sib.*	Siberian
g.	genitive case	*sing.*	singular
hist.	history	*sl.*	slang
i.	instrumental case	*smth.*	something
imp.	imperative	*s.o.*	someone
impers.	impersonal	*superl.*	superlative
impf.	imperfective aspect	*tech.*	technical
indecl.	indeclinable	*temp.*	temperature
infin.	infinitive	*text.*	textiles
int.	interjection	*theatr.*	theatre
interrog.	interrogative	*us.*	usually
intrans.	intransitive	*var.*	various
iron.	irony/ironically	*veg.*	vegetable
joc.	jocular	*vulg.*	vulgar
m.	masculine		
med.	medical term		
milit.	military		
mus.	music		
n.	noun		

А

ага́ aha! (*exclamation of comprehension*)

а́жник *dial.* = да́же even

аза́рт heat, excitement

аккура́тный *adj.* exact, thorough, tidy

алка́ш *coll. & pej.* boozer

амба́р barn, storehouse

аппара́т apparatus, appliance

ара́п *coll.* negro

ареста́нт prisoner

арти́ст artist(e); *fig.* expert

асфа́льт asphalt

атмосфе́ра atmosphere

а́хнуть *perf.* to exclaim 'ah!', to gasp

Б

ба́ба peasant woman

бабёнка *coll.* bimbo, a bit of skirt

ба́бочка butterfly

база́р market

бала́нс balance

балло́н tyre (*of a vehicle*)

банди́т bandit, gangster

ба́ня bania (*Russian sauna*)

бара́ний *adj.* of бара́н sheep, sheep's

барда́к *coll.* brothel

барделье́ро *joc.* form of барда́к brothel

ба́рыня lady, madam; *barynia (a type of Russian folk-song & also a type of folk dance)*

баси́ть to sing or speak in a deep voice

ба́тюшка *coll.* father, old chap!

ба́тя *dial.* = батюшка

бах *int.* bang!

бег run, running

бего́м *adv.* running, at a run

беда́ misfortune, calamity

бе́дный *adj. & n.* poor, unfortunate

бе́жевый *adj.* beige

беззву́чный *adj.* noiseless

безнадёжный *adj.* hopeless

безразли́чный *adj.* indifferent

безысхо́дный *adj.* irreparable, perpetual

белогварде́йский *adj.* of White Guard

бережный *adj., coll.* guarded

берёза birch tree

бере́чь (берегу́, бережёшь, *pt.* берёг, берегла́) to take care of, look after

беси́ть *coll.* to enrage, infuriate

беспоко́йство *neut.* anxiety, unrest

беспо́мощный *adj.* helpless, powerless

беспреста́нный *adj.* continuous, incessant

бессмы́сленный *adj.* foolish, pointless

бессо́вестный *adj.* unscrupulous, shameless

бесстра́шие *neut.* fearlessness

бестолочь *f., coll.* confusion; a muddle-headed person

биогра́фия *f.* biography; life story

бич whip, lash

блеск brightness, shine

богаты́рь *m.* bogatug' *(A Russian folk hero)*

болта́ть to chatter

большак highroad

бо́льшенький *adj., dial.* big

боля́чка sore, scab; *fig.* a sore spot

бормота́ть (бормочу́, бормо́чешь) to mutter

борода́вка wart

борозда́ furrow

босико́м *coll.* barefooted

бра́тцы *coll., pl.* lads (and lasses), chaps; mates (*form to address to both males and females*)

бред delirium

бре́нди *m. & neut., indecl.* brandy

бригади́р team-leader, foreman

брига́дный *adj.* of a foreman

бри́тый (clean-)shaven

брысь *int.* shoo!

брю́хо *coll.* belly, paunch

бря́кнуть *perf.* to blurt out; to rattle

бу́дка booth

буква́льно *adv.* literally
бульдо́г bulldog
бума́жка *dim. of* бума́га paper,
note; (official) document
бунтова́ть to riot, revolt
буты́лочка *dim. of* буты́лка bottle
бухга́лтер bookkeeper, accountant
бы́вший *adj.* former
бык bull, ox

В
ва́ленок felt boot
вали́ть to heap (*blame, etc, upon
s.o.*)
валя́ть to drag; *coll.* to bungle;
валя́й/—те go ahead! carry on!
вблизи́ *adv.* close by
вбок *adv.* sideways, to one side
вдали́ *adv.* in the distance
вдова́ widow
вдохну́ть *perf.* to breathe in
вдре́безги *adv.* (to) smithereens
вдыха́ть to breathe in
ве́дать *obs.* to know
ве́ер fan
веле́ть to order
ве́ник birch twigs (*used in Russian
sauna*)
ве́рится +*d. impers.; e.g.* мне не ~
I find it hard to believe
ве́рно probably, (I) suppose; it is
true
вёрст *see* верста́
верста́ *nom.pl.* вёрсты, *g.pl.* вёрст
verst (*Old Russian measurement,
approx. 1.06 km.*)
ве́сел *short form of* весёлый happy
весёлость *f.* cheerfulness
ве́тошь *f.* old clothes, rags
ве́чный *adj.* eternal
вещество́ substance, matter
ве́ять to float/flutter (*in the wind*)
взбежа́ть to run up
взволно́ванный *p.p.p. & adj.*
agitated, anxious
взвы́ть *perf.* to howl
взгля́дывать/взгляну́ть to look at,
cast a glance

взго́рок *coll.* hillock
взгрустну́ть *perf., coll.* to feel sad
вздохну́ть *perf.* to sigh; *coll.* to
have a breathing space
взла́ять *perf.* to let out a howl
взлохма́тить *perf.* to tousle, to
ruffle; в. де́ньги to peel off some
banknotes (*i.e. to spend money
rashly*)
взмоли́ться to beg, beseech
взреве́ть *perf.* to let out a roar
видне́ться to be visible
визгли́вый *adj.* shrill; given to
squealing
ви́ски *neut., indecl.* whisky
вишь *contraction of* ви́дишь., *coll.*
look!, just look!
вкола́чивать to stick in, into
вконе́ц *adv., coll.* completely,
absolutely
вкра́сться *perf.* to steal in, creep in
вкус taste; про́бовать на в. to taste
вла́жный *adj.* humid, damp
власть *f.* power
вломи́ться *perf.* to break in, into
вмиг *adv.* in an instant/flash
вни́кнуть *perf.* to go carefully (into)
вну́тренний *adj.* internal, inner
внуча́тки *dim. of* внуча́та *pl. only*
grandchildren
внуша́ть/внуши́ть to inspire, instil
воева́ть to wage war (with), do
battle (with); *coll.* to quarrel (with)
воеди́но *adv.* together
военкома́т military registration and
enlistment office
возвести́ть *perf.* to proclaim,
announce
возмо́жный *adj.* possible
возмути́ться *perf.* to be indignant
(at); to be exasperated (at)
возрази́ть *perf.* to object (to smth.)
Во́лга Volga (*a make of car*)
волне́ние *neut.* agitation, emotion
волше́бница enchantress
во́ля *f.* will, volition, freedom
вон *part.* there, over there; в. как!
Ah, that's it!

вонючий *adj.* stinking

воровской *adj. of* вор (of a) thief

ворота *pl., no sing.* gate, gates, gateway

ворочать to turn, move

ворюга *coll. & pej.* thief

воскликнуть *perf.* to exclaim

восторг delight, rapture

востроносый *adj., coll.* sharp-nosed

восхищение *neut.* rapture; admiration

воткнуть *perf. of* втыкать to stick (into)

вправду *adv., coll.* really, in reality

вражеский *adj., milit.* enemy

враз *adv., coll.* all together, simultaneously

вразнобой *adv., coll.* separately, apart

врежем *see* врезать

врезать (врежу, врежешь, врежут) *sl.* to get blind drunk

вроде *prep.+g.* like; *part.* such as, like

всевозможный *adj.* various, all kinds of; every possible

всерьёз *adv.* seriously, in earnest

вскользнуть *perf.* to creep (into)

вскормлённый *p.p.p.* reared

вскочить *perf.* to leap up

вскрик yelp (*the sound s.o. makes when they cry out*)

вслед *adv.* за+*i.* after (*following on*)

вслух *adv.* aloud

всматриваться/всмотреться to peer at, scrutinize

всполошиться *perf., coll.* to take alarm/fright

вставлять/вставить to put in, insert

встревоженный *p.p.p.* anxious

встрепенуться to rouse o.s.

встрять *perf.* to butt in(*to a conversation*)

встряхнуть *perf.* to shake, to rouse

всхлип *coll.* a sob, sobbing

втолкнуть *perf.* to push/shove in(to)

входной *adj. of* вход entrance; ~ая дверь front door

вчерашний *adj. of* вчера yesterday

выбель *f., poet.* whiteness

выбиться *perf.* to get out, break loose (from)

выбоина rut, pot-hole

выволакивать/выволочь to drag out

выворачивать/выворотить *coll.* to pull out; shake loose

выглянуть *perf.* to emerge, appear (from behind smth.)

выгнать *perf.* to drive out, expel

выдержать *perf.* to bear

выдох exhalation

выдумать *perf.* to think up, invent

выжимать/выжать to press/wring out

вызнать *perf., pop., intrans..* to find out

вызов call; summons; challenge

вызреть *perf.* to ripen

выискивать to seek out; to try to trace

выкатиться *perf., intrans.* to roll out

выкинуть *perf.* to throw out, reject

выкладываться to explain/justify o.s.

выламывать/выломать (*and* выломить *coll.*) to break open

вымя *neut., decl. like* время udder

вынимать/вынуть to take out, pull out

выносить/вынести *with neg.* to be unable to bear

вынужденный *p.p.p.* forced, compelled

выпрыгнуть *perf.* to jump out

выпрямиться *perf.* to become straight, to straighten up

выпустить *perf.* to let out, release

выражаться/выразиться to express oneself; to swear, curse

вырваться *perf.* to tear away from; to break loose

выронить *perf.* to drop

выска́кивать/вы́скочить to jump out, leap out

вы́скользнуть *perf.* to slip out; *coll.* to give s.o. the slip

вы́следить *perf.* to track down

вы́строенный *p.p.p.* built; drawn up

вы́ступ protuberance, ledge

выступа́ть/вы́ступить to appear; to speak (*in public*)

выта́ивать/вы́таять to show through (*i.e. when smth. appears through the snow on thawing*)

вы́тащить *perf.* to drag out; *coll.* to pinch, steal

вы́тер *pt. see* вытира́ть

вы́терпить *perf.* to endure, bear, stand

вытира́ть/вы́тереь *p.t.* вы́тер, вы́терла to wipe up; to rub dry

вы́ть to wail, howl

вы́шагнуть *perf., coll.* to step out

вышина́ height; в ~е́ high up

вы́яснить *perf.* to clear up; to explain

вя́лость *f.* limpness

вя́лый *adj.* faded; flaccid, limp

Г

гад repulsive person; *as int.* (the) sod!

га́дкий *adj.* repulsive, nasty

га́ечный *adj.* of га́йка nut (*metal*); г. ключ spanner, wrench

галифе́ *neut., indecl.,* riding-breeches

ги́бель *f.* death; destruction; downfall

ги́льдия *hist.* guild; class (*of merchants in tsarist Russia*)

гла́дкий smooth, straight

глаза́стенький· *dim. form of* глаза́стый *coll.* big-eyed

гло́хнуть/за~ to die away (*of noise*), to subside

глумле́ние *neut.* mockery, gibe

гне́вный *adj.* angry, irate

гнило́й *adj.* rotten, decayed; corrupt

годи́ться to be fit, suited (for)

голу́бка *dim. of* го́лубь dove, pigeon; *term of endearment* darling, love

голу́бушка *see* голу́бка

гони́мый *pr.p.p. of* гнать hounded

гоп *int.* hup!; jump!

горба́тый *adj.* humpbacked, hunchbacked

го́рдость *f.* pride

горева́ть (горю́ю, горю́ешь) to grieve

го́рница the clean area of a peasant house

городи́ть to enclose, fence in; огоро́д г. to make an unnecessary fuss

гра́дус degree (*measurement of temp. & alcoholic strength*)

гра́мота official document

гре́ть to warm, heat

гре́шный *adj.* sinful, culpable

гроб coffin; grave

гробово́й *adj. of* гроб

гро́зный *adj.* menacing, threatening

грома́дина *coll.* vast object

гро́хнуть *perf., coll.* to crash, bang

гро́хот crash, din

грош half-kopeck piece (*now obs.*); ~и *sl.* money

гру́да heap, pile

груди́нка breast meat, brisket (*cut of meat*)

грузово́й *adj.* goods, cargo, freight

грусти́ть to grieve, mourn

гря́нуть *perf., of sounds & fig.* to burst out

гуде́ть to buzz; to drone; to hum

гул rumble

гурт herd *or* flock (*of animals*)

гу́сто *adv.* thickly; strong (*of smells*)

Д ·

давану́ть *perf., pop.* to hit, press (once)

да́веча *coll.* recently, lately

да́кать *coll.* to keep on saying 'yes'

да́льний *adj.* distant, remote

дармовой *adj.* free (of charge), gratuitous

даром *adv.* free (of charge), gratis

двадцатипятирублёвый *adj.* 25-rouble

дверной *adj. of* дверь door

дверца door (*of cupboard, car, etc.*)

двуногий *adj.* two-legged

деваться *impf.* to get to; to disappear

девица unmarried woman; spinster; girl

девка *coll. & dial.* girl, lass

дед *coll.* old man

дед-пасечник old beekeeper (*male*)

дельце *dim. of* дело a little deal

демагогия demagogy; заниматься ~ей to heckle

денечки *pl., dim. of* день day

дерзкий *adj.* impertinent, cheeky

дёрнуть(ся) *perf.* to jerk, twitch; *crim. sl.* to knock back (*a strong drink*)

дерьмо *vulg.* dung; crap

десятилетка ten-year schooling

десятирублёвый *adj.* ten-rouble

детишки *coll., dim.* kiddies

диковинный *adj.* strange, unusual

добавить *perf.* to add

добренький *dim., adj.* kind, kindly

добро *coll., n.* good stuff (*i.e. smth. of value*); *adv.* well, all right

доверчивость *f.* trustfulness

доверчивый *adj.* trusting; gullible

догадаться *perf.* to guess, suspect

догадка conjecture

договариваться/договориться *i mpf. only* to negotiate; *perf.* to come to an agreement

додуматься *perf.* to hit upon; to have an afterthought

дожидаться to wait (for)

дозваться *perf., coll.* to call (until one gets an answer)

доложить *perf.* to report (on); to give a report

донестись *perf.* (*of sounds, smells, etc.*) to reach

допоздна *adv., coll.* until late

допрашивать/допросить to interrogate

допрос interrogation; questioning

дорогуша *coll., a friendly form of address, i.e.* my dear chap

достижение achievement

достоинство merit, virtue

доцент *coll.* a wise-guy

драка fight

драный *adj., coll.* tattered, ragged

драться to fight, struggle (with)

дрожать to tremble, quiver

дружок *dim.* friend; *also affectionate form of address, i.e.* my friend

дума thought

дура fool, idiot (*female*)

дурак fool, idiot (*male*)

дурачок *dim. of* дурак fool

дурашливый *adj., coll.* stupid

дурить *coll.* to be naughty (*of children*); to play tricks

дурочка *dim. of* дура fool

дух spirit; heart; mind

душевный *adj.* sincere; heart-felt

душенька *dim.* darling (*affectionate term of address*)

дышать to breathe

дьявол devil

Е

едва *adv.* hardly

ей-богу *interj.* honest to God

ерунда nonsense, rubbish; a trifling matter; child's play

естественный *adj.* natural; *adv.* naturally, of course

ехидный *adj., coll.* spiteful, malicious

Ж

жадный *adj.* greedy, avaricious

жалость *f.* pity, compassion

жальчее *coll., comp. of* жалкий pitiable

жать (жму, жмёшь) *impf. (no perf.)* to squeeze, press

желательно *adv.* preferably; *as pred.* it is desirable, advisable

железка *coll.* a piece of iron: accelerator pedal

желудок stomach

жених fiancé

жёсткость *f.* hardness, toughness

жечь (жгу, жжёшь, жгут; *pt.* жёг, жгла, жгли) to burn

живой *adj.* living, alive; lively

живучий *adj.* tenacious of life

жизнерадостный *adj.* full of *joie de vivre*

жизнеутверждающий *adj.* full of courage, optimism

жиклёр *tech.* (carburettor) jet

жир fat, grease

житейский *adj.* worldly; of life, of the world; everyday, ordinary

жулик petty thief

журчать (журчу, журчишь) to babble (*of water*)

жуткий *adj.* terrible, terrifying

жуть *f.* terror, awe

З

забег *sport* race, heat

забить to drive in, hammer in

заблестеть *perf.* to begin to shine

забор fence

заботиться to worry, be troubled (about); to take care of

забывчивость *f.* absent-mindedness

завалиться to collapse, fall (in)

завести (*pt.* завёл, завела, завели) *perf.* to take, bring; to set up, start

завилять *perf.* to begin to wag

зависеть *perf.* to begin to hang; to descend

заводить *impf. of* завести (*see above*)

заводиться/завестись to be; to appear; (*of a mechanism*) to start *intrans.*; *coll.* to get excited/wound up

заволноваться *perf.* to become agitated

завысить *perf.* to raise (too) high

завыть *perf.* to begin to howl

загадочный *adj.* enigmatic, mysterious

заглохнуть *perf. see* глохнуть

заглушить *perf.* to drown, deaden, muffle (*of sound*)

заглядывать/заглянуть to peep, glance

загнать *perf.* to drive in

заговорить *perf.* to begin to speak

заготовленный *p.p.p.* prepared, ready-made

загреметь *perf.* to crash, bang

загрохотать *perf.* to begin to rumble

загрустить *perf.* to fall sad

загудеть *perf., crim. sl.* to end up in prison

задвигаться *perf.* to begin to move

задом *adv.* backwards, in reverse

задребезжать *perf.* to start to jingle, tinkle

задуматься *perf.* to become thoughtful, pensive

задумчивость *f.* thoughtfulness, pensiveness; reverie

задумчивый *adj.* thoughtful, pensive

задушить *perf.* to strangle, stifle; to suffocate; *fig.* to suppress

задыхаться/задохнуться to suffocate, choke

заждаться *perf., coll.* to be tired of waiting (for)

зажечь (зажгу, зажжёшь, зажгут) *perf.* to ignite, set fire to

зажмуриться *perf.* to screw up one's eyes, narrow one's eyes

зазвонить *perf.* to begin to ring

зазеленеть *perf.* to turn green

заикаться to stammer, stutter; to falter (*in speech*)

закалённый *p.p.p.* hardened, toughened up

закапать *perf.* to begin to drip; to spot (*i.e. to allow drips/spots of liquid fall onto smth.*)

закивать *perf.* to begin to nod (one's head)

заключение conclusion; confinement; detention (*in prison*)

заколачиваться/заколотиться to beat the life out of (smth.); to knock s.o. senseless

закрестится *perf.* to begin to cross oneself

закричать *perf.* to give a shout; to begin to shout

закруглить *perf.* to round off (*a sentence, phrase, etc.*)

закручиниться *perf., coll.* to become sad

закурить *perf.* to light up (*a cigarette, etc.*); to begin to smoke

закусить *perf.* to have a bite to eat

заладить *perf., coll.* to repeat the same thing (*over & over again*)

залаять *perf.* to begin to bark

залёточка *coll. & dim.* a passing bird, bird of passage

заливать *coll.* to tell lies

залит *p.p.p., short form* bathed (*with light, etc.*)

залить *perf.* to begin to pour; to spill (on, over)

залиться *perf. +i.* to burst out (*laughing, crying, etc.*)

заложен *p.pt.p., short form* placed, put

заломить *perf.* to begin to break

замахать *perf.* to begin to wave

замереть *perf.* to be rooted to the spot

заметный *adj.* noticeable; appreciable

замешаться *perf.* to become mixed up (in); to mix, mingle (with)

замолкнуть (*pt.* замолк, замолкла) *perf.* to fall silent

замолчать *perf.* to fall silent; *coll.* to keep quiet about (smth.)

заморгать *perf.* to begin to wink

замусолить *perf.* to slobber on s.o., to bespatter (*with spittle*)

замучить *perf.* to torment, wear out; to plague the life out of

занавес curtain

занавеска curtain (*of light material*)

занервничать *perf.* to become agitated

заночевать *perf., coll.* to stay the night

занудливый *adj., pop.* very tiresome

занять *perf.* to occupy

заняться *perf. +i.* to take up

заорать *perf., coll.* to begin to shout, yell

заочница a woman who corresponds with a prisoner

запалиться *perf., coll.* to run until one drops

запеть *perf.* to lead (*in singing*), set the tune

запираться/запереться to be locked up; to lock o.s. (in)

заплакать *perf.* to burst into tears

запоздать *perf.* to be late (with)

заполошничать *dial.* to start to worry; to become frightened

заполошно *adv., coll.* alarmed, in a state of great anxiety

запомнить *perf.* to memorize, remember

запротестовать *perf.* to express one's disagreement (with); to start to protest

запутывать/запутать to tangle (up); *fig.* to confuse

запыхаться *coll.* to puff, pant

зараза *fig., coll.* a pest, a pain in the neck (*of pers.*)

заручиться *perf.* to secure, obtain (for o.s.)

зарыться (зароюсь, зароешься) *perf.* to bury o.s.

зарычать *perf.* to start to growl, snarl

засандалить *perf., dial.* = скандалить/за ~ to cause a rumpus; to brawl

засевать/засеять to sow

120

засиде́ться *perf., coll.* to sit too long; to sit up late

заскуча́ть *perf.* to become bored; з. по+*d.* to begin to miss, yearn for

заслы́шать *perf.* to hear; to catch (*the sound, scent of*)

засмея́ться *perf.* to burst out laughing

засмотре́ться *perf.* to be lost in contemplation: to be carried away by the sight (of)

за́спанный *adj., coll.* sleepy

заспо́рить *perf.* to begin to argue

застёгивать/застегну́ть to fasten, do up

засте́нчивый *adj.* shy; bashful

засты́ть *perf.* to thicken, harden, set; to become stiff (*with fear*)

засуети́ться *perf.* to begin to fuss; to wear s.o. out with fussing

засы́пать *perf.* to put, pour, empty (into)

засы́паться *perf.* to get into (*of sand, grain, etc.*)

затея́ть *perf., coll.* to hatch (*a plot*), to be up to (*a scheme*)

затиха́ть/затихну́ть to die down, fade away (*of noise*)

затопи́ть *perf.* to light (*a stove*); to heat up (*the bania*)

затормоши́ть *perf., coll.* to pester

затрудня́ться *perf.* to find difficulty (*in doing smth.*)

затяну́ть *perf., coll.* to strike up (*a song*)

заулыба́ться *perf.* to start to smile

зауси́ться *as in expr.* з. по све́ту *perf., dial.* to go off around the world

захва́тывать/захвати́ть to take; to seize, capture

захла́мленный *p.p.p.* full of rubbish; sullied

захло́пать *perf.* to begin to bang; to go pop (*of champagne bottles*)

захло́пнуться *perf.* to close with a bang; to slam to

захмеле́ть *perf.* to get tipsy, tight

зацвести́ *perf.* to burst into blossom

зачасти́ть *perf., coll.* to take to (*doing smth.*); to rush (*in speech, music, etc.*)

зачисля́ть/зачи́слить to include; to enrol

зашага́ть *perf.* to begin to walk, step

заши́кать *perf.* to begin to hush

зашуме́ть *perf.* to begin to make a noise

заяви́ть *perf.* to announce, declare

заяви́ться *perf., coll.* to appear, turn up

звене́ть to ring

звери́ный *adj.* of wild animals

звон ringing (*of large bell*), peel

звуча́ть/про~ to be heard; to sound

звя́кнуть *perf.* to jingle, tinkle

зде́шний *adj. of* здесь of this place; local

здоро́ваться to greet, say 'hello'

здоро́во *int., coll.* hello!

здо́рово *adv., coll.* splendidly; very much

зек *sl.* a con (*s.o. who is/has been in prison*)

зелене́ть to turn green; to look green

земляно́й *adj. of* земля́ earthen, of earth

зе́ркальце *dim. of* зе́ркало (small) mirror; driver's mirror

зерно́ grain, seed

зи́мник road (*made in the snow for travelling during the winter*)

зли́ться to be in a bad temper

зло evil, harm; malice, spite

зло́ба malice, spite

злове́щий *adj.* ominous; sinister

зло́сть *f.* malicious anger; fury

зо́ренька *dim., folk-poet. of* заря́ dawn, daybreak; dusk, sunset

зря *adv., coll.* to no purpose, in vain

зя́бкий *adj.* chilly; sensitive to the cold

зять *m.* son-in-law

И

избить (изобью, изобьёшь, изобьют) *perf.* to thrash unmercifully

избушка *dim. of* изба peasant house, home

избяной *adj.* of a peasant house, home

изваяние statue, sculpture; graven image

известие news

извлечь (*pt.* извлёк, извлекла) *perf.* to extract; elicit; to derive

изгородь *f.* fence

издёвка *coll.* taunt, insult

изжога heartburn

измазать (измажу, измажешь) *perf., coll.* to make dirty, smear

изображать/изобразить to depict, portray; to imitate, take off

изобретательность *f.* inventiveness

изобью, изобьют *see* избить *above*

изолятор *tech.* insulator

изредка *adv.* now and then, from time to time

изрядно *adv., coll.* fairly, pretty; tolerably

изумиться *perf.* to be amazed

изумление amazement

изумлённый *p.p.p. & adj.* amazed

изумлять/изумить to astound

изящный *adj.* elegant, graceful

интеллигентный *adj.* cultured, educated

исключение exception; exclusion

искренне *adv.* sincerely

исполнять/исполнить to carry out; to fulfil (*wish, promise*)

исправительно-трудовой *adj.* corrective labour

испуг alarm, fright

испугаться *perf.* to be frightened, to take fright

исследовать to investigate; to research into

исступление frenzy

истекать/истечь (*pt.* истёк, истекла) и. кровью to bleed profusely

истеричный *adj.* hysterical

истопить *perf.* to heat up

исцеловать *perf.* to cover with kisses

ихний *adj. of* их their(s) (*coll.*)

ишо *adv., dial.* = ещё

ишь *int., coll. expr. of surprise or disgust*

К

кабина booth, cubicle

каблучок *dim. of* каблук heel (*footwear*)

как-нибудь somehow (or other)

калека cripple

кальсоны *pl., no sing.* pants, drawers

каменеть/о~ to turn to stone; to harden

каменка stove (*made of stone, without a chimney*)

камыш reed, rush

капать/капнуть to trickle, dribble

капризный *adj.* capricious; wilful (*of a child*)

карманный *adj. of* карман (of a) pocket

карточка (*small*) photograph (*the type used in official documents for identification*)

картуз (peaked) cap

катание rolling; driving; riding

качать/качнуть +*a. or i.* to rock, swing, shake

качаться/качнуться *as above, but intrans.*

квартал block (*of building*); quarter, district

квиточек *dim. of* квиток *coll.* ticket, receipt

кержак Old Believer

кивать/кивнуть +*i.* to shake; к. головой to nod (one's head)

кидаться/кинуться to throw o.s.; to rush (into)

киипеть (киплю, кипишь) to boil
кинется *see* кидаться/кинуться
кипит *see* кипеть
кипяток boiling water
кирпич brick
кислый *adj.* sour
кишка gut, intestine
клавиш(а) key (*of radio, piano, typewriter*)
кладбище cemetery, graveyard
клевать (клюю, клюёшь) / клюнуть to peck; to bite (*of fish*)
клей glue
клетка cage, coop, hutch
кличка nickname
клоп bug
клумба flower-bed
клык fang, tooth (*canine*)
клюёт *see* клевать
клясться (клянусь, клянёшься) to swear, to vow
кобель *m.* (*male*) dog; *coll.* lech(er)
ковш scoop, ladle
ковшик *dim. of* ковш (*small*) scoop, ladle
кое-что something (or other)
кой *interrog. & rel. pron.* which; на кой чёрт? What the devil for?
кол stake (*of a fence*)
колкий *adj.* sharp, biting (*of pain*)
колобок small round loaf
колок *dial.* copse
колокольня *f.* steeple, bell-tower
колосок *dim. of* колос *agric.* ear, spike
колун (wood-)hatchet, chopper
колхозный *adj. of* колхоз collective farm
комиссар commissar, commissioner
комок *dim. of* комод chest of drawers
компания (*in var. senses*) company; за ~ю for company, to keep one company
конской *adj. of* конь of a horse
контрразведка counter-intelligence
конь *m.* horse

коньяк cognac
копьё *as in* без копья = без копейки without a kopek (*i.e. penniless*)
коренья *no sing.* roots (*of veg., herbs, etc., for medicinal purposes*)
коронный *adj.* best, top
коротконогий *adj.* short-legged
косточка *dim. of* кость *f.* bone
костыль *m.* crutch
косяк (door-)post; jamb
котяра *dial.* tom-cat, a randy male
кочка hummock; tussock
кошмар nightmare
краешек *coll.* the outside edge (*of an object*)
кража theft; larceny
крайний *adj.* end; extreme; uttermost; в ~нем случае in the last resort
красавица beautiful woman; good-looker (*female*)
красотка *coll.* good-looking girl *or* woman
крашеный *adj.* coloured
крест cross
крестовый *adj.* in the form of a cross
крестьянский *adj.* peasant
кривой crooked, distorted
крикливый *adj.* bawling, loud; penetrating
кровавый *adj.* bloody
круг circle
круговой *adj.* circular
кружиться/за~ to spin, whirl round
крутизна steepness; steep slope
крутить to spin smth., whirl smth. round
крылечко *dim. of* крыльцо porch
крякнуть *perf.* to quack; *coll.* to wheeze
кудрявый *adj.* curly
кузов body (*of a vehicle*)
кулак fist; kulak (*pej. name for a rich peasant*)
кулисы *pl., theatr.* wings
кум god-father of one's child

купе́ц merchant
ку́рва *vulg.* whore, tart
курки́ *pl. of* куро́к cocking-piece; спусти́ть к. to pull the trigger
курно́сый *adj., coll.* snub-nosed
куса́ть to bite, sting
ку́ча pile, heap; *coll.* lots (of)

Л

ла́вка bench; shop, store
ла́вочка *dim. of* ла́вка small bench; small store
ладо́нь *f.* palm (*of the hand*)
ладо́шка *dim. of* ладо́нь palm (*of the hand*)
ла́па paw; mit (*joc. of human hand*)
ла́пнуть *perf., sl.* to grab
ла́пушка *dim. of* ла́па; *affectionate form of address to a woman*
ларёк *n.p.* ларьки́ stall; *crim. sl.* shop
ла́яться *coll.* to snarl, rail (at)
ле́бедь *m.* swan
лёг, легла́ *see* лечь
легкову́шка *coll.* car, motor
лего́нько *adv., coll.* slightly; gently
ле́гче *comp. adj. & adv. of* лёгкий light (*in weight*); easy
лесина *dial.* a single tree; tree trunk (*of a timber tree*)
песо́к *dim. of* лес small wood, copse
лечи́ть to treat (*medically*)
лечь (ля́гу, ля́жешь, ля́гут;*pt.* лёг, легла́, легли́)*perf. of* ложи́ться to lie (down)
ликвиди́ровать to liquidate; to eliminate
ли́ния line (*in var. senses*)
ли́хом *as in expr.* не помина́йте ли́хом *coll.* remember me/us kindly
ли́чико *dim. of* лицо́ face
ло́гово den, lair
ложо́к *dim. of* ло́же bed of a river
лопа́точка *dim. of* лопа́та spade, shovel
ло́пнуть *perf.* to break, burst
лу́нный *adj.* lunar, of the moon

лу́чик *dim. of* луч ray (*of sunlight, moonlight*)
лы́сый *adj.* bald
любова́ться +*i.* to admire, gaze at
любопы́тный *adj.* curious, inquisitive
любопы́тство curiosity, inquisitiveness
людишки *pl., dim., dial. of* лю́ди people
лю́дный *adj.* populous, thickly-populated; crowded
ля́жка thigh, haunch
ля́зг *no pl.* clank, clang; clack (*of teeth*)

М

магази́нчик *dim. of* магазин shop
мали́на raspberries: raspberry bush/cane
малоле́тний *adj.* young
малоле́тство infancy
ма́лость *f., coll.* a bit; trifle; *as adv.* a little, a bit
ма́лый *adj.* little; (too) small
малы́ш *coll.* kid; little boy; *affectionate form of address =* dear, darling
малы́шкина *dim. form of* малы́ш *see above*
ма́мочка *dim. of* мать mother
марионе́тка marionette, puppet
марш march; *as interj.* forward!
маслобо́йка churn; oil press
маха́ть/махну́ть +*i.* to wave; to brandish
машина́льно *adv.* mechanically, automatically
медли́тельный *adj.* sluggish, slow; tardy
ме́лешь *see* моло́ть
ме́сяц month; moon
ме́тить (ме́чу, ме́тишь) to mark; to aim (at), aspire (to); to drive (at), to mean
ми́ленький *adj., dim.* pretty, nice, sweet:*as form of address* darling, dear

минуть *perf.* = миновать *impf. & perf.* to pass (by):*perf. only* to be over, be past

миролюбивый *adj.* peaceable, pacific

многострадальный *adj.* suffering, unfortunate

множество a great number, a quantity

мол *indicates reported speech, i.e.* he says/said, they say/said

молвить *perf., obs.* to say

молитва prayer

молодец *folk-poet.* a dashing young man; молодец! good lad/girl! (*a term of praise*)

молодость *f.* youth, youthfulness

молоть (мелю, мелешь)to grind, mill; *coll.* to talk nonsense/rot

молчание silence

моментально *adv.* in a moment, instantly

монатки *dial.* (one's) things, personal belongings

морщина wrinkle, crease

морщить to wrinkle, pucker; м. лоб to knit one's brow, to frown

морщиться to frown, knit one's brow

мотор motor, engine

моча urine

мощный *adj.* powerful, mighty

мразь *f., no pl., coll.* rubbish: (*of human beings*) scum, dregs (*of humanity*)

мстительный *adj.* vindictive

мужик peasant (*male*)

мучаться = мучиться to be tormented (over)

мучительный *adj.* excruciating, agonizing

мысленный *adj.* mental

Н

на! *int., coll.* 'ere (you are)! (*used when handing smth. to s.o.*)

набирать/набрать to gather, collect: to recruit, enrol

набродить *perf.* to ferment (*fully, to completion*)

навалиться *perf.* to fall (upon); to lean (upon)

навести *perf.* (*pt.* навёл, навела) to establish, introduce, bring about

наган revolver

наглый *adj.* impudent, insolent

наглядеться (нагляжусь, наглядишься)*perf.* to see enough (of)

нагнуть *perf.* to bend

наговорить *perf., coll.* to talk, say a lot

наготове *adv.* in readiness; ready to hand

нагрудный *adj.* breast

надавить *perf.* to press, squeeze

надгробие gravestone

надёжный *adj.* reliable, trustworthy

надолго *adv.* for a long time

надпись *f.* inscription

наесться *perf.* to eat one's fill

наигранный *p.p.p.* put on, assumed

наименее *adv.* (the) least

найтись *perf.* to turn up; н. себя to work o.s. up, to get worked up

накалять/накалить to heat, incandesce

накатать *perf.* to roll out

накопить *perf.* to accumulate, amass

налаживать/наладить to regulate: to put right: to set going, arrange

налицо *adv.* present, available, on hand

намёк hint, allusion

намерять/намерить to measure out (*a certain quantity or distance*); to assess

намотать *perf.* to wind (*a certain quantity of smth.*)

намучаться/намучиться *coll.* to have had a hard time: to have suffered much

наотмашь *adv.* with the back of the hand

напевать to hum, croon

125

наперебой *adv.* vying with one another

наперерез *adv. & prep.* +d. so as to cross one's path: **бежать кому-н. н.** to run to head s.o. off

наподдавать to increase the steam in a *bania* (*by splashing ladles of water on hot coals*)

напороться (**напорюсь, напорешься, напорются**) *perf.* to run up (against)

напоследок *adv., coll.* in the end, finally, after all

направляться/направиться to make for

напропалую *adv.* regardless of the consequences; all out

напрочь *adv., coll.* completely

напрягаться/напрячься to become tense; to exert o.s.

напряжение tension; effort; exertion

напугаться *perf.* to become frightened, take fright

напялить *perf.* to stretch (on): *coll.* to squeeze (into) (*a tight garment*)

нарушать to break, infringe

нарядиться to array o.s., to dress up

нарядный *adj.* well-dressed, smart

насигать/настичь (*pt.* **настиг, настигла**) to overtake

насилу *adv., coll.* with difficulty, hardly

насильственный *adj.* violent; forcible

насквозь *adv.* through (and through); throughout

наскипидаренный *adj.* coated with turpentine

наскочить *perf.* to run (against), collide (with)

насмешливый *adj.* mocking; sarcastic

наступать/наступить н. кому-н. на мозоль to tread on s.o.'s corns/toes; to begin, start (*of times, seasons, etc.*)

насчёт *prep.* +g. about, concerning

натворить *perf., pej.* to get up to

наткнуться *perf.* to stumble (upon/across)

натренировать *perf.* to train, coach

наутро *adv.* next morning

научать/научить (**научу, научишь**) to teach

начальничек *dim. of* **начальник** boss, governor

начальство *collect.* (the) authorities; those in charge

нашёлся *see* **найтись**

нашить *perf.* to sew on

наэлектризовать *perf.* to electrify

небось *adv., coll.* probably, most likely

невежливый *adj.* rude, impolite

невезуха *coll.* bad luck

невеста fiancée

невестушка *dim. of* **невеста**

невесть *adv.* God knows, heaven knows

невидящий *adj.* unseeing, unable to see

невмоготу *adv., coll.* + *d.* unbearable (to/for); unendurable

невольно *adv.* involuntarily; unintentionally

неволя *f.* bondage, captivity: *coll.* necessity

невыразительный *adj.* inexpressive, expressionless

негромко *adv.* quietly

неделька *dim. of* **неделя** week

недобрый *adj.* unkind, unfriendly

недоверие mistrust

недовольный *adj.* dissatisfied, discontented

недоразумение misunderstanding

недоумение perplexity, bewilderment

недра *no sing.* depths (*of the earth*)

недруг enemy, foe

нежданный *p.p.p., coll.* unexpected

нежелательный *adj.* undesirable, unwanted

нежность *f.* tenderness

незабвенный *adj.* unforgettable

незабы́тый *p.p.p. & adj.* not forgotten

незаме́тный *adj.* imperceptible: inconspicuous

незамыслова́тый *adj.* simple, uncomplicated

нездéшний *coll.* not of these parts/of this area/region

незлоби́вый *adj.* mild, forgiving

незнакóмый *adj.* unfamiliar, unknown

незри́мый *adj.* invisible

неизжи́тый *p.p.p. & adj.* not eliminated; lasting; inextirpated

нéкий *pron.* a certain

некста́ти *adv.* inopportunely

нелёгкая *adj.* difficult, not easy

нелéпый *adj.* absurd, ridiculous

нелóвкий *adj.* awkward, gauche

немéдленный *adj.* immediate

немига́ющий *pr.p.a.* unwinking

нéмощность *f.* sickness; feebleness

нену́жность *f.* uselessness

необозри́мый *adj.* boundless, immense

неожи́данный *adj.* unexpected, sudden

неопределённый *p.p.p. & adj.* indefinite, vague

неохóта reluctance

непа́ханый *adj.* unploughed (*land, field*)

неподдéльный *adj.* genuine, unfeigned

непоня́тный *adj.* incomprehensible

непривы́чный *adj.* unaccustomed, unwonted; unusual

непью́щий *adj.* non-drinking, abstemious (*in relation to alcohol*)

нéрвничать to be/become fidgety, irritable

нéрвный *adj.* nervous; irritable; highly strung

неслы́шный *adj.* inaudible

несогла́сный *adj.* not agreeing (*with*); incompatible (*with*)

несозна́тельность *f.* thoughtlessness; irresponsibility

несозна́тельный *adj.* irresponsible

несусвéтный *adj., coll.* extreme, utter

нетерпéние impatience

нéту *coll.* = нет (*there*) is/are not

неудержи́мый *adj.* irrepressible

неутéшный *adj.* inconsolable

неую́тный *adj.* bleak, comfortless

нéхотя *adv.* reluctantly, unwillingly

нéхристь *obs.* unbeliever: *coll.* a brute, a hard-hearted pers.

нечая́нный *adj.* unexpected, accidental

нéчего there is nothing: +*infin.* it's no good/no use (*in doing smth*)

нéчто *pron. (nom. and a. cases only)* something

нешу́точный *adj.* grave, serious

нея́сный *adj.* vague, obscure

нигдé *adv.* nowhere

низи́на a low place, depression (*in the land*)

ни́тка thread

ничó = ничегó *coll., dial.*

ничтóжный *adj.* insignificant; paltry

ничу́ть *adv., coll.* not at all, not in the least

ни́ша niche, recess

нóвенький *adj.* brand-new

ноздря́ nostril

нóсик *dim. of* нос nose

ны́нче *coll.* today: now

ныть (нóю, нóешь) to ache: *coll., pej.* to make a fuss, to whinge

О

о'кэй o.k.

обалдéть *perf., coll.* to be stunned (*by surprise, etc.*)

обвéтренный *adj.* weather-beaten

обду́мывать/обду́мать to consider, think over

обернýться *perf.* to turn: to turn out

обеспокóиться *perf.* to be worried, anxious

обжéчь (обожгу́, обожжёшь, обожгу́т: *pt.* обжёг, обожгла́) to burn, scorch обидеться *perf.* to take offence (at), to take umbrage

обиталища *obs.* dwelling

обитать to live (in), to dwell (in)

облава (police) raid, cordon

областной *adj.* regional, provincial

облик look, aspect

облокотиться *perf.* to lean one's elbows (on, against)

облюбовать *perf.* to pick, choose

обманывать/обмануть to deceive: to swindle, cheat

обмылок *coll.* remnant of a bar of soap

обнажить *perf.* to bear, uncover, reveal

обнаружиться *perf.* to come to light, to be revealed

обнять *perf.* to embrace, to clasp in one's arms

обожать to adore, worship

обозлиться *perf.* to be in bad temper, to be angry

обои *pl., no sing.* wall-paper

обокрасть *perf.* to rob

обормот *coll., pej.* useless individual

оборона *no pl.* defence: (*milit.*) defences, defensive positions

обочина edge, side (*of a road*)

обрадоваться *perf.* to be glad (at), to rejoice (at, in)

образовать to form: to make up

обратиться *perf.* to treat s.o.; to handle (*an inanimate object*); to address s.o.

обрести (обрету, обретёшь) *perf.* to find

обследовать *impf. & perf.* to investigate: to examine

обстоятельство circumstance

обуться *perf.* to put one's shoes/boots on

обшаркивать/обшаркать *coll.* to wear out (*by too much walking*)

объехать *perf.* to go round, to skirt: to overtake, pass

объявлять/объявить to declare, announce

объятие embrace

обычай custom

овладеть *perf.* +*i.* to seize, take possession (of); о. собой to take control of o.s.

огибать/обогнуть to bend round

оглохнуть (оглох, оглохла) *perf.* to go deaf: (*of a sound*) to die away

оглушённый *p.p.p. & adj.* deafened: stunned: (*of sounds*) muffled

оглядеть *perf.* to look round, examine

оглядываться/оглядеться to look round

оголённый *p.p.p. & adj.* bare, nude

огорчиться *perf.* to be distressed, grieved

ограда fence

огреть *perf., coll.* to catch a blow, to fetch a blow

одинокий *adj.* solitary, lonely

одобрение approval

одобрять/одобрить to approve

одуреть *perf.* to stupefy

оживиться *perf.* to become animated

оживлённый *p.p.p. & adj.* animated

ожог burn; scald

окаменеть *perf.* to turn to stone

окатить *perf.* to pour (over)

окаянный *adj.* damned, cursed

окошечко *dim. of* окно window

окраина outskirts: outlying districts (*of a town or city*)

окрестить *perf.* to baptize, christen: *coll.* to nickname

окружить *perf.* to surround

окупнуться *perf.* to rinse o.s. (off)

оладушка *dim. of* оладья fritter

опасаться +*g.* to be afraid of: to avoid, shun

опасливый *adj., coll.* cautious, wary

оперуполномоченный *adj. as n.* police inspector

ополаскиваться/ополоснуться to rinse o.s.

опомниться *perf.* to come to one's senses

оправдываться/оправдаться to justify oneself: to be justified

определённый *adj.* definite: fixed

определить *perf.* to define, determine

опрокинуть *perf.* to overturn, topple (over)

опрятный *adj.* neat, tidy

опускаться/опуститься to lower o.s., to go down

опьянеть *perf.* to get drunk

орать *perf., coll.* to bellow, yell

орёл eagle

оробеть *perf.* to be timid

осадить *perf.* to check, halt

освещать/осветить to illuminate

освободить *perf.* to set free, liberate

освобождение release, liberation

освоиться *perf.* to familiarize o.s. (with): to feel at home

осевший *p.p.p. & adj.* fallen, subsided

оскалить зубы *perf.* to bare one's teeth

оскорбиться *perf.* to take offence

ослепительный *adj.* blinding, dazzling

осмотреться *perf.* to look round: to take one's bearings

остальной *adj. as n.* the rest (of)

остатки *no sing.* remains

остервенение frenzy

остервенеть *perf., coll.* to become furious

остолбенеть *perf.* to become rooted to the spot

остренький *dim. form of* острый sharp

острить to sharpen: to make witticisms, crack jokes

осудить *perf.* to condemn, censure

отбиться *perf.* to defend o.s., to beat off

отбрыкаться *perf.* to shake s.o. off, to manage to get away (from s.o.)

отвернуться *perf.* to turn away/aside

отвлечь (*pt.* отвлёк, отвлекла) *perf.* to distract, divert

отвориться *perf.* to open

отвратительный *adj.* repulsive, disgusting

отсюду *adv.* from everywhere

отдаться to abandon o.s. (to); to give o.s. to smth. (*with gay abandon*)

отделить *perf.* to separate, detach

отделиться *perf.* to separate o.s. (from), part (from s.o.)

отдоиться *perf., coll.* to finish milking

отдуваться to take the rap (for smth. = за+*i.*)

отдышаться *perf.* to recover one's breath

отёк (*med.*) oedema

отелиться *perf.* to calve

отереть (*pt.* отёр, отёрла)*perf.* to wipe down: to rub dry

отзавтракать *perf., coll.* to have had breakfast

откачнуться *perf., coll.* to reel back; to slump back

откинуться *perf.* to lean back; to recline

отковать *perf.* to forge, work (*metal*)

откровение revelation

откровенный *adj.* candid, frank

откручивать to unwind; to twist (off)

отлететь *perf.* to fly away

отложить *perf.* to set aside: to postpone

отмахнуться *perf.* to brush off/aside

отмщение *obs.* vengeance

оторвать (оторву, оторвёшь) *perf.* to tear off: to tear away

оторопеть *perf., coll.* to be struck dumb

отпро́бовать *perf.* to draw (*to cause to flow*)

отпусти́ть *perf.* to let go

отпыхте́ть *perf., crim. sl.* to serve out one's sentence (*in prison*)

отрази́ться *perf.* to be reflected

отрасти́ *perf.* to grow

отрешённый *p.p.p. & adj.* separated; suspended

отста́вить *perf.* to put to one side: to put out of the way

отста́лый *adj.* backward, retarded

отстрани́ться *perf.* to retire (from), to withdraw (from)

отчебу́чить *perf., dial.* to bring down (on), cause to come (upon)

отчётливый *adj.* distinct, precise, clear

отъе́сться (*conj. like* есть) *perf.* to put on weight; to feed o.s. well

охвати́ть *perf.* to grip, seize (*of emotions, etc.*)

охо́тник hunter

охраня́ть/охрани́ть to guard, protect

оцепене́ние torpor

очерченный *p.p.p. & adj.* outlined

о́чи *pl. of* о́ко *arch. or poet.* eye

очи́стка cleaning, purification

очну́ться *perf.* to wake: to come to (o.s.)

очо́чки *dim. of* очки́ spectacles

очути́ться *perf.* to come to be (*at a place*): to find o.s. (*in a place*)

ошиби́ться *perf.* to make a mistake; о. но́мером to dial the wrong number

ошпа́ренный *p.p.p. & adj.* scalded

ошпа́рить *perf.* to scald

ощуще́ние sensation: feeling, sense

П

па́даль *f., us. collect.* carrion

падёж cattle plague

палёный *adj.* burnt; па́хнет ~ым there is a smell of burning

папа́ша *dim. of* папа daddy

пар steam

парази́т *bio. & fig.* parasite

пардо́н (*I beg your*) pardon

па́риться to steam, sweat (*in a steam bath*)

парни́шка *dim. of* па́рень bloke, guy (*often used as a polite form of address to a young man*)

парно́й *adj., coll.* steamy

парово́з (steam—)engine, locomotive

па́сека apiary, bee-garden

па́смурный *adj.* overcast, cloudy: glum

патру́ль *m.* patrol

пау́к spider

паха́ть (пашу́, па́шешь) to plough, till

па́шня ploughed field

певу́чий *adj.* melodious

пейза́ж landscape, scenery

пельме́ни *cul.* pel'meni (*a kind of ravioli*)

пе́на foam

пенёк *dim. of* пень *m.* stump

пень *m.* stump

пе́рво-на́перво *adv., coll.* first of all

перебива́ть to interrupt

перебира́ть to finger

перебра́ться *perf., coll.* to get over, to cross

перева́ривать *coll.* to stand, put up (with)

переверну́ться *perf.* to turn over

перевести́ *perf., pt.* перевёл, перевела́ де́ньги to transfer money

перегоня́ть to outdistance, to leave behind: to overtake

пере́дний *adj.* front

пере́дник apron

передразни́ть *perf.* to take off, mimic

переду́мать *perf.* to change one's mind: to think better of

пережива́ть to endure, to suffer

перекладны́е *hist.* post-horses, relay-horses

переле́сок copse, coppice

перемёт trot line (*a long line, anchored or buoyed, with baited hooks hung by short lines a few feet apart*)

перемогаться *coll.* to try to overcome (*an illness*)

переносить to bear, stand, endure

переодеваться to change (clothes)

переплясٰ *pereplias* (*a Russian national dance in which the dancers dance in turn, trying to out-do each other in agility and technique*)

перепой excessive drinking

переполох commotion, rumpus

перепрыгнуть *perf.* to jump (over)

пересажать *perf., coll.* to plant (*everything*)

пересидеть *coll.* to sit (for too long)

переть (пру, прёшь, прёт, *etc.*) to press, push; п. на рога/рожон to kick against the pricks, to swim against the tide

переться to turn up

перехватить *perf.* to intercept, catch

пестик pestle

печать *f.* seal, stamp

печёный *cul.* baked

печка *dim. of* печь stove

пикничка *dim. of* пикник picnic

пимы deer-skin boots *or dial. for* felt boots (*valenki*)

пинок *coll.* kick

плакат poster

платочек *dim. of* платок headscarf

плевать/плюнуть (*imp.* плюнь, ~те) to spit

плен captivity

плеснуть *perf.* to splash

плетень *m.* wattle fencing

плотный thick, compact; solid; (*of a person*) thick-set

плюшевый *adj.* plush

плясать to dance (*folk dancing only*)

пляска dance; (folk) dancing

пнуть *perf., coll.* to kick

по-доброму in a civil tone/way

по-домашнему close(r) to home (*i.e. pertaining to a domestic situation*)

по-иному in a different way

по-людски in a civilized manner

по-особому *adv.* particularly; in a particular way

победный *adj.* victorious, triumphant

побирушка *c.g., coll.* beggar

побледнеть *perf.* to turn pale

повернуться *perf.* to turn round

повидать *perf., coll.* to see

повилять *perf.* +*i.* to wag, shake (*for a while*)

повиснуть (*pt.* повис, повисла) *perf.* to hand (down), to suspend

повлечь (*pt.* повлёк, повлекла) *perf.* to result in

поволочь (*pt.* поволок, поволокла) *perf.* to drag (somewhere)

поворот turn(ing)

повскакать *perf., coll.* to jump up, leap up

повысить *perf.* to raise, heighten: improve, enhance

повыше *comp. adj. & adv.* a little higher

погладить *perf.* to stroke

поглядеть *perf.* to take a look: to look for a while

погнать (погоню, погонишь, погонят) *perf.* to drive, urge

погодить *perf., coll.* to wait (for a short while)

погоревать (погорюю, погорюешь) *perf.* to grieve, mourn (for a while)

погубить *perf.* to destroy, ruin

погуще *comp. adj. & adv.* a little thicker

податливый pliant: complaisant

подбадривать/подбодрить *coll.* to encourage: to cheer s.o. (up)

подбросить *perf.* to throw smth. up/onto; п. жару (*fig.*) to add fuel to the fire; п. де́ньги to slip s.o. some money

подви́нуться *perf.* to move (*a little*): to advance, progress

подда́ть *perf.* п. па́ру to increase the amount of steam (*in a bania*)

поддержа́ть *perf.* to support; п. компа́нию to keep s.o. company (*in eating, drinking, etc.*)

поддёрнуть *perf.* to pull up

поде́лать *perf., no impf., coll.* to do: ничего́ не поде́лаешь there's nothing to be done: it cannot be helped

поджа́ть *perf.* п. гу́бы to purse one's lips

поджéчь (подожгу́, подожжёшь, подожгу́т) *perf.* to set fire to

поджида́ть *coll.* to wait for

подзабо́рник *coll. & obs.* foundling: tramp

подзабы́ть *perf.* to forget partially

подиви́ться *perf., +d.* to wander at, be surprised at

подки́дывать/подки́нуть = подбро́сить (*see above*)

подки́дыш foundling, abandoned child

подки́нуть *see* подбро́сить

подла́диться +d. *perf., coll.* to adapt o.s., to fit in with: to humour s.o.

подломи́ть *perf.* to break into

подморо́зить *perf.* to freeze (*slightly*)

подозре́ние suspicion

подоко́нник window-sill

подорва́ть *perf.* to blow up: *fig.* to undermine

подпева́ть to join in singing

подпира́ть/подпере́ть (подопру́, подопрёшь) to bolster up, back up

подпоя́саться *perf.* to put on a belt

подрасти́ (*pt.* подро́с, подросла́) *perf.* to grow up

подрожа́ть *perf.* to shiver, shake, tremble (*for a short while*)

подря́д *adv.* in succession

подсе́сть *perf.* to take a seat (by s.o.)

подсказа́ть *perf.* to prompt; to give s.o. a hint

подслепова́тый *adj.* weak-sighted

подсме́иваться/подсмея́ться над*i.* to make fun of, to laugh at

подста́вить *perf.* to put (under); to expose (*to danger*)

подступа́ть/подступи́ть to approach, come near (to)

подтолкну́ть *perf.* to push slightly: to urge on

подхвати́ть *perf.* to catch (*in mid-air*): to pick up (*an illness*): to take up (*a point of conversation*): to join in singing

подходя́щий *adj.* suitable, appropriate

подъе́хать *perf.* to drive up (to): to approach

пожа́ть to squeeze; п. плеча́ми to shrug one's shoulders

позо́р shame, disgrace

позо́рный *adj.* shameful, disgraceful

поинтересова́ться *perf. +i.* to be curious (about), to inquire, show interest (in)

показу́шно *adv.* in a showy way, feigning

покати́ться *perf.* to start rolling: to run (*of sweat, tears*)

покача́ть *perf., +i.* to shake

покива́ть *perf., +i.* to nod *several times*

покла́сть *perf., obs., coll.* = положи́ть to put

покло́н *lit.* bow; *coll.* greeting

поко́й peace, rest

поко́йник the deceased

покорми́ть *perf.* to feed

покоси́ться *perf.* to look askance (at)

покре́пче *comp. adj. & adv.* a little stronger

покрути́ть *perf.* to roll: to turn (round)

покрываться/покрыться to cover o.s.; to be covered (in, with +*i*.)

полагать to believe, suppose

полежать *perf.* to have a rest: to lie down (*for a while*)

поленитьься *perf.* to be lazy (*for a while*): +*infin* to be too lazy (*to do smth.*)

полено log

полнота fullness, completeness

полоска *dim. of* полоса strip (*of land or of a field*): stripe

полоумный *adj., and adj. as n., coll.* half-witted; a half-wit

полстакан half a glass (*full*)

полудурок foolish (*pers.*)

полулечь (полулягу, полуляжешь) *perf.* to half lie down

получаться/получиться to turn out, to prove to be

полюбоваться *perf.* +*i.* to admire

полюбопытствовать *perf.* to be curious

полянка *dim. of* поляна clearing, glade

помаленьку *adv., coll.* gradually, gently

поманить *perf.* to attract, lure

помедлить *perf.* to wait, be hesitant

поменьше *comp. adj. & adv.* a little less, a little smaller

пометка *dim. of* помета mark: note

помечать/пометить (помечу, пометишь) to note, mark

помирать/помереть *perf., coll.* to die

помногу *adv., coll.* in plenty, in large quantities

помолчать *perf.* to keep silent (*for a short while*)

поморщиться *perf.* to screw up one's face

помощница helper, assistant (*female*)

помятый *p.p.p. & adj., coll.* flabby, baggy

понаписать *perf., coll.* to write (*in great quantities*)

понестись *perf.* to dash off, rush (along): to resound (*of sound*)

понос diarrhoea; словесный п. verbal diarrhoea

попереться (*pt.* попёрся, попёрлась) *perf., coll* to trudge

попинать *perf.* to kick (*for a short time*)

пополнение replenishment, restocking

поправить *perf.* to correct: to mend: to set/put straight

поправиться *perf.* to correct o.s.: to recover, get better

попрать (попру, попрёшь попрут) *obs., perf. of* попирать=to trample (upon): to flout

попрекать/попрекнуть +*i.* to reproach s.o. (with)

попридержать *perf., coll.* to hold (back), restrain

попутный *adj.* accompanying; following; passing

пора в эту пору at that/this time

поравняться с+*i., perf.* to come up (to), come alongside

поражённый *adj. & p.p.p.* staggered, astounded

поразительный *adj.* striking, staggering

поразиться *perf.* to be staggered, astounded

порог threshold

порода breed, race, strain

породить *perf.* to engender, give rise (to)

поросята *pl. of* поросёнок piglet

пороть *coll.* to talk rubbish, nonsense

поругаться *perf.* to swear, curse: с+*i.* to fall out with s.o.

посадить *perf. of* садить & сажать

посветлеть *perf.* to brighten; (*of weather*) to clear up

поселить *perf.* to settle, lodge

посёлок settlement (*group of houses*)

посеменить *perf.* to mince, shuffle

посерьёзнеть *perf., coll.* to become serious

послѐдыш *coll.* the youngest child (*in a family*)

послу́шный *adj.* obedient, dutiful

послы́шаться *perf.* to be heard; to be audible

посмея́ться *perf.* to laugh (*for a short time*); над+*i.* to scorn, laugh (*at s.o.*)

пособира́ть *perf., coll.* to gather together (*gradually*); to assemble together (*a small quantity of smth.*)

посочу́вствовать *perf.,* +*d.* to show sympathy (*for, towards s.o.*)

поспева́ть *coll.,* to have time; к+*d.*/на+*a.* to be in time for; за+*i.* to keep up with, keep pace with

поспеши́ть *perf., coll.* to rush

поспѐшно *adv.* in a hurry, hurriedly

постели́ть *perf., coll.* to spread, lay; to make one's bed

постро́йка outbuilding (*on a farm*)

посту́пок action, deed

посули́ть *perf.* to promise

потёртый shabby, threadbare

потеша́ться to amuse o.s.; над+*i.* to laugh (at), to mock

потихо́ньку *adv., coll.* slowly; softly, noiselessly; on the sly, secretly

потолкова́ть *perf., coll.* с+*i.* to have a talk (with)

поторопи́ться *perf.* to hurry, be in a hurry

потреблѐние consumption, use; това́ры широ́кого ~я consumer goods

потрево́жить *perf.* to disturb (*i.e. to worry, trouble*); to disturb (*to interrupt*); to annoy, bait

потро́гать *perf.* to touch

потусторо́нний *adj., as in expr.* п. мир the other world (*i.e. beyond the grave*); other-worldly

потя́гивать *coll.* to pull (*a little*)

потяну́ть(ся) *see* тяну́ть(ся)

поха́живать *coll.* to pace, stroll; to come, go (*from time to time*)

похва́льный *adj.* praiseworthy; п~ая гра́мота official letter of praise

похлёбка soup, broth

похо́дка gait, walk; step

по́хороны *pl., no sing.* (*g.pl.* похоро́н, *d.pl.* похорона́м) funeral; burial

похра́пывать *coll.* to snore (*softly, gently*)

поху́же *comp. adv. & adj.* a little worse

поча́ще *comp. adv. & adj.* a little more often

почтѐние respect, esteem

почто́ *dial.* = зачем? почему?

почу́ять почу́ю, почу́ешь *perf.* to scent, smell; *fig.* to sense, feel

пошага́ть *perf., coll.* to step, stride (*for a short time*)

пошто́ *see* почто́

поэ́ма poem (*us. long*)

поясни́ть *perf.* to explain

прожи́ть *perf.* (*pt.* про́жил, прожила́) to live; to spend (*time*)

пра́здновать to celebrate

предба́нник dressing-room (*of a bath-house or bania*)

предѐл limit, bound

предло́г pretext; под ~ом+*g.* on the pretext (of);excuse

предпочита́ть to prefer

предчу́вствие presentiment; foreboding

прези́диум presidium

презира́ть to despise; to hold in contempt

прекрати́ться *perf.* to cease, end

преподо́бный *adj.* (*title of canonized monks*) Saint; (the) Venerable

престарѐлый *adj.* aged; advanced in years

престу́пный *adj.* criminal; felonious

прёт *see* перѐть

прибавить *perf.* to add; п. шагу to walk faster, get a move on

прибор instrument, device; set

прибранный *p.p.p. & adj.* tidied up, cleaned up; put away

прибывать to arrive, to come

прибытие arrival

приветить *perf., pop. & obs.* to welcome

приветливый *adj.* affable, cordial

приветствовать to greet, welcome

приволок/приволокла *see* приволочь

приволочь *perf., coll.* (*pt.* приволок, приволокла) to drag (over)

привязать *perf.* to tie (to); to fasten (to)

пригляде́ться *perf., coll.* to look closely (at); to scrutinize

приговаривать to sentence (to), condemn (to)

пригодный к+*d.* suitable (for)

приголубить *folk-poet.* to caress, fondle

пригорок hillock, knoll

пригорюниться *folk-poet.* to become sad

придержать *perf.* to hold back

прижать *perf.* to press (to), clasp (to)

прижиматься/прижаться к+*d.* to cuddle up (to); to press o.s. (to, against)

прижиться *perf.* to settle down; to become acclimatized

прижухнуть(ся) *perf., dial., pt.* прижух & прижухнулся to hide (o.s.)

признаться *perf.* в+*prep.* to confess (to)

прииск mine (*for precious metals*)

прикинуться *perf.* to pretend (to be); to feign

прикрыть *perf.* to cover; to protect

прилёг *see* причечь

прилечь *perf.* (*pt.* прилёг, прилегла) to lie down (*for a short while*)

приник *see* приникнуть

приникнуть *perf.* (*pt.* приник, приникла) to press o.s. (against); to nestle up (against)

приниматься +*infin.* to begin to, to start to; за+*a.* to get down (to), to set (*to doing smth.*)

приоткрыть *perf.* to open slightly

припасть *perf.* (*pt.* припал) to fall down

приподнять *perf.* to raise slightly

присесть *perf.* (*pt.* присел) to sit down, take a seat

прислониться *perf.* к+*d.* to lean (against); to rest (against)

присматриваться к+*d.* to look closely (at); to size s.o. up; to get accustomed (to)

присохнуть *perf.* (*pt.* присох, присохла) к+*d.* to adhere (to); to dry (on)

приспособиться *perf.* к+*d.* to adapt *or* accommodate o.s. (to); *coll.* to catch (*a blow, wound, etc.*)

пристать *perf.* к+*d.* to stick to; to attach o.s. (to); to pester, bother

пристроить *perf., coll.* to settle, fix s.o. up (*with a job, accommodation, etc.*)

пристроиться *perf., coll.* to be settled, fixed up

приступ fit; attack; bout (*of flu, etc.*)

приступок *coll.* step

присылать to send, dispatch

притворный *adj.* pretended, feigned

приткнуть *perf., coll.* to stick

приткнуться *perf., coll.* to perch o.s.; to find a place/space for o.s.

причём *conj.* moreover; while

пришибленный *p.p.p. & adj., coll.* crest-fallen; broken

прищурить *perf., as in expr.* п. глаза to screw one's eyes up; *pop.* to catch

приятнейший *adj.*, *superl.* most pleasant

проваливать to cause to collapse; to ruin

проверять to check on, to verify

проволочка *dim.* of проволока short *or* fine wire

провонять *perf.*, *coll.* +*i.* to stink of

проворчать *perf.* to mutter

проглянуть *perf.* to show (up, through); to be perceptible

проговориться *perf.* to blab (out): to let the cat out of the bag

продавщица (*female*) shop assistant

продал *see* продать

продать *perf.* (*pt.* продал, продала) to sell; *fig.*, *pej.* to sell out

продекламировать *perf.* to recite; to rant

продуть *perf.* to blow through

прозвучать *perf.* to be heard; to sound

прозрачный *adj.* transparent

пройтись *perf.* to walk up and down; *coll.* to dance

прокалывать to prick; pierce

прокатывать to take out for a ride (*in a car, etc.; action of limited duration*)

проклюнуться *perf.*, *coll.* to peck one's way out of an egg (*of chickens hatching, etc.*)

проклятый *p.p.p.* (*I'm*) damned

проколоть *perf.* to prick, pierce

прокрасться *perf.* to steal (past, by)

прокурор public prosecutor; investigating magistrate

прокурорский *adj.* of прокурор public prosecutor

пролетариат proletariat

пролить *perf.* to spill (*liquids*); to shed (*tears, etc.*)

проложить *perf.* to lay

промолвить *perf.* to say, utter

проникновенный *adj.* full of feeling; heartfelt

пропадать to be missing, lost; to disappear

пропеть *perf.* to sing o.s. hoarse; to sing (*for a certain time*)

прописать *perf.* to prescribe; to register

прописью *adv.* in full, in words

прополис propolis

пропоют *see* пропеть *above*

пропускать/пропустить to let through; to let in, admit

просвет shaft of light

просёлок settlement (*group of houses*)

просидеть *perf.* to sit (*for a certain time*)

проследить *perf.* to track down, trace

простецкий *adj.*, *coll.* very simple/plain (*in design, decoration*); straight-talking, forthright (*of a person*)

простодушный *adj.* open-hearted; simple-minded; ingenuous

простонать *perf.* to utter a moan/groan; to groan, moan (*for a certain time*)

простор space; expanse; freedom; scope

просторный *adj.* of простор

простота simplicity

противный *adj.* repulsive, disgusting

протянуть *perf.* to stretch, extend; to hold out

прохладца a cool spell (*a cool period of weather or cool air*)

процитировать *perf.* to quote

прочитывать *coll.* to read through, peruse

прочь *adv.* away, off; поди п.! go away!

прошёлся *see* пройтись

прошептать *perf.* to whisper

прошивать to sew, stitch

прошмыгнуть *perf.*, *coll.* to slip (by, past, through)

проявить *perf.* to show, display; п. участие к+d. to show concern for s.o.

пружинистый *adj.* springy, elastic

прутик *dim. of* прут twig; switch

прыжок leap, jump

псевдоним pseudonym; pen-name; alias

психология psychology

психопат psychopath; *coll.* lunatic

птичий (*declines like* третий, *i.e.* птичьего, птичьей etc.) *adj. of* птица bird

пугать to frighten, scare

пуля bullet

пускай *particle & conj., coll.* = пусть let (*used in forming 3rd pers. imp.*)

пустить *perf.* п. в ход to bring to bear; to set in motion

путать to tangle; to confuse, muddle

путный *adj., coll.* sensible; *adj. as n.* a sensible fellow/man

пущай *particle & conj., coll.; see* пускай

пущу *see* пустить

пчелиный *adj. of* пчела bee

пытать to torture; to torment; *coll.* п. счастье to try one's luck

пьяница *c.g.* drunkard

пьянчуга *coll. m.* = пьяница

пьянчужка *dim., f. of the above*

пялить/на~ *coll.* to pull on (*clothing, etc*)

пялиться *coll.* to stare constantly

пятно spot; blot; stain

Р

работаться *3rd pers.* +d. *as impers. constr.* мне не работалось I didn't feel like working

равномерный *adj.* even; (*phys., tech.*) uniform

радикулит *med.* radiculitis (*commonly known as lumbago*)

разбазарить *perf., coll.* to squander

разберу, разберёшь *see* разобрать

разбойник robber; р. с большой дороги highwayman

развернуться *perf.* to turn, swing (around, about)

развесить *perf.* р. уши *coll.* to listen open-mouthed

развесь *imper. see* развесить

развозить/развезти to deliver, convey (by transport)

разворачиваться *see* развернуться

разврат debauchery, depravity

развратник debauchee

развратничать to indulge in debauchery

разгадать *perf.* to guess the meaning (of)

разгильдяйство sloppiness, slovenliness

разгладиться *perf.* to become smoothed out

разглядывать to examine closely, scrutinize

разговориться *perf., coll.* to get into conversation (with s.o.); to talk more and more

раздать *perf.* to give out, distribute

раздельный *adj.* clear, distinct (*of pronunciation*)

раздирать to tear, lacerate

раздольный *adj.* free

раздражённый *p.p.p. & adj.* irritated

разевать/разинуть *coll.* to open (*one's mouth*) wide; to gape

рази *dial.* = разве

разлука separation

размашистый *adj.* sweeping (*of gestures, etc.*)

разминуться *perf., coll.* to pass (*without meeting*); to miss

разнобой *n.* lack of co-ordination; disagreement

разобрать (разберу, разберёшь) *perf.* to sort out; to investigate

разогнать *perf., coll.* to drive quickly

разозлиться *perf.* to get angry

разойти́сь *perf.* to disperse

разо́к *dim. of* раз time, occasion

разорва́ть разорву́, разорвёшь *perf.* to tear (*to pieces*); to wear s.o. out (*with requests, entreaties, etc.*)

разошли́сь *see* разойти́сь

разрумя́ниться *perf.* to blush, turn red

разузна́ть *perf.* to find out

разулыба́ться *coll.* to have a smile all over one's face

разъярённый *p.p.p. & adj.* infuriated

разя́щий *pres. part. actv. of* рази́ть overcoming, defeating

рай- *abbr., used as prefix =* райо́нный *adj. of* райо́н region

райго́род = райо́нный го́род the main town of a *raion* (*admin. region or district*)

райо́н district (*admin. division in former USSR*)

райсобе́с = райо́нный отде́л социа́льного обеспече́ния district dept. of social security

ра́нить *impf. & perf.* to wound

раскача́ть to swing, rock

расколо́ться (раско́лется, раско́лются) *perf., 1st & 2nd pers. not used* to split *lit. & fig.* (*i.e. to split on s.o., to betray s.o.*)

раскула́чить *perf., hist.* to dispossess, dekulakize

распахну́ть *perf.* to fling wide open

распира́ть/распере́ть (*pt.* распёр, распёрла) *coll.* to burst open; to cause to burst

расписа́ться *perf.* to sign (*one's name*)

расплати́ться *perf.* to settle (*debts*); to get even (*with s.o.*)

распоря́док *as in the expr.* вну́тренний p. regulations (*in office, factory, prison, etc.*)

распоряжа́ться to give orders; to be in charge

расса́живаться to take one's seat

рассве́т dawn, daybreak

рассерди́ться *perf.* to become angry

рассе́янный *p.p.p. & adj.* absent-minded

расспра́шивать to question; to make enquiries

расстра́иваться to be upset

расстре́л execution (*by firing squad*)

растеря́нность *f.* confusion, perplexity

расте́рянный *p.p.p. & adj.* confused, perplexed

растеря́ться *perf.* to become confused; to lose one's head

растрево́жить *perf.* to alarm

растяну́ть *perf.* to stretch

расходи́ться to disperse; to part

расша́тываться to be undermined; to be shattered

рвану́ть *perf.* to tug (at smth., s.o.); *coll.* to dart

рвану́ться *perf., coll.* to dart, rush

ребяти́шки = *dim. of* ребя́та lads, guys

рёв roar; bellow; howl

реве́ть to roar, howl

реви́зия inspection; audit

ре́дкость *f.* rarity: на р. uncommonly *or* uncommon

ре́зкий *adj.* sharp; abrupt

резкова́тый *adj.* sharpish; quite abrupt

ре́йсовый *adj. of* ре́йс a trip, run (*on public transport, hence adj. pertains to public transport*)

ре́плик retort

репроду́ктор loud-speaker

реста́нт *dial. =* ареста́нт

рецидиви́ст redivist, constant offender (*s.o. who is in and out of prison frequently*)

реша́ться/реши́ться to make one's mind up

решётка railing; bars (*in prison*)

реши́мость *f.* resolution

реши́тельный *adj.* decisive, resolute

ри́нуться *perf.* to dash, dart

ров ditch

ро́вный *adj.* level, flat, even

рог (*pl.* рога) horn
род family, kin: родом by birth
родимый *adj.* own, native; (*in forms of address*) (my) dear
родня *f., collect.* relatives, kinsfolk
рожа *coll.* mug, face
рожок *dim. of* рога horn, bugle
рослый *adj.* tall, strapping
рощица *dim. of* роща small wood, grove
рубаха shirt
рубахе-косоворотка *a type of Russian peasant shirt*
ругань *f.* abuse, bad language, swearing
ругаться to curse, swear; to use bad language
рудник mine, pit
рукав sleeve
рукавицей mitten
руль *m.* steering-wheel
рулить *aeron.* to taxi (*of an aeroplane*); *coll.* to drive
рупь *dial.* = рубль rouble/ruble
ручеёк *dim. of* ручей brook, stream
ручища enormous hand
ручка arm (*of chair*); handle (*of door*); pen
рыхлый *adj.* friable (*of soil, snow, etc.*)
рычажок *dim. of* рычаг leaver: *pl.* receiver rest (*of a telephone*)
рычать *1st. pers. not used* to growl, snarl
рябит *as impers. expr.* dazzle у меня р. в глазах I am dazzled

С

садануть *pop.* to hit hard
сажать to plant
сало fat, lard
самогонка *coll., same as* самогон home-distilled vodka; moonshine
самодеятельность *f.* amateur performance
самосвал dumper (*truck*)
самостоятельный *adj.* independent

сбавить *perf.* с. скорость/газ to reduce speed/throttle back
сбацать *crim. sl.* to dance
сбегаться to come running; gather together
сберкасса savings bank
сбивать to bring down; to knock down; с. с толку to muddle, confuse
сбор gathering
сбросить *perf.* to throw down; to shake off, throw off; *coll.* to quit, cease (*doing smth.*)
свалиться *perf.* to fall, plunge
сварить *perf.* to scald
свататься to woo, court; to ask, seek in marriage
сведение piece of information; к вашему ~ю for your information
свернуть *perf.* to turn (off, around)
сверточек *dim. of* свёрток bundle, package
сверху *adv.* from above
светлеть to get brighter, to dawn
свечение luminescence
свидетельствовать to testify; to prove; to certify
свиновод pig-breeder
свинцовый *adj.* lead; lead-coloured
свисток whistle
святой *adj.* holy, sacred
сгореть *perf.* to burn down; *crim. sl.* to get nicked, be arrested
сдаваться to give in; to give way
сделаться *perf.* to become
сдержанный *p.p.p. & adj.* restrained, reserved
сдерживать/сдержать to restrain, hold back
сдобный *adj., cul.* rich, short (*of pastry*)
сдохнуть *perf., coll.* to snuff it, to peg out
сдуреть *perf., pop.* to become foolish, turn simple
сдуру *adv., coll.* stupidly, without thinking
сдуть *perf.* to blow smth. away

сего́дняшний *adj.* *of* сего́дня today's

се́дни *dial.* = сего́дня today

сельпо́ *abbrev.* = се́льское потреби́тельское о́бщество village consumers' association

се́льский *adj. of* село́ village

сельсове́т village soviet

семе́йный *adj. of* семья́ of the family, family

се́меро *num., collect.* seven

се́ни *pl., no sing.* entrance porch

сени́чный *adj. of* се́ни entrance porch

се́но hay

серде́шный *adj., pop.* = серде́чный (*term of endearment used in addressing people*); серде́шные ду́шеньки bless their little hearts

сердца́х *in expr.* в с. in a fit of temper

сеть *f.* net

се́ялка sowing-machine

се́ять to sow

сжа́литься *perf., dial.* to take pity (on) (над+*i.*)

сжа́тый *p.p.p.* & *adj.* pressed together, squeezed

сжима́ть to squeeze, compress

сза́ди *adv.* from behind; *prep.*+*g.* behind

сиби́рский *adj.* Siberian

сигаре́тка *dim. of* сигаре́та cigarette (Western style)

сиде́нье seat

силко́м *adv., coll., us.* силико́м = by force

си́ненький *adj., dim. of* си́ний

сине́ть to turn blue; to look blue

сипе́ть to sound hoarse

сироти́нушка *dim. of* сирота́ orphan

ска́лка rolling-pin

скаме́ечка *dim. of* скаме́йка bench

ска́пливаться to accumulate, gather

сква́жина bore hole, (oil) well

скворо́дник *see* сковоро́дник

скидывть/скинуть to throw down; to throw off (*clothes, etc*)

скиснуть *perf.* (*pt.* скис, ски́сла) to turn sour

скла́дно *adv.* smoothly, coherently

склони́ть *perf.* to incline

склони́ться *perf.* to bend, bow

ско́бка *dim.* *of* скоба́ catch, fastening

скоблёный *adj.* scraped

сковоро́дник frying-pan handle

сколь *dial.* = ско́лько

скома́ндовать *perf.* to order, command

скорёжиться *perf.* to wince; to writhe (*with pain*)

скоре́й *adv., comp.* = скоре́е quicker; sooner

ско́ренько *adv., dim.* = ско́ро soon; in a little while

ско́рость *f.* speed; gear (*in a vehicle*)

скрепи́ться *perf.* to keep a grip on o.s.

скрести́сь *perf.* (*pt.* скрёбся, скребла́сь) to scratch, scrape

скри́пнуть *perf.* to squeak, creak

скро́мненько *dim. adv. of* скро́мно bashfully

скрыть *perf.* to conceal, hide

скры́ться *perf.* to hide o.s.; с. с глаз to disappear from view

скрю́чиваться to bend double

скула́ *pl.* ску́лы cheek-bone

скула́стенький *dim.* *adj. of* скула́стый with high/prominent cheek bones

сла́бенький *dim. adj. of* сла́бый weak

слабоу́мие feeble-mindedness, imbecility

сла́вный *adj., coll.* nice, splendid

слать to despatch, send

слегка́ *adv.* lightly, slightly

сле́дом *adv.* за+*i.* immediately after/behind

слези́нка *dim. of* слеза́ tear

сле́сарь *m.* metal worker

слесарь-сантехник sanitary engineer

словесный *adj.* verbal, oral; с. понос verbal diarrhoea

словцо *coll.* word

сложить *perf.* to fold

случайность *f.* chance; по ~и by chance

слюнтяй *coll., pej.* sniveller, whimp

смазать *perf.* to grease, oil

смаковать to relish, savour

смаху *adv., coll.* at a stroke

смекалистый *adj., coll.* keen-witted, sharp

сменить *perf.* to change

смертельный *adj.* mortal, deadly

смолк *see* смолкнуть

смолкнуть *perf.* (*pt.* смолк, смолкла) to fall silent; to die away (*of sounds*)

смолоду *adv.* from/in one's youth

смолчать *perf., coll.* to be silent

смутиться *perf.* to become confused; to not know (what to do)

смысл meaning; sense; в ~е (+*g.*) regarding

снежный *adj.* snow, snowy

снизу *adv.* from below

снисходительный *adj.* condescending; indulgent

сняться с места *perf.* to remove o.s. from a place/from the spot

собачьий *adj.* of собака dog's; canine

соваться (суюсь, суёшься) *coll.* to interfere; to stick one's nose (in)

совершить *perf.* to accomplish; to complete, conclude; to perform (*an action*); to commit (*a crime*)

совестливый *adj.* conscientious

совесть *f.* conscience

совхоз state farm

содовая (вода) soda water

содрогнуться *perf.* to shudder, shiver

соизволить *perf., bookish obs., now used iron.* to condescend (*to do smth*); to deign to

сокровенный *adj.* secret, concealed

сокрушаться о+*p.* to grieve over; to be distressed about

солнышко *dim. of* солнце sun

сообразить *perf.* to grasp; to understand; to consider

сообщить *perf.* to inform; to announce

сопляк *coll., pej.* a sniveller, whimp

сорвать *perf.* to wreck, ruin

сорваться *perf.* (*pt.* сорвался, сорвалась) to break away/loose

сорокалетний *adj.* forty-year-old; *adj. used as n.* a forty-year-old man

соскучиться *perf.* to be bored; о+*p. or* по+*d.* to pine for, to miss (s.o./smth.)

сосновый *adj.* pine

сосредоточенный *p.p.p. & adj.* concentrated

сострить *perf.* to make wise cracks

сотни hundreds

сотрясать to shake

спалось +*d.* мне не с. I could not sleep

сперва *adv., coll.* at first; first

спирт alcohol

спиртной *adj.* alcoholic; *n. as noun* = спиртные напитки alcoholic drinks

списать (спишу, спишешь, спишут) *perf.* to copy, make a copy of

списывать to write off

сплести (сплету, сплетёшь, сплетут) *perf.* to weave together

сплошной *adj.* sheer; complete and utter

спокойствие quiet, tranquillity; order

сползти (*pt.* сполз, сползла) *perf.* to slip down

спомнить *perf., dial.* = вспомнить to remember, recall

спохватиться *perf., coll.* to remember suddenly; to suddenly think (of)

справедливость *f.* justice; fairness

справка certificate

спрашивается *impf. only* the question is/arises

спробовать *perf., dial.* to try; to try out

спрыгнуть *perf.* to jump down

спугнуть *perf., coll.* to disturb; to give s.o. a start

спутать *perf.* to mix up; to confuse

спутаться *perf., coll.* to be confused; to get mixed up

спутник fellow traveller

средь *prep.+g.* = среди amongst

сроду *adv., coll.* in one's life; in all one's born days

ссадить *perf.* to drop (s.o.) off (*from transport*)

старшина sergeant-major

стахановец *hist.* Stakhanovite

стёганый *adj.* quilted

стерпеть *perf.* (стерплю, стерпишь) to suffer, bear; *without obj., us. neg.* to control (o.s.); to keep a grip (on o.s.)

стесняться to be embarrassed, be shy

стечение confluence

стечь (*p.t.* стёк, стекла, стекло) *1st & 2nd pers. not used, perf.* to drip; to flow out; to seep out

стираный *adj.* washed, laundered

стиснуть *perf.* to squeeze; с. зубы to clench one's teeth

стих *see* стихнуть

стихнуть *perf.* (*p.t.* стих, стихла) to abate; to subside (*wind, noise, etc.*); to fall silent

стойка counter (*in a shop, bar, etc.*)

стойкий *adj.* persistent

столб post, pole, pillar

столешница wooden board (*forming part of a table top*)

столик *dim. of* стол table

столкать to round up, to force together

сторонка *dim. of* сторона side; direction

страдальческий *adj.* full of suffering

страдание suffering

страсть *f.* passion; *coll.* horror

страх terror, fear

страшиться +*g.* to be afraid of

стрельба shooting

стрелять to shoot

стремительный *adj.* swift, headlong; impetuous

стреть *perf.*(*p.t.* стрел, стрела) *dial.* = встретить to meet

стриженый *adj.* close-cropped hair; *adj. used as n.* a man with closely cropped hair

стройный *adj.* shapely, having a good figure; well-proportioned

стронуться *intrans., coll.* to move (out)

строптивость *f.* obstinacy

строптивый *adj.* obstinate

струна (*pl.* струны) string (*of a mus. instrument*)

стряпать *coll.* to cook

стук bang, knock, thump

стукнуть *perf.* to bang, rap (*on a door*)

ступить *perf.* to step, stride

стыдиться (стыжусь, стыдишься, стыдятся) +*g.* to be ashamed (of)

стылый *adj., coll.* cold, cooled down (*of food, etc.*)

стыть (стыну, стынешь, стынет) to get cold, cool down

сугодничать *perf., coll.* to cringe

судьбина *obs., folk-poet.* fate

суетиться to bustle; to fuss

суетный *adj.* vain, empty

сука bitch, sod, bastard (*term of abuse*)

суметь *perf.* to be able (to); to manage (to)

сумочка *dim. of* сумка bag

сумрачный *adj.* gloomy, murky

сундук trunk, chest

сунуть(ся) *perf.* to push, shove

суровый *adj.* severe; stern: *text.* unbleached, brown

сучи́ть to twist, twine
сучо́нок *dim. of* су́ка bitch, sod
су́юсь *see* сова́ться
сха́вать *perf., crim. sl.* to eat
схвати́ть *perf.* to grab, seize
схва́тка *coll.* squabble
сходи́ть to go (*there and back*); to make a return trip
сходи́ться to gather (together)
счас *coll.* = сейча́с
счёты *pl.* abacus, counting frame
съе́здить *perf.* to make a round trip (*in a vehicle*)
сыно́к *dim. of* сын
сы́паться to spread (*of dust, powder, etc.*)
сыро́й *adj.* damp, humid
сы́рость *f.* dampness, humidity

Т

таба́к tobacco
тада́ *dial.* = тогда́
таз basin
та́зик *dim. of* таз small basin, bowl
таи́ться *coll.* to be in hiding, be concealed
такси́ст taxi-driver
такт *mus.* time, bar; с больши́м та́ктом with a great sense of rhythm
та́нец dance
тарато́рить to chatter, rattle on
таска́ть to drag; to pull
тварь *f.* creature: *collect.* creatures
тверди́ть to say over and over again; to reiterate
твёрдый *adj.* hard, firm, solid
театра́льный *adj. of* теа́тр of the theatre; theatrical
телегра́фный *adj. of* телегра́ф telegraph; telegraphic
телёночек *dim. of* телёнок calf
телефо́нный *adj. of* телефо́н of the telephone; telephonic
те́ма theme
те́мечка *dim. of* те́мя the crown of the head
темни́ца *obs.* dungeon

темнота́ darkness
температу́рный *adj. of* температу́ра; т. бала́нс evening-up of temperature
терза́ться to be in torment; to suffer torment
те́сный *adj.* crowded, cramped
тётка *dim. of* тётя aunt; *often used as fam. form of address to elderly woman*
ти́кать *1st & 2nd pers. not used* to tick (*of a watch, clock, etc.*)
типи́чный *adj.* typical
тирдарпу́пия *joc., int.* tra-la-la-la
тиски́ vice; зажа́ть в т. to grip in a vice
тихо́нько *coll., adv.* quietly, softly, gently
това́ры goods; т. широ́кого потребле́ния consumer goods
ток (electric) current
толка́ться to knock, beat; to bang (against)
толкну́ть *perf. of* толка́ть
тон tone (*of voice, of colour*)
то́нна ton/tonne
топи́ть to stoke (*a boiler, stove*)
топо́р (*i.* топоро́м) axe
то́пот tread; footsteps
торже́ственный *adj.* ceremonial; festive
тормоши́ть *coll.* to pester, plague
торопи́ться to be in a hurry
тоска́ melancholy; anguish; pangs; longing/yearning (for)
тоскова́ть to be melancholy, depressed; по+*d.* to yearn for
то́тчас *adv.* at once, immediately
точь-в-точь *adv.* to the letter; word for word; exactly
тошни́ть *impers. usage,* меня́ тошни́т I feel sick
трави́ть to poison; to exterminate with poison
тра́вка *dim. of* трава́ grass
траге́дия tragedy
тракти́рный *adj. of* тракти́р *obs.* inn, ale-house

трактори́ст tractor driver

тра́кторный *adj. of* тра́ктор of a tractor

транзи́сторный *adj.* transistor

тра́хнуть *perf., coll.* to bash, crash

тре́бовательный *adj.* demanding, exacting

трево́га anxiety, alarm

тре́звый *adj.* sober

трест trust (*in the former USSR, a group of industrial or commercial enterprises with centralized direction*)

треща́ть *coll.* to jabber, prattle (on)

Тро́ица Whitsun(day)

тро́нуть *perf.* to touch; to affect (*emotionally*)

трудово́й *adj. of* труд labour, work

тру́женик toiler

труп corpse

трус coward

трясти́(сь) to shake, jolt

тряхну́ть +*i., perf.* to toss

тупо́й *adj.* blunt; thick (*of intelligence*)

тупоно́сенький *adj., and dim.* blunt- *or* snub-nosed

турне́ *neut., indecl.* tour (*us. of artistes, performers or sportsmen*)

ту́склый *adj.* dim, dull

ту́хлый *adj.* rotten, bad

тьфу! *int., coll.* pah! (*expression of annoyance or disgust; imitation of spitting*)

тюре́мщик *coll., obs.* prison guard

тя *coll.* = тебя́

тя́гость *f.* burden, weight

тя́жкий *adj.* heavy; severe, serious

тяну́ть/по~ to pull, draw (*towards o.s.*); to attract

тяну́ться/по~ to stretch o.s.; to reach out (for)

У

убежда́ться to satisfy o.s. (about)

уби́ть *perf.* (убью́, убьёшь, убью́т) to kill

ублажа́ть *coll.* to indulge s.o.; to cater for s.o.'s every whim

у́бранный *p.p.p. & adj.* tidy

убра́ть *perf.* to remove; to clear away; to tidy up

уважа́ть to esteem; to hold in honour/respect

увести́ *perf.* (уведу́, уведёшь) to lead away *or* off

увяза́ть to become one (with); to tie up (with)

увяза́ться с+*i.* to follow in s.o.'s footsteps: to tag along (after s.o.)

углова́тый *adj.* angular

угляде́ть *perf.* to notice, discern

угоди́ть *perf.* to please, gratify

уго́дливый *adj.* obsequious

уго́дник *coll.* pers. anxious to please; sycophant

уголо́к *dim. of* угол place

угости́ть *perf., +i.* to treat (s.o.) to (smth.); to entertain (s.o.) with

угрожа́ть +*i.* to threaten (s.o.) with (smth.)

угрюмова́тый *adj.* rather morose, rather gloomy

удаля́ться to move off; to go away

уда́рить *perf.* to hit, strike, punch

уда́риться *perf.* to hit/strike o.s. (against)

уда́рник shock-worker

удержа́ться to refrain (from); to hold back (from doing smth.)

удивлённый *p.p.p.* amazed, astonished

удиви́ться *perf.* +*d.* to be amazed at, to be astonished at

удовлетворённый *p.p.p.* contented, satisfied

удостове́риться *perf.* to ascertain

уж[1] = уже́

уж[2] grass-snake

укори́зненный *adj.* reproachful

укра́сть *perf.* to steal

у́личный *adj. of* у́лица street

улови́мый *pres. part. pass.* perceptible; audible

уловить *perf.* to catch *or* perceive (*sound, meaning, nuance, etc.*)

умеренный *p.p.p. & adj.* moderate

умолять to implore, beseech

умытый *p.p.p.* washed

уникальный *adj.* unique

унылость *f.* depression, dejectedness

упорный *adj.* stubborn, obstinate

упорствовать to be stubborn, obstinate

упрекнуть *perf.* to reproach, blame

упрямый *adj.* obstinate, stubborn

урод freak, monster; *coll.* ugly person

уродливый *adj.* deformed; ugly; abnormal

усилие effort, exertion

условный *adj.* agreed, prearranged

усмехнуться *perf.* to smirk

усмешка smile, grin

усмешливый *adj., coll.* smirking

успокоиться *perf.* to calm down: to abate (*of wind, noise, etc.*)

устремиться *perf.* за + *i.* to rush/dash after

усунуться *perf., coll.* to thrust o.s. (into); to ensconce o.s. (in)

утрачивать/утратить to lose, forfeit

утробный *adj.* deep, hollow (*of sounds*)

ухарь *m., coll.* lad, smart fellow

ухнуть *perf.* to lose, squander

участие в + *p.* taking part in

участковый *adj. as n.* divisional police inspector

участник participant

учёт stock-taking; calculation

учреждение establishment (*action and building*); institution

Ф

фальшивый *adj.* false, spurious; fake

фанаберия *f., coll.* arrogance, bumptiousness

фантастический *adj.* fantastic; fabulous

фара headlight (*of vehicle*)

фартук apron

фасад façade, front

феня *crim. sl.* buttocks

фигура figure

фигурное катание figure skating

фиксатые зубы false teeth (*made out of metal and coloured white*)

фонарь *m.* lantern, light

форменный *adj.* uniform; formal

фотокарточка photograph (*us. of a person's head and shoulders for official documents*)

фраер *sl.* trendy bloke; boy-friend

фу! *int., expression of contempt, revulsion, etc.* ugh!

фужер wine glass (*with a stem*)

фундамент foundation, base

фуражка peak-cap

фуфайка jersey

X

халда shameless/brazen woman

хамить to be rude

хата peasant hut; *crim. sl.* hide-out

хитрый *adj.* cunning, sly

хихикать to giggle, titter

хлопнуть *perf.* to slam

хмыкнуть *perf., coll.* to say 'hem' (*expr. of doubt, annoyance, etc.*)

ход motion, pace; пускать в х. to set in motion, put into operation; с ходу *adv., coll.* straight off, without a pause

ходики *pl., no sing.* grandfather clock

холмик *dim. of* холм hill

холмогорская a Kholmogorskaia (*a breed of cow*)

хорист chorister, member of a choir

хохотать to guffaw, to laugh loudly

хохотнуть *perf., coll.* to let out a short laugh

хошь = хочешь

хранить to keep (safe), to preserve

храпеть to snore

хрен *lit.* horseradish (*but often used as euphemism for a much more*

vulgar expr.; could be translated as the English swear word 'bloody')
хри́плый adj. hoarse
хриплова́тый adj. fairly hoarse .
Христо́с g. Христа́ Christ
хру́стнуть perf. to crunch
худо́й adj. thin

Ц

цара́пнуть perf. to scratch
цвета́стый adj. gaudy, garish
цвето́чек dim. of цвето́к flower
целико́м adv. wholly, entirely
целина́ virgin soil
цеме́нт cement
центра́лка transit prison
цепо́чка (small) chain
ЦК indecl., abbr. = Центра́льный Комите́т Central Committee
цы́почки pl., no sing. на ~ках on tiptoe
цыть int. (s)hush!

Ч

чайку́ coll., partitive some tea
ча́йная tea shop
ча́ры pl., no sing. magic charms
части́ть to do smth. or speak hurriedly/rapidly
чего́ interrog. adv., coll. why? what for?
челове́чек dim. of челове́к (small) man, person
челове́чество humanity, mankind
чёпочка = цепо́чка (small) chain
черво́нец sl. ten rouble (note)
чернь f. darkness; dark place (hence, woods or forest)
чёрт pl. че́рти, чере́й, чертя́м devil: к чертя́м соба́чьим! to hell with it! or sod it!
честь f. honour, respect
чёткий adj. precise, clear
чижало́ dial. = тяжело́+impers. constr. it is hard for
членоразде́льный adj. articulate
чо dial. = что
чрезвыча́йный adj. extraordinary

что́кать to keep on saying 'что?'
чува́л dial. basket
чугу́н cast iron
чуть-чуть adv., coll. just a little bit
чутьё sense, instinct
чу́хаться to scratch o.s.
чушь coll. nonsense, rubbish
чуя́ть (чу́ю, чу́ешь, чу́ют) to feel, sense, smell

Ш

ша! int. Quit it! (an order categorically forbidding smth. or an order to desist)
шага́ть to step
шалашо́вка sl. tart, whore
шампанзе́ coll., joc. champagne
ша́почка dim. of ша́пка cap
ша́хта mine shaft, pit
шва́м see шов
шевельну́ться perf. to stir, move
шёпотом adv. in a whisper
шепта́ть to whisper
шерстоби́тка wool beating machine
ше́стеро collect. num. six
шестиме́сячный adj. six-month(ly)
ши́бкий adj., coll. fast, quick
шика́рный adj. chic, smart, stylish
ши́ло awl
шипе́ть to fizz
широкопле́чий adj. broad-shouldered; adj. used as n. a broad-shouldered man
шишкова́ть Sib. dial. to cut wood; to work as a lumberjack (especially with pine trees)
шка́пчик dial. & dim. of шкап = шкаф cupboard
шки́рка nape (of the neck)
шля́ться coll. to loaf about
шмы́гать to go too and fro: to pass by frequently
шов seam; стоя́ть ру́ки по шва́м to stand with one's arms at one's side
штаке́тник fence, fencing
шту́ка item, thing; coll. a whatnot, thingummy
шту́чки-дрю́чки fiddle-faddle (trivia)

штык bayonet

Щ

щéдрый *adj.* generous, lavish
щемúть to oppress; to grieve
щит (instrument) panel

Э

экий *pron., coll.* what (a)
экипирóвка equipping; equipment

Ю

юркий *adj.* smart, clever
юркнýть (*also* юркнуть) to flit
  away; to slip into hiding

Я

язва ulcer
ящичек *dim. of* ящик (little) box